高等职业教育工程管理类专业系列教材

建设项目全过程工程咨询实务

周慧玲　周仰东　主　编
任　坤　周赤卫　副主编
王晓明　代端明　主　审

中国建筑工业出版社

图书在版编目(CIP)数据

建设项目全过程工程咨询实务 / 周慧玲,周仰东主
编. — 北京：中国建筑工业出版社,2021.3（2023.6重印）
高等职业教育工程管理类专业系列教材
ISBN 978-7-112-25883-3

Ⅰ.①建… Ⅱ.①周… ②周… Ⅲ.①基本建设项目
－咨询服务－高等职业教育－教材 Ⅳ.①F284

中国版本图书馆 CIP 数据核字（2021）第 029461 号

　　近年来，国家相继推出了多部工程造价领域的政策性文件。其中，《住房和城乡建设部办公厅关于印发工程造价改革工作方案的通知》（建办标〔2020〕38号）明确指出："加快推进工程总承包和全过程工程咨询，综合运用造价指标指数和市场价格信息，控制设计限额、建造标准、合同价格，确保工程投资效益得到有效发挥。"培养掌握扎实理论知识，具备实务工作能力的复合型全过程工程咨询管理人才是未来行业发展的必然要求。《建设项目全过程工程咨询实务》就是为此编写的专业课程教材。

　　根据教育部文件精神和行业发展现状，作者根据多年的专业、教学经验，编写了这本活页式教材。通过对知识的合理编排，结合高职学生学习的认知规律，不但解决了"做什么→怎么做→做成什么样"的现实问题，也培养了学生理实一体、对接未来工作岗位的能力。

　　为更好地支持本课程的教学，我们向选用本教材的教师提供教学课件，有需要者请发送邮件至 cabpkejian@126.com 免费索取。

责任编辑：吴越恺　张　晶
责任校对：党　蕾

高等职业教育工程管理类专业系列教材
建设项目全过程工程咨询实务
周慧玲　周仰东　主　编
任　坤　周赤卫　副主编
王晓明　代端明　主　审
*
中国建筑工业出版社出版、发行（北京海淀三里河路9号）
各地新华书店、建筑书店经销
北京红光制版公司制版
北京市密东印刷有限公司印刷
*
开本：787毫米×1092毫米　1/16　印张：16½　字数：400千字
2021年3月第一版　　2023年6月第二次印刷
定价：**48.00**元（赠教师课件）
ISBN 978-7-112-25883-3
（37105）

前　言

2019 年，国务院"关于印发《国家职业教育改革实施方案》的通知（国发〔2019〕4号)"要求提出，要及时将新技术、新工艺、新规范纳入教学标准和教学内容，倡导使用新型活页式、工作手册式教材并配套开发信息化资源。

根据教育文件通知的精神要求及建设行业发展状况，在编者多年从事建设工程项目管理的实践经验的基础上，结合职业教育的教学特点，广西建设职业技术学院与广西中信恒泰工程顾问有限公司共同编写了工作手册式活页教材——《建设项目全过程工程咨询实务》。

开展全过程工程咨询，以项目管理为核心，以工程建设阶段各专业咨询为重点，通过协调管理，打破信息与资源壁垒，为发包人提供管理咨询和技术咨询，提升发包人管理效率是建筑行业发展的必然要求。同时，发展全过程工程咨询，也是实现工程咨询企业转型升级，增强企业综合实力，加快与国际工程管理模式接轨的必然要求。因此，培养掌握扎实的相关理论知识，具备实务工作能力的复合型全过程工程咨询管理人才，已势在必行。

本教材根据高职学生学习的认知规律，创造性地以**"做什么→怎么做→做成什么样"**为教材编写线索，以企业的实务工作内容来设计典型学习任务，以实务工作过程为导向，细化工作任务，根据工作任务对知识与技能的需求以及实务工作的流程，把知识点穿插到任务执行的过程中，提高学生的学习兴趣，更好地掌握知识点，提高学生的实践能力。

本教材内容主要包括三大部分：第一部分为建设项目全过程工程咨询综述，即"做什么"；第二部分为建设项目全过程工程咨询实务，即"怎么做"；第三部分为建设项目全过程工程咨询成果文件，即"做成什么样"。重点突出实际应用，通俗易懂，有助于学生理解、掌握与实务操作。

工程建设全过程咨询服务包括全过程工程项目管理及各专业咨询服务，采用"1+X"的模式实施，其中"1"为全过程工程项目管理，"X"为各专业咨询服务，本教材实务部分按照"1+X"的内容进行编排，更具实务操作性。

本教材校企两位主编为广西建设职业技术学院周慧玲老师、广西中信恒泰工程顾问有限公司周仰东高级工程师。为完成本教材的编写任务，我们组建了一支高水平、复合型的编写队伍，行业企业多名业务水平高且有丰富的全过程工程咨询实践经验的企业专家参与了编写工作，他们分别是：广西建设职业技术学院专业教师李柳、莫智莉；广西中信恒泰工程顾问有限公司李双蝶、张湘林、莫国凡、蒋文彬、张融、李彬、蒋婷、梁国。同时，本教材也参阅了部分文献，引用了少量著作及文献资料，已在参考文献中注明，在此一并感谢。此外，本教材作为工作手册式活页教材出版，还要感谢出版社领导和编辑等工作人员给予的支持和帮助。

本教材另一主编单位为广西中信恒泰工程顾问有限公司（以下简称"中信恒泰公司"）。中信恒泰公司成立于 1998 年，现有员工 1200 余人，20 余家分公司遍及全国，是一家集全过程工程咨询、PPP 咨询、PPP 绩效评价、工程设计、BIM 技术研发、工程总承包（EPC）管理、工程咨询、招标代理、造价咨询、工程监理、项目管理等多领域于一体的专业工程顾问有限公司。公司具备工程咨询甲级、招标代理甲级、造价咨询甲级、工程监理综合资质等16项资质，现已发展成为我国人才聚集、资质齐全、业绩突出的国家工程管理骨干企业。中信恒泰公司拥有完整的建筑产业链，依托其经验丰富的团队和精湛的业务能力为业主提供了全产业链的管理咨询与技术咨询。公司先后承接40多个全过程工程咨询项目，合同签订量在广西全区全过程项目合同签订量中遥遥领先，是广西首批全过程工程咨询试点单位之一，也是得到自治区住建厅肯定并推荐给住房和城乡建设部的广西唯一一家"全过程咨询试点单位"。公司全过程咨询领域获得重大创新和突破：《广西壮族自治区房屋建筑和市政工程全过程工程咨询服务招标文件范本》《全过程工程咨询服务导则》和《广西壮族自治区全过程工程咨询服务技术标准》三大课题研究相继完成，实现"PPP咨询＋全过程咨询"统筹结合。

本教材可作为高职院校工程造价专业及建设工程管理类专业等相关专业的教材，也可作为函授和自学辅导用书或供相关专业人员学习参考之用。

教材中的成果文件实例的具体做法，仅代表编者个人对规范、文件和相关解释材料的理解。由于作者水平有限，时间仓促，不妥和错漏之处在所难免，恳请广大读者批评指正。

编者

2020年9月

教 学 建 议

本活页式教材以半固定活页形式教材出版，以册为单位进行活页设计。教学过程可根据不同专业（专业方向）的课程设置、教学进度、行业发展新理论新技术新规范等具体情况，按分册或单页进行拆分、增补和替换，使教材内容与行业发展同步，并满足多元的"教、学、做"要求。

为了使学生对相关内容有更深入的理解和掌握，并在课程内容的基础上有所拓展，本教材在相应的学习单元设计了二维码，将规范、文件、图片、照片、视频等转化为数字资源，便于查阅，以期提高学习效果。

本教材参考学时（推荐）参见下表：

分册	内容		学时
第1册	第1篇 建设项目全过程工程咨询综述	学习情境1　全过程工程咨询相关概念	2
		学习情境2　全过程工程咨询行业发展沿革	1
		学习情境3　全过程工程咨询服务的工作内容	3
		学习情境4　全过程工程咨询服务的合同体系	3
第2册	第2篇 建设项目全过程工程咨询实务	学习情境5　全过程工程咨询项目管理	6
第3册		学习情境6　前期阶段工程咨询服务	5
第4册		学习情境7　设计阶段工程咨询服务	4
第5册		学习情境8　招标采购咨询服务	3
第6册		学习情境9　工程造价咨询服务	5
第7册		学习情境10　工程监理服务	4
第8册		学习情境11　BIM咨询应用服务	3
第9册	第3篇 建设项目全过程工程咨询成果文件	学习情境12　项目决策阶段工程咨询成果文件	课堂实训
第10册		学习情境13　项目设计阶段工程咨询成果文件	
第11册		学习情境14　发承包阶段工程咨询成果文件	
第12册		学习情境15　实施阶段工程咨询成果文件	
第13册		学习情境16　竣工阶段工程咨询成果文件	
第14册		学习情境17　运营阶段工程咨询成果文件	
	第4篇　附录		
合计			39

本教材建议实施"教、学、做"一体化教学模式，学时计划表中"第3篇 建设项目全过程工程咨询成果文件"为课程实训内容，融入第2篇的教学过程，以课堂实训或课后实训的形式完成相应的学习任务。

本课程实务部分的每个学习情境均设计有课程实训任务，本课程考核方式建议以过程性考核为主，注重考核学生实务技能。

编 者
2020 年 9 月

目　　录

学习情境 1   全过程工程咨询相关概念

学习情境描述

　　基于项目管理的概念及利益、责任相关者的分析，按照建设项目管理的类型，理解全过程工程咨询的概念、价值、原则及特点，确定全过程工程咨询委托方式，进行全过程工程咨询服务团队建设。

学习目标

1. 正确理解项目管理、建设项目管理的概念；
2. 能对建设工程项目利益相关者进行合理分析；
3. 掌握工程咨询、全过程工程咨询的概念；
4. 能合理确定全过程工程咨询委托方式；
5. 能合理策划全过程工程咨询服务团队的组建。

引导问题

1. 建设项目的概念是什么？
2. 建设项目管理的类型有哪些？
3. 全过程工程咨询概念是什么？
4. 全过程工程咨询的特点有哪些？
5. 全过程工程咨询服务单位、专业咨询服务单位的概念是什么？

1.1 项目管理与建设项目管理

1.1.1 项目管理

1. 项目管理的概念

根据美国项目管理协会（PMI）的定义，项目是为创造独特的产品、服务或成果而进行的临时性工作。项目管理是指在项目活动中运用专门的知识、技能、工具与技术方法，使项目能够实现或超过设定的需求和期望的过程。管理包括领导、组织、用人、计划、控制等主要工作。

2. 项目管理引入中国

20 世纪 80 年代初期，美国项目管理学家约翰·宾在中美大连企管培训中讲授的《项目管理》，标志着中国引入现代化的项目管理概念。同时期，同济大学丁士昭编写的《项目工程管理》于 1989 年出版，在我国引起了巨大反响。

1987 年，国家计委、建设部等有关部门联合发出通知，在一批试点企业和建设单位采用现代化项目管理施工法，并开始建立我国的项目经理认证制度。1991 年，建设部进一步提出把试点工作转变为全行业推进的综合改革，全面推广现代化的项目管理和项目经理责任制。

1.1.2 建设项目管理

1. 建设项目

在《工程造价术语标准》GB/T 50875—2013 中，建设项目是指按一个总体规划或设计进行建设的，由一个或若干个互有内在联系的单项工程组成的工程总和。而根据《建设工程项目管理规范》GB/T 50326—2017 的定义，建设项目是指为完成依法立项的新建、扩建、改建工程而进行的、有起止日期的、达到规定要求的一组相互关联的受控活动，包括策划、勘察、设计、采购、施工、试运行、竣工验收和考核评价等阶段。

工程项目按建设程序分为 6 个主要阶段，即：前期决策阶段、勘察设计阶段、招标采购阶段、施工阶段、竣工阶段和运营维护阶段。每一阶段的工作深度，决定着后一阶段的发展，彼此相互联系和相互制约。每一阶段包括若干环节，各阶段之间的各项工作不能颠倒，但是可以交叉搭接进行。

2. 建设项目管理

建设项目管理的含义有多种表述，《建设工程项目管理规范》GB/T 50326—2017 对建设工程项目管理作了如下的解释："运用系统的理论和方法，对建设工程项目进行的计划、组织、指挥、协调和控制等专业化活动，简称为项目管理。"

英国皇家特许建造师学会（CIOB）对其做了如下的定义：自项目开始至项目完成，通过项目策划和项目控制，以使项目的费用目标、进度目标和质量目标得以实现。该定义得到了许多国家和行业组织的认可，在建设项目管理界具有相当的权威。

一般而言，建设项目管理内容涉及建设项目全过程各阶段的策划与管理，即包括项目前期决策、勘察设计、招标采购、施工、竣工和运营维护等阶段，具体内容包括项目全过程的策划管理、计划统筹、报建报批、勘察管理、设计管理、合同管理、投资管理、招标采购管理、现场实施管理、参建单位管理、验收管理等；也涉及建设项目的各个利益、责任相关方的管理，即包括投资人、咨询单位、承包人、运营单位、政府和银行等的管理。

3. 建设项目管理的类型

按建设工程项目不同参与方的工作性质和组织特征划分，项目管理有如下几种类型：

（1）业主方的项目管理（如投资方和开发方的项目管理或由工程管理咨询公司提供的代表业主方利益的项目管理服务）。

（2）设计方的项目管理。

（3）施工方的项目管理（施工总承包方、施工总承包管理方和分包方的项目管理）。

（4）建设物资供货方的项目管理（材料和设备供应方的项目管理）。

（5）建设项目总承包（或称建设项目工程总承包）方的项目管理，如设计和施工任务综合的承包或设计、采购和施工任务综合的承包（简称 EPC 承包）的项目管理等。

（6）全过程工程咨询方的项目管理，是对工程建设项目投资、质量、进度、安全、合同、信息等主要总控目标的管理，主要包括工程项目建设阶段的项目策划、报建报批、勘察管理、设计管理、合同管理、投资管理、进度管理、招标采购管理以及质量、计划、安全、信息、沟通、风险、人力资源等管理与协调。

建设项目管理的核心任务是为建设项目增值，其增值主要表现在两个方面：一是为工程项目建设增值；二是为项目使用（运行）增值。项目建设增值包括：确保项目建设安全、提高项目工程质量、有利于投资（成本）控制、有利于进度控制等；项目使用增值包括：确保项目使用安全、有利于环保、节能、满足最终用户的使用功能、有利于降低项目运行成本、有利于项目维护等。

学习笔记

1.2   集成管理与利益相关者

1.2.1   集成管理

1. 集成管理理论

"集成"的概念可以理解为两个或两个以上要素集合在一起并组成一个有机系统的动作或者过程。这种要素之间的集成并不是简单的叠加或合并，而是符合一定规则的、科学的构造和组合，其集成的目的在于提高这个由多要素组合而成的系统的整体功能，产生"1+1＞2"的效果。

集成管理就是指将集成思想应用于项目管理实践，即在管理思想上以集成理论为指导，在管理行为上以集成机制为核心，在管理方法上以集成手段为基础。具体而言，就是要通过科学的创造性思维，从新的角度和层次来对待各种资源要素，拓展管理的视野，提高各项管理要素的集成度，以优化和增强管理对象的有序性。

而工程项目的集成管理就是指依据工程项目管理的特点，应用系统论、协同论、信息论和控制论等理论，综合考虑工程项目从决策、勘察设计、招标采购、施工、竣工验收到运营维护的全过程各阶段的衔接关系，质量、工期、成本、安全及环保等各目标要素之间的协同关系以及主管部门、投资人、勘察设计单位、施工单位、监理咨询单位及供应单位与各参与单位之间的动态关系，采用组织、经济及技术等手段，运用项目相关参与人员的知识能力以实现项目利益最大化的一种基于信息技术的高效率项目管理模式。

2. 全过程工程咨询集成管理

全过程工程咨询集成管理的基本思想是根据全过程项目特征，将其看作在一定项目环境之中、由多个相互联系又相互作用的要素组成、为达到整体目标而存在的系统工程，使系统各阶段、各要素有效集成为一个整体，解决整体系统的管理问题，对管理方法进行综合优化与控制，达到提高全过程项目管理水平的目的。

3. 全过程工程项目管理集成管理框架

全过程工程项目管理集成管理系统可归纳如下：

（1）时间——过程集成

项目的过程集成，是指通过从决策、勘察设计、招标采购、施工到运营等项目全过程各阶段之间的信息交流，实现项目各参与方的有效沟通与协同合作，实现项目的有机整合与统筹管理，提升建设项目的整体绩效。过程集成致力于寻找建设期和运营期的平衡，不仅从项目实施的角度，还从项目建成后的运营角度来把握项目的规划与决策。

（2）逻辑——组织集成

项目组织集成，就是运用系统方法对工程项目组织进行的集成管理，主要实现方式是虚拟组织的建设。虚拟组织模式下的建设工程项目各参与方的集成，就是指利用工程项目信息管理平台，各参与方之间通过协作沟通，实现优势互补，从而使得项目的整体利益最大化，实现各参与方"共赢"的最终目标。

（3）知识——目标集成

知识运用在建设工程项目管理的各个阶段，且不同阶段所运用的知识各不相同。从项目集成管理的角度，知识的运用主要体现出对项目管理所使用的集成化技术，如用于成本、进度和质量等目标要素集成管理的控制技术。

（4）支撑条件——信息集成

所谓信息集成就是在项目建设过程中，根据建设项目管理的特点，利用现代信息技术和手段以及统一的项目管理制度，实现建设项目的信息共享，项目各目标的协调和整体优化，以获得最佳项目管理效果。信息集成是实现项目集成管理的最好的途径，项目管理组织通过建立信息集成平台，可以充分利用项目信息资源，提高信息资源的利用效率。

1.2.2 利益相关者

项目的建设离不开各利益相关者的投入和参与，企业追求的是各利益相关者的整体利益，而不仅仅是某些主体的利益。而项目的成功需要用动态发展的眼光更加全面、系统地考察。除了考虑项目实施过程中的造价、质量和进度及项目给投资人和承包商带来的利益外，更要从项目的全过程、全生命周期出发，关注项目决策、实施和运营阶段所涉及的不同利益群体（表1-1）。

全过程工程咨询项目利益相关者　　　　　　　　　　　　　　表 1-1

决策阶段	勘察设计阶段	招标采购阶段	施工阶段	竣工阶段	运营阶段
政府相关部门	政府相关部门	政府相关部门	政府相关部门	政府相关部门	政府相关部门
投资人	投资人	投资人	投资人	投资人	投资人
全过程工程咨询单位	全过程工程咨询单位	全过程工程咨询单位	全过程工程咨询单位	全过程工程咨询单位	全过程工程咨询单位
环保部门	环保部门	环保部门	环保部门	环保部门	环保部门
能源部门	社区	社区	社区	社区	社区
用户	设计方	设计方	施工方	施工方	用户
……	施工方	施工方	用户	用户	……
	用户	用户	……	……	
	……	……			

学习笔记

1.3　工程咨询与全过程工程咨询

1.3.1　工程咨询

根据《工程咨询行业管理办法》（国家发改委令第 9 号），工程咨询的定义是遵循独立、公正、科学的原则，综合运用多学科知识、工程实践经验、现代科学和管理方法，在经济社会发展、境内外投资建设项目决策与实施活动中，为投资者和政府部门提供阶段性或全过程咨询和管理的智力服务。根据该定义，工程咨询的范围贯穿了工程项目建设的全过程，为项目从前期决策至运营持续提供整体或局部解决方案以及管理服务。由于建设项目具有阶段性的特点，相应地，工程咨询也有阶段性。国际上一般按项目前期决策咨询、勘察设计咨询和工程造价咨询等专业咨询服务划分。与国际工程咨询业不同的是，我国工程咨询还分化出了工程监理和招标代理等。项目前期决策咨询也称为投资决策咨询，系指对建设项目进行投资机会研究、项目建议书、可行性研究、项目评估和决策等内容，是建设项目立项之前的咨询。国际工程咨询业对项目前期决策咨询非常重视，常常用一年以上甚至更长的时间进行反复论证，以确保项目的成功以及确保建成之后的效益。

1.3.2 全过程工程咨询

1. 全过程工程咨询概念

在发布的文件中，有两个文件给出了"全过程"的定义。发改委《工程咨询行业管理办法》中对"全过程"是这样描述的："采用多种服务方式组合，为项目决策、实施和运营持续提供局部或整体解决方案以及管理服务"。住房和城乡建设部《关于征求推进全过程工程咨询服务发展的指导意见（征求意见稿）》中关于"全过程"是这样描述的："全过程工程咨询是对工程建设项目前期研究和决策以及工程项目实施和运行（或称运营）的全生命周期提供包含设计和规划在内的涉及组织、管理、经济和技术等各有关方面的工程咨询服务"。

全过程工程咨询是工程咨询单位综合运用多学科知识、工程实践经验、现代科学技术和经济管理方法，采用多种服务方式组合，为发包人在项目投资决策、工程建设、项目运营阶段持续提供局部或整体解决方案的咨询服务活动。

2. 全过程工程咨询的价值

在建设项目咨询服务过程中，全过程工程咨询一方面通过协调管理打破过程中的信息与资源壁垒，提高沟通效率，保证项目顺利运营，达成建设项目边际效益最大化的目标；另一方面实现工程咨询机构转型升级，增强综合实力，加快与国际建设管理服务方式接轨，是适应社会主义市场经济发展的必然要求。

（1）提高投资效益，打破条块分割

采用投资人单次招标的方式，使得其时间成本、交易成本远低于传统模式下设计、造价、监理等参建单位多次发包的成本。由一家咨询单位或者采用联合体的形式通过项目总负责人的协调管理，将咨询服务覆盖工程建设全过程，包含传统模式下设计、造价、监理等各专业咨询单位的职责义务。这种高度整合各阶段的服务内容，一方面，将更有利于实现全过程投资控制，有效解决各阶段各专业之间的条块分割问题；另一方面，通过限额设计、优化设计和精细化管理等措施提高投资收益，确保项目投资目标的实现。

（2）保障项目合规，助力政府监管

当前建设市场还不完善，监管仍需加强，少数地方存在违规审批、违规拆迁、违法出让土地等损害公众利益的问题，扰乱了社会主义市场经济秩序。通过全过程工程咨询与管理，能够集约整合社会资源对建设项目进行有效监管，为政府提供强有力的全过程监管措施；由项目总负责人统一指导梳理建设项目全过程的报批流程、资料，避免出现错报、漏报现象，有利于规范建筑市场秩序、减少违法违规行为。

（3）加强风控预防，降低项目风险

发挥全过程管理优势，通过强化管控决策、投资、建设过程、运营、自然、社会等风险，对于项目而言，有效降低决策失误、投资失控的概率，减少安全生产事故；对于社会而言，也可避免自然环境的破坏，保护生态，有效集约利用资源，减少浪费。

（4）提高项目品质，增强行业价值

首先，不同专业咨询负责人组成全过程工程咨询服务团队参与全过程工程咨询，各专业咨询工作统筹安排，分工协作，可极大提高服务质量和项目品质，弥补了多个单一服务团队下可能出现的管理疏漏和缺陷；同时，有利于激发专业咨询负责人的主动性、积极性和创造性，促进新技术、新工艺和新方法的应用；其次，响应党的十九大号召，培养具备国际视野的人才，促进行业转型升级，提高工程咨询行业国际竞争力；借助"一带一路"的机会平台，支持工程咨询行业走出去，在国际建设项目中立足；此外，可吸引优秀的国际化人才，保持行业的可持续性发展。

3. 全过程工程咨询的原则

（1）独立

独立是指全过程工程咨询单位应具有独立的法人地位，不受其他方面偏好、意图的干扰，独立自主地执业，对完成的咨询成果独立承担法律责任。全过程工程咨询单位的独立性，是其从事市场中介服务的法律基础，是坚持客观、公正立场的前提条件，是赢得社会信任的重要因素。

（2）科学

科学是指全过程工程咨询的依据、方法和过程应具有科学性。全过程工程咨询要求实事求是，了解并反映客观、真实的情况，据实比选，据理论证，不弄虚作假；要求符合科学的工作程序、咨询标准和行为规范，不违背客观规律；要求体现科学发展观，运用科学的理论、方法、知识和技术，使咨询成果经得住时间和历史的检验。全过程工程咨询科学化的程度，决定全过程工程咨询服务的水准和质量，进而决定咨询成果是否可信、可靠、可用。

（3）公正

公正是指在全过程工程咨询工作中，坚持原则，坚持公正立场。全过程工程咨询的公正性并非无原则的调和或折中，也不是简单地在矛盾的双方保持中立。在投资人、全过程工程咨询单位、承包人三者关系中，全过程工程咨询单位不论是为投资人服务还是为承包人服务，都要替委托方着想，但这并不代表盲从委托方的所有想法和意见。当委托方的想法和意见不正确时，全过程工程咨询单位及其咨询负责人应敢于提出不同意见，或在授权范围内进行协调或裁决，支持意见正确的另一方。特别是对不符合国家法律法规、宏观规划、政策的项目，要敢于提出并坚持不同意见，帮助委托方优化方案，甚至做出否定的咨询结论。这既是对国家、社会和人民负责，也是对委托方负责，因为不符合宏观要求的盲目发展，不可能取得长久的经济和社会效益，最终可能成为委托方的历史包袱。因此，全过程工程咨询是原则性、政策性很强的工作，既要忠实地为委托方服务，又不能完全以委托方满意度作为评价工作好坏的唯一标准。全过程工程咨询单位及项目总负责人、专业咨询负责人要恪守职业道德，不应为了自身利益，丧失原则性。

4. 全过程工程咨询的特点

全过程工程咨询的特点主要表现在以下几个方面：

（1）每一项全过程工程咨询任务都是一次性、单独的任务，只有类似而没有重复。

（2）全过程工程咨询是高度智慧化服务，需要多学科知识、技术、经验、方法和信息的集成及创新。

（3）全过程工程咨询涉及面广，包括政治、经济、技术、社会、环境、文化等领域，需要协调和处理方方面面的关系，考虑各种复杂多变的因素。

（4）投资项目受相关条件的约束较大，全过程工程咨询结论是充分分析、研究各方面约束条件和风险的结果，可以是肯定的结论，也可以是否定的结论。结论为项目是否可行的评估报告，也可以是质量优秀的咨询报告。

（5）全过程工程咨询成果应具有预测性、前瞻性，其质量优劣除了全过程工程咨询单位自我评价外，还要接受委托方或外部的验收评价，要经受时间的检验。

（6）全过程工程咨询提供智力服务，咨询成果（产出品）属非物质产品。

学习笔记

1.4 全过程工程咨询服务机构

1.4.1 全过程工程咨询服务机构

全过程工程咨询服务覆盖面广，覆盖项目决策、工程建设、项目运营三个阶段，工程咨询单位要运用工程技术、经济学、管理学、法学等多学科的知识和经验，为发包人提供智力服务。因此，选择专业化、高水平、综合服务能力强的工程咨询单位来实施全过程工程咨询服务，能有效缩短工期、节省投资、提高效益等，最终实现项目的投资、质量、进度、安全、合同、信息等主要总控目标。

1. 全过程工程咨询服务单位

全过程工程咨询服务单位受咨询人（工程咨询单位）委派，负责履行全过程工程咨询服务合同。全过程工程咨询服务单位应具有国家现行法律规定的与工程规模和委托工作内容相适应的工程咨询、规划、勘察、设计、监理、招标代理、造价咨询等一项或多项资质（或资信），可以是独立咨询单位，也可以是咨询单位组成的联合体。

2. 专业咨询服务单位

专业咨询服务单位是指为项目提供投资咨询、规划、勘察、设计、造价咨询、招标代理、监理、BIM技术等专业咨询工作的咨询单位。

1.4.2 全过程工程咨询服务单位组织模式

1. 全过程工程咨询单位组织模式

全过程工程咨询服务可由一家具有综合能力的工程咨询企业实施，或可由多家具有不同专业特长的工程咨询企业联合实施，也可以根据建设单位的需求，依据全过程工程咨询企业自身的条件和能力，为工程建设全过程中的几个阶段提供不同层面的组织、管理、经济和技术服务。由多家工程咨询企业联合实施全过程工程咨询的，应明确牵头单位，并明确各单位的权利、义务和责任。

2. 全过程工程咨询委托方式

投资人应将全过程工程咨询中的前期研究、规划和设计等工程设计类服务，以及项目管理、工程监理、造价咨询等工程项目控制和管理类服务委托给一家工程咨询企业或由多家企业组成的联合体或合作体。

投资人选择全过程工程咨询单位时，可采用"根据质量选择咨询服务"。鼓励全过程工程咨询单位采用最合适的技术、创新的解决办法和最合理或最经济的项目周期费用，为投资人提供最好的咨询服务。即投资人选择全过程工程咨询单位时，要以业务能力、管理能力、可用人力、财力资源、业务独立性、费用结构的合理性、业务公正性和质量保证体系为依据。提倡"优质优价、优质优先"，投资人可在招标文件和工程合同中约定优质优价奖励条款。

投资人可采用直接委托、竞争性谈判、竞争性磋商、邀请招标、公开招标等方式选择全过程工程咨询单位。公开招标是政府投资项目选择全过程工程咨询单位的主要方式，符合相关法律法规规定的，可以采用邀请招标、竞争性谈判等方式选择全过程工程咨询单位。

投资人在项目筹划阶段选择具有相应工程勘察、设计或监理资质的企业开展全过程工程咨询服务，可不再另行委托勘察、设计或监理。同一项目的工程咨询企业不得与工程总承包企业、施工企业具有利益关系。

工程咨询企业应当自行完成自有资质证书许可范围内的业务，在保证整个工程项目完整性的前提下，按照合同约定或经建设单位同意，将约定的部分咨询业务择优转委托给具有相应资质或能力的企业，工程咨询企业应对转委托企业的委托业务承担连带责任。

学习笔记

1.5　全过程工程咨询服务团队建设

1.5.1　服务团队成员

全过程工程咨询单位应根据全过程工程咨询服务合同约定的服务内容、服务期限，以及项目特点、规模、技术复杂程度、环境等因素，组建项目全过程工程咨询服务机构（项目部）。全过程工程咨询单位应书面授权委托项目全过程工程咨询的负责人，即项目的总负责人，并实行总负责人负责制。项目总负责人可根据项目全过程工程咨询服务需要，下设各专业咨询负责人（专业咨询工程师），协助项目总负责人管理本专业的咨询服务工作。

1. 项目总负责人

指由咨询人（工程咨询单位）书面授权任命，负责本项目全过程工程咨询服务，在咨询人（工程咨询单位）授权范围内全面负责履行合同、主持全过程工程咨询服务机构工作的负责人。原则上由具有注册建筑师、注册结构工程师及其他勘察设计注册工程师、注册造价工程师、注册监理工程师、注册建造师、咨询工程师（投资）中一个或多个执业资格的人员担任。

2. 专业咨询负责人

指由咨询人（工程咨询单位）书面任命，在项目总负责人的管理协调下，主持相应专业咨询服务工作的负责人。专业咨询负责人主要包括但不限于以下专业人士：注册建筑师、注册结构工程师及其他勘察设计注册工程师、注册造价工程师、注册监理工程师、注册建造师、咨询工程师（投资）等及相关执业人员。

1.5.2　组织机构组建

咨询单位实施工程建设全过程咨询时，应委派全过程工程咨询服务机构，服务机构的组织形式和规模，可根据合同约定的服务内容、服务期限以及项目特点、规模、技术复杂程度、环境等因素确定。全过程工程咨询服务机构应承担工程建设全过程咨询服务的管理任务和实现目标的责任。

全过程工程咨询服务机构人员应由项目总负责人、专业咨询负责人和其他专业技术人员组成，且专业配套、数量应满足项目需求。全过程工程咨询服务机构组织如图 1-1 所示。

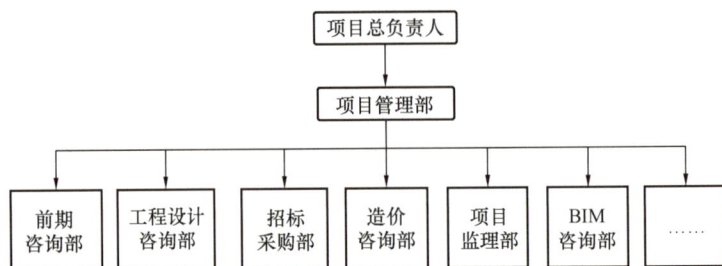

图 1-1　全过程工程咨询服务机构组织示意图

全过程工程咨询服务机构应由项目总负责人管理，项目总负责人应根据工程咨询单位的授权范围和内容，履行管理职责，对项目进行全面的管理和协调，并承担相应责任。

咨询人（工程咨询单位）与发包人（业主）签订合同后，应及时将全过程工程咨询服务机构的组织形式、人员构成及对项目总负责人的任命书，书面通知发包人（业主）。项目总负责人应根据咨询人的授权范围和内容，履行管理职责，对项目进行全面的管理和协调，并承担相应责任。

全过程工程咨询服务机构主要管理人员配置如下：

（1）任命项目总负责人，负责工程建设全过程咨询服务项目所有事务，各专业负责人在项目总负责人的带领下开展各项工作；

（2）任命前期咨询负责人，根据需要建立工作团队负责项目策划相关服务工作；

（3）任命工程设计咨询负责人，根据需要建立工作团队负责工程设计相关服务工作；

（4）任命工程总监理工程师，根据需要建立工作团队负责工程监理相关服务工作；

（5）任命造价咨询负责人，根据需要建立工作团队负责造价咨询相关服务工作；

（6）任命招标采购负责人，根据需要建立工作团队负责招标采购相关服务工作；

（7）任命 BIM 咨询负责人，根据需要建立工作团队负责 BIM 咨询相关服务工作。

1.5.3　工程建设全过程咨询人员职责、权限和管理

1. 项目总负责人应履行的职责

（1）投标文件及合同中规定的职责；

（2）对项目的总控目标（投资、质量、进度、安全、合同、信息等）负责；

（3）组织编制工程建设全过程咨询服务规划，制定咨询目标，审批专业咨询服务实施细则；

（4）组织制订项目工程建设全过程咨询服务的组织架构、专业分工、决策机制、管理制度、工作流程以及相关表格和成果文件模板等，并组织实施；

（5）根据需求确定项目部人员及其岗位职责，明确各专业咨询服务的负责人及其职责；

（6）授权范围内的任务分解；

（7）根据工程进展及工作情况调配项目部人员；

（8）统筹、协调和管理项目各专业咨询服务工作，检查和监督工作计划执行情况；

（9）参与组织对项目全过程各阶段的重大决策，在授权范围内决定利益分配和资源使用；

（10）参与或配合全过程各专业咨询服务质量事故的调查和处理；

（11）根据合同约定，参与工程竣工验收、接受审计、处理项目合同履约后的善后工作；

（12）协助和配合发包人进行项目检查、鉴定和评奖申报工作；

（13）调解发包人与承包人的有关争议；

（14）工程咨询单位或发包人委托授予的其他权利。

2. 项目总负责人应具有的权利

（1）参与项目投标和合同签订；

（2）参与全过程工程咨询服务机构组建；

（3）参与项目各阶段重大决策；

（4）主持全过程工程咨询服务机构工作；

（5）决定授权范围内的项目资源使用；

（6）制定全过程工程咨询服务机构管理制度；

（7）参与选择并管理具有相应资质的专业咨询分包人；

（8）在授权范围内与项目相关方进行直接沟通；

（9）法定代表人授予的其他权利。

3. 专业咨询负责人应履行的职责

（1）投标文件及合同中约定的职责；

（2）参与编制工程建设全过程咨询服务规划，负责编制所负责专业咨询服务的实施细则；

（3）按工作计划、任务分配和现行法律法规、标准规范、质量要求等，完成所负责的专业咨询服务工作，对所承担的任务和出具的成果负责，并向项目总负责人报告；

（4）协助项目总负责人实施项目投资、质量、安全、进度、信息、合同等各项管理措施；

（5）协助和配合发包人进行专业咨询服务阶段的项目检查、鉴定和评奖申报工作；

（6）根据合同约定，参与工程竣工验收、接受审计、处理项目合同履约后的善后工作；

（7）完成项目总负责人下达的其他任务。

4. 专业咨询负责人应具有的权利

（1）参与项目投标、合同签署及专业咨询工作方案的制定；

（2）参与全过程工程咨询服务机构的组建；

（3）参与专业咨询服务阶段重大决策；

（4）参与制定全过程工程咨询服务机构管理制度；

（5）在项目总负责人授权范围内，参与选择并管理具有相应资质的分包人；

（6）在授权范围内与项目相关方进行直接沟通；

（7）组织机构授予的其他权利。

学习笔记

学习情境 2　全过程工程咨询行业发展沿革

学习情境描述

基于国内外全过程工程咨询发展历程，正确理解我国现行的全过程工程咨询相关文件政策，结合我国全过程工程咨询的发展趋势，对个人职业生涯进行合理规划。

学习目标

1. 熟悉国内外全过程工程咨询发展历程；
2. 掌握我国现行的全过程工程咨询相关文件政策；
3. 能结合我国全过程工程咨询的发展趋势，合理进行个人职业生涯规划。

引导问题

1. 请简述国际工程咨询业发展的三个阶段。
2. 我国工程咨询业发展历程，经历了哪四个阶段？
3. 按照资质认定的不同管理部门进行划分，我国工程咨询企业主要分为哪两大类别？
4. 按照工程咨询机构的性质和服务阶段划分，我国工程咨询企业主要由哪三类构成？
5. 请简述我国工程咨询行业的发展趋势。

2.1　国外全过程工程咨询

2.1.1　国外全过程工程咨询概述

1. 工程咨询的形成

工程咨询产生于 18 世纪末 19 世纪初的第一次产业革命，它是近代工业化进程下的产物。

19 世纪初期，工程师一般受聘于政府部门和工厂企业，从事工业生产、工程设计和施工管理。19 世纪上半叶开始，随着西方国家工业革命和社会经济技术的发展，一部分工程师分离出来，凭着自身的专业技能和丰富经验，提供建筑工程咨询服务。随着从事工程咨询人员的增多，建筑领域开始出现行会组织。1818 年英国建筑师约翰·斯梅顿组织成立了第一个土木工程师学会，1852 年美国建筑师学会成立。参加这些学会的土木工程师和建筑师，虽然没有冠名为咨询工程师，但他们从事的却是工程咨询性质的业务。1904 年丹麦成立了国家咨询工程师协会，随后美国、英国、比利时、法国、瑞士等国家也相继成立工程咨询协会，表明工程咨询作为一个独立行业已经在欧美一些国家形成。1913 年国际咨询工程师联合会成立，由此标志着工程咨询作为一个独立行业，已经在世界范围内形成。

2. 国际工程咨询的发展历程

国际工程咨询业的发展大致经历了三个阶段：个体咨询阶段、合伙咨询阶段、综合咨询阶段。

（1）个体咨询阶段。在19世纪，土木工程师和建筑师，独立承担从建筑工程建设中分离出来的技术咨询，这一时期的工程咨询活动带有分散性、随机性、经验性的特点。

（2）合伙咨询阶段。在20世纪，工程咨询已从建筑业扩展到工业、农业、交通等行业领域，咨询形式也由个体独立咨询发展到合伙人公司，技术咨询水平进一步提高。

（3）综合咨询阶段。第二次世界大战以后，工程咨询业又发生了三个变化：从专业咨询发展到综合咨询，从工程技术咨询发展到战略咨询，从国内咨询发展到国际咨询。同时，出现了一批著名的工程咨询公司，如福陆公司（FLUOR）、柏克德公司（Bechtel）、奥雅纳工程顾问公司（ARUP）等。

20世纪50年代，信息技术的产生和发展掀起了第三次产业革命的热潮，促进了工程咨询业的进一步演进，各行各业使用工程咨询服务越来越普遍，促使工程咨询业在数量和规模上均出现了新的飞跃。此外，由于经济的发展越来越突破民族经济和地缘经济的概念而变得日趋国际化，工程咨询服务也逐步走向国际化。随着国际经济技术交流与合作不断加强，发展中国家的工程咨询业也迅速崛起，并吸引了AECOM（艾奕康）、SWECO（斯维可）、福陆公司、BV（必维）、柏克德等一大批国际工程咨询企业进驻中国。

3. 美国的咨询服务业

美国咨询业十分发达，其咨询营业额占全球咨询市场的比重很大。美国工程咨询业针对客户经营环境日趋复杂多变、经营存在着管理水平低、人员素质低、技术人员和管理人员缺乏等问题，依靠自身对问题专业化研究的优势和长期咨询服务积累的丰富经验，为客户提供具有独立性和客观性的建议。同时可为企业提供专项研究方案、专门技术、新的管理方法、经营经验等。美国的咨询业注重服务的策略性与实用性，成为美国企业越来越依赖的重要智力支持力量。

美国工程咨询业具有以下特点：

（1）政府扶持力度大

美国政府十分重视工程咨询业的市场需求，其主要做法是：帮助咨询公司打开业务渠道，充分保证咨询公司的业务来源；在咨询公司的管理方面，政府除了从税收、保险等方面通过经济手段加以调控外，还从审计等方面进行严格管理；政府部门及企业习惯找咨询公司为其服务，咨询项目在招标的基础上公开竞争。此外，为鼓励咨询业的发展，政府还采取将企业的咨询费用可计入成本的方式来刺激企业的对咨询的需求。

（2）私有化程度高

从美国工程咨询业的发展规律来看，咨询业的主要动力是具有"企业性质"的民间咨询机构的介入，它们直接接受市场的考验，并将成为国家咨询产业的主要力量。例如，美国80%咨询公司具有私营企业性质，它们一般不隶属于政府部门或企业单位，而是独立地选择或承担咨询项目，客观、中立地开展咨询业务，为企业提供具有"高附加值"的咨询服务。

（3）具有完善的服务体系

美国工程咨询业的构成比较合理，既有世界一流的大型咨询公司，又有众多专业分工非常细的小型咨询公司，已经形成了市场运作规范、专业化程度高、收费合理、相对稳定的服务体系。

（4）完善的人才资源管理机制

美国工程咨询业在人力资源的建设与开发方面也有许多成熟的做法。例如，严格的资格认证制度、人力资源的目标管理制度、为专业人员营造的客观性、公正性和科学性工作氛围、强调遵守其职业道德，以及设立相对独立的项目进度及质量的审查小组等。另外通过采用激励机制、约束机制与良好文化氛围的互相作用方式，使得美国咨询业在人力资源管理方面机制更加完善。

4. 英国的咨询服务业

英国咨询业历史悠久，经验丰富，服务范围大致可分为工程咨询以及产品、技术、经营管理咨询两大类。目前，全英国有 900 余家工程咨询公司，涵盖 90 多个专业，分别从事着工程咨询全过程的各项服务。英国工程咨询主体包括咨询工程公司、咨询合伙人公司和独立咨询工程师。主要的大中型咨询工程公司有 284 家，在设计和项目管理方面有着丰富的实践经验和人力资源，客户群也比较广泛。咨询合伙人公司一般是由多名有经验、有资质的工程师合作经营的咨询实体，他们的客户大多来自当地或英国国内，客户群相对稳定。独立咨询工程师是即将退休的或已退休的有着丰富咨询经验的工程师。他们多是在项目中以顾问或第三方咨询工程师的身份出现。

从咨询的业务权重来看，土木工程设计、房屋建筑设计、基础工程设计、路桥设计、现场勘查、水处理系统设计、防洪工程设计、交通规划、施工安全咨询和铁路设计等业务占了整个英国咨询业务的 75%，其余的 25% 包括电力系统设计、隧道工程、防火工程、石油管道工程和防震工程等。有时在业主委托下，咨询服务业也涉及工程项目管理或施工过程中的监理。

由于英国国内咨询市场已被充分开发，咨询主体的利润率已被压缩到 1%～3%，近些年来，一些颇具规模的咨询公司已把业务重点放到远东环太平洋地区和中东的迪拜，中国市场也是他们争夺的重中之重。

5. 其他发达国家的咨询服务业

德国、法国两国工程咨询业都有着悠久的历史，在本国和世界多数国家的建设活动中起着重要作用。目前，这两个国家的咨询机构规模呈两极分布状态，以或大型或小型公司发展。日本咨询业虽在 20 世纪 60 年代才兴起，但目前已进入稳步发展的阶段，日本政府成立了"日本海外工程咨询公司协会"，着力开拓海外咨询业务。此外，其他一些欧洲国家以及澳大利亚也都拥有实力较强的工程咨询企业，并积极参与国际市场竞争。

2.1.2　国外全过程工程咨询的发展趋势

1. 开拓广泛的专业咨询服务

为了生存与发展，一些国际咨询工程师将业务重点转向专业咨询业务，并努力开拓更广泛的专业咨询领域。国际咨询工程师常以专业咨询服务为先导，以此进入新的咨询服务市场，并在专业咨询服务基础上进一步开辟全方位、全过程的工程咨询服务。

2. 加强与当地咨询工程师的合作

在许多国家，由于地方保护政策的原因，外国咨询工程师一般很难单独被委托从事项目的咨询服务工作。即使在外国咨询工程师可以自由地从事咨询业务的地区，也经常遇到外汇的短缺和对可汇兑货币的汇款限额问题，对外国咨询业进入当地造成一定困难。所以，目前国际咨询工程师常常采取与当地的咨询工程师合作、合资经营的方式承担项目的咨询服务工作，或是为当地的咨询工程师或业主提供各专业的技术专家进行技术服务。

学习笔记

2.2　国内全过程工程咨询

中华人民共和国成立以来，我国工程咨询业从无到有、由小到大，取得了长足的发展。随着改革开放的深入和社会主义市场经济体制的确立，工程咨询产业化、工程咨询单位市场化步伐明显加快，行业规模显著扩大，人员素质不断提高，服务质量和水平稳步提升。总结中国工程咨询业发展历程，大致可以分为四个阶段：萌芽阶段、起步阶段、与国际接轨阶段和快速发展阶段。

1. 萌芽阶段

"一五"期间，我国工程咨询业初步萌芽，当时我国的投资决策体制沿用苏联模式，采用"方案研究""建设建议书""技术经济分析"等类似可行性研究的方法，取得了较好的效果，并由此成立了一批工程设计院，由这些设计院担任大量的工程设计及项目前期工作。但当时的咨询工作都是在政府指令性计划下完成的，服务内容和服务形式与现代化的咨询服务在深度和广度上均有所差异。

2. 起步阶段

我国真正意义上的工程咨询业始于20世纪80年代初期。在此期间，我国工程咨询业务大部分属于工程前期项目咨询，机构大体上可分为两个部分：绝大部分是当时计划经济体制下诞生的勘察设计单位，其次是依托各级计经委等政府部门或建设银行等金融机构而成立的各类工程咨询服务公司。

中国工程咨询协会的成立（1992 年）及《工程咨询业管理暂行办法》的颁布（1994年）标志着我国工程咨询行业正式形成，国家产业政策也明确把工程咨询纳入服务业。然而，此时从事战略性规划和工程项目后评价等业务的工程咨询机构比较少，工程咨询主业仍局限于前期论证和评估咨询，综合性工程咨询公司极少，而工程勘察设计单位的业务范围还是以工程勘察设计为主。

3. 与国际接轨阶段

随着 1996 年中国工程咨询协会代表我国工程咨询业加入国际咨询工程师联合会（FIDIC）和 2001 年我国加入 WTO，我国政府机构改革、科研设计单位全面转制，在此契机下，国内各类工程咨询单位也进行了与政府机构的脱钩改制工作，工程咨询市场进一步开放。与此同时，国外工程咨询机构也开始大力开拓中国市场，在中国设立办事处或分公司。此外，国内工程咨询企业也开始尝试进入国际市场，我国工程咨询业进入了全面迎接国际竞争的时代。

4. 快速发展阶段

2001 年，中国工程咨询协会启动了《工程咨询单位资格认定实施办法》的修订工作。

2002 年，人事部、国家计委决定对长期从事工程咨询工作、具有较高知识技术水平和丰富实践经验的人员，进行注册咨询工程师（投资）执业资格的认定工作。

2005 年，国家发展和改革委员会颁布实施《工程咨询单位资格认定办法》，并首次将工程咨询单位资格认定纳入行政许可。

2008 年，国务院正式明确了"指导工程咨询业发展"是国家发展和改革委员会的主要职能之一，在历史上首次明确中国工程咨询业的归口管理部门。随后，国家发展和改革委员会编制印发了第一个工程咨询业发展纲要：《工程咨询业 2010—2015 年发展规划纲要》。由此，标志着一个法律法规、运行制度日益完善的行业发展态势和政府指导、行业自律、市场运作的工程咨询市场正在形成。

2010 年，国际咨询工程师联合会和中国工程咨询协会共同正式启动了 FIDIC 工程师培训和认证试点工作，进一步加快了我国工程咨询行业的国际化进程。

2012 年，工程咨询行业成为国家鼓励类产业目录并被列入《服务业发展"十二五"规划》，并于 2016 年列入《中华人民共和国国民经济和社会发展第十三个五年规划纲要》加快发展的生产性服务业。

2016 年，中国工程咨询协会出台了《工程咨询业 2016—2020 年发展规划》，分析了我国工程咨询行业发展状况和面临形势，提出了工程咨询行业发展的总体要求、具体内容和政策措施建议。

2017 年，国务院《关于促进建筑业持续健康发展的意见》提出，完善工程建设组织模式，培育全过程工程咨询。鼓励投资咨询、勘察、设计、监理、招标代理、造价等企业采取联合经营、并购重组等方式发展全过程工程咨询，培育一批具有国际水平的全过程工程咨询企业。

2017 年，国家发展和改革委员会颁布《工程咨询行业管理办法》取消行政许可，取消了准入门槛。行业管理由行政许可模式转为政府监管、行业自律、企业自主的管理模式，由静态管理转为动态管理，由事前许可管理转为事中事后监督管理。

此外，一批涉及工程咨询行业管理、市场准入、市场监管、质量控制的规范性文件陆续出台，各项鼓励支持工程咨询业发展的政策措施进一步落实，使工程咨询的行业认知度有效提升，行业自律管理与服务有效加强，行业发展环境持续优化。

学习笔记

2.3 我国全过程工程咨询的发展趋势

2.3.1 我国工程咨询企业的构成

1. 按照资质认定的不同管理部门进行划分

按照资质认定的不同管理部门进行划分，我国工程咨询企业主要分为两大类别：

一类由国务院投资主管部门负责指导，进行投资决策综合性咨询，主要为投资项目开展前期论证、评估等环节提供咨询服务，此类称之为"工程咨询（投资）机构"。

另一类是由国务院住房和城乡建设主管部门负责指导，进行工程建设全过程咨询，包括投资建设项目的勘察设计、工程监理、工程造价咨询及工程招标代理等。

2. 按照工程咨询机构的性质和服务阶段划分

按照工程咨询机构的性质和服务阶段划分，我国工程咨询机构主要由三类构成：

第一类，综合性工程咨询机构，主管单位为各地发展改革部门。承接业务范围涵盖投资建设项目的前期决策、勘察设计及实施阶段的咨询服务，其中，服务内容以项目前期决策咨询为主，项目实施阶段咨询为辅。

第二类，各行业的研究院、设计院以及咨询机构等，主管单位为国家各行业管理部门。承接业务范围涵盖从勘察设计到实施阶段的咨询服务。

第三类，企业性质的工程咨询机构，企业规模通常为中小型。承接业务范围涵盖投资建设项目的前期决策、勘察设计及实施阶段的咨询服务。该类工程咨询机构普遍具有相对科学的企业管理体制、运营体制和高效的员工激励机制，具有较为广阔的成长和发展空间，未来发展趋势良好。

2.3.2　我国工程咨询行业的发展趋势

1. 我国工程咨询行业的发展趋势

伴随着我国经济的快速发展、固定资产投资规模的不断扩大，我国工程咨询行业发展迅速。

（1）行业实力明显增强

我国咨询行业规模稳步扩大，可持续发展的人才队伍日益壮大，具有国际竞争力的工程咨询公司（集团）不断增加，工程咨询单位体制机制改革创新力度不断加大，工程咨询行业差异竞争、优势互补、协调共进的多元化发展格局逐步形成。至 2015 年年底，全行业年营业收入超过 3 万亿元，20 家工程咨询企业进入《工程新闻记录》（ENR）"全球工程设计公司 150 强"，同时，有 21 家工程咨询企业进入"国际工程设计公司 225 强"。

（2）市场化进程显著加快

2017 年 7 月 17 日，国家发展和改革委员会投资司发布《工程咨询行业管理办法》（征求意见稿），该意见中不再提及"工程咨询单位应取得工程咨询单位资格证书，在认定的专业和服务范围内开展工程咨询业务"等条款，工程设计、工程监理等也从咨询业务范围中去除。此外，2017 年 9 月 22 日，国务院印发《关于取消一批行政许可事项的决定》，该文件中也取消了工程咨询单位资格认可行政许可事项，放开工程咨询市场准入。由此，工程咨询行业的市场化、产业化进程进一步加快，并进一步激发了工程咨询单位及市场的活力，从而可以更好地为经济社会发展服务。

（3）业务范围有待充实

受我国特殊国情影响，我国工程咨询服务在长期的建设过程中逐渐形成了分阶段分部门的特点。现阶段工程咨询单位主要集中在投资策划与可行性研究阶段，设计阶段还没有成形的咨询服务，而施工阶段由监理公司来承担建设项目的质量和工期的监督管理工作，造价环节由造价咨询公司负责，其他阶段由其他单位完成。工程咨询公司的工作分开开展，由此很难实现全过程的控制与管理。

2. 国内工程咨询行业的特点

（1）技术门类齐全。经过多年的发展，我国当前的工程咨询行业机构类型众多，业务范围广泛。项目前期的投资决策咨询（项目建议书、可行性研究），设计阶段的各领域、各专业设计，项目实施阶段的招标代理、施工监理、工程造价咨询、项目管理，乃至针对新型投融资建设模式的 PPP 咨询、专门提供 BIM 服务的 BIM 咨询，应有的技术门类基本都有。

（2）专业分割明显。改革开放已经 40 余年，但计划经济模式对工程咨询行业的影响依然存在。其中一个重要方面，是政府主管或主导的咨询业务分割长时间存在，咨询企业专业严格分化，综合性咨询能力普遍欠缺。尽管大多数建设项目委托了各阶段、各个专业门类的工程咨询业务，但各项咨询服务之间彼此分割、甚至相互掣肘的现象较为突出。

（3）分阶段服务为主。国内传统的工程咨询委托方式以分阶段委托为主，可研、初步设计、施工图设计、招标代理、招标控制价编制、监理、施工、全过程造价咨询等各项服务分别委托，各服务方均以阶段性成果为服务目标，而对项目的高性价比交付终极目标却未予专门关注。具有一定全过程咨询意味的代建制、项目管理虽有推行，但并未成为主流，即便少数项目采用，也由于专业集成度低，作用有限。

（4）全过程咨询起步。随着国内建设投资主体越加重视项目建设效率，他们越加希望获得更集成、更专业的工程咨询服务，业内企业开始策划和实践全过程工程咨询服务模式，也得到了部分业主的响应和认同。近两年来，在党中央国务院强调简政放权、依靠市场主体的总体指导思想下，国家发展改革委、住房和城乡建设部等部门开始启动部署全过程工程咨询推进落地工作。

2.3.3 我国鼓励发展全过程工程咨询

1. 工程造价领域较早实践"全过程"服务理念

鼓励发展全过程工程咨询，一方面促进我国工程咨询行业的转型升级；另一方面也是践行工程建设全过程项目管理的理念。作为全过程工程咨询的一个重要组成部分，我国工程造价领域较早地实践了"全过程"的服务理念。

2014 年颁发的《建筑工程施工发包与承包计价管理办法》（中华人民共和国住房和城乡建设部令第 16 号）明确指出："国家推广工程造价咨询制度，对建筑工程项目实行全过程造价管理"，首次从国家规章层面推行建设项目全过程造价管理。同年 9 月，针对工程造价市场清单计价模式和工程定额计价模式的弊端，住房和城乡建设部印发《住房城乡建设部关于进一步推进工程造价管理改革的指导意见》（建标〔2014〕142 号），在"主要目标"中提出要"完善工程计价活动监管机制，推行工程全过程造价服务"，并在措施中强调"建立健全工程造价全过程管理制度""推行工程全过程造价咨询服务，更加注重工程项目前期和设计的造价确定。充分发挥造价工程师的作用，从工程立项、设计、发包、施工到竣工全过程，实现对造价的动态控制。发挥造价管理机构专业作用，加强对工程计价活动及参与计价活动的工程建设各方主体、从业人员的监督检查，规范计价行为。"

2017 年 9 月，《住房城乡建设部关于加强和改善工程造价监管的意见》（建标〔2017〕209 号）发布，文件再次强调"积极培育具有全过程工程咨询能力的工程造价咨询企业，鼓励工程造价咨询企业融合投资咨询、勘察、设计、监理、招标代理等业务开展联合经营，开展全过程工程咨询，设立合伙制工程造价咨询企业"。同时，文件强调"完善工程建设全过程计价依据体系，共享计价依据"。自此，全过程工程造价管理已经成为行业趋势，有利于建设项目全生命周期的成本控制，也对工程造价咨询企业提出更高的要求。

2. 培育全过程工程咨询

近年来，中央和地方更是连续发布多个文件，多次提到深化项目组织实施方式改革，培育全过程工程咨询。2016 年 12 月 30 日，江苏省住房和城乡建设厅印发了《关于推进工程建设全过程项目管理咨询服务的指导意见》（苏建建管〔2016〕730 号），提出"全面整合工程建设过程中所需的前期咨询、招标代理、造价咨询、工程监理及其他相关服务等咨询服务业务，引导建设单位将全过程的项目管理咨询服务委托给一家企业，为项目建设提供涵盖前期策划咨询、施工前准备、施工过程、竣工验收、运营保修等各阶段的全过程工程项目管理咨询服务"。

2017 年 2 月，《国务院办公厅关于促进建筑业持续健康发展的意见》（国办发〔2017〕19 号）中倡导"培育全过程工程咨询。鼓励投资咨询、勘察、设计、监理、招标代理、造价等企业采取联合经营、并购重组等方式发展全过程工程咨询，培育一批具有国际水平的全过程工程咨询企业。制订全过程工程咨询服务技术标准和合同范本。政府投资工程应带头推行全过程工程咨询，鼓励非政府投资工程委托全过程工程咨询服务。在民用建筑项目中，充分发挥建筑师的主导作用，鼓励提供全过程工程咨询服务"，在建筑工程全产业链中首次明确了"全过程工程咨询"这一理念，政府投资工程将带头推行全过程工程咨询，鼓励非政府投资项目和民用建筑项目积极参与。

2017 年 2 月，在《住房城乡建设部建筑市场监管司 2017 年工作要点》的"深化建筑业重点环节改革"章节提到："推进全过程工程咨询服务""积极培育全过程工程咨询企业，鼓励建设项目实行全过程工程咨询服务。总结和推广试点经验，推进企业在民用建筑中提供项目策划、技术顾问咨询、建筑设计、施工指导监督和后期跟踪等全过程服务"。

2017 年 5 月，住房和城乡建设部印发《住房城乡建设部关于开展全过程工程咨询试点作的通知》（建市〔2017〕101 号），选择北京、上海、江苏、浙江、福建、湖南、广东、四川 8 省（市）以及 40 家企业开展全过程工程咨询试点，探索全过程工程咨询管理制度和组织模式，为全面开展全过程工程咨询积累经验。随后，相关省市积极响应，浙江、广东、湖南、福建等地相应出台开展全过程工程咨询的试点工作通知，对全过程工程咨询的范围、资质要求、委托方式、收费标准和制度完善都提出了要求。

2017 年 5 月，住房和城乡建设部印发的《工程勘察设计行业"十三五"规划》中提出要"培育全过程工程咨询，鼓励投资咨询、勘察、设计、监理、招标代理、造价等企业采取联合经营、并购重组等方式发展全过程工程咨询，培育一批具有国际水平的全过程工程咨询企业"。并针对不同规模和实力的勘察设计企业转型提供全过程工程咨询服务给出了方向和建议、促进大型企业向工程公司或工程顾问咨询公司发展；中小型企业向具有较强专业技术优势的专业公司发展；鼓励有条件的企业以设计和研发为基础、以自身专利及专有技术为代势、拓展装备制造、成套设备、项目运营维护等相关业务，逐步形成工程项目全生命周期的一体化服务体系。

2018 年 3 月 5 日、住房和城乡建设部建筑市场监管司公开发布《关于征求推进全过程工程咨询服务发展的指导意见（征求意见稿）和建设工程咨询服务合同示范文本（征求意见稿）意见的函》（建市监函〔2018〕9 号）提出：进一步完善我国工程建设组织模式，推进全过程工程咨询服务发展，培育具有国际竞争力的工程咨询企业，推动我国工程咨询行业转型升级、提升工程建设质量和效益；借鉴和参照国际通行规则开展全过程工程咨询服务，结合国际大型工程顾问公司的业务特征，培育既熟悉国际规则又符合国内建筑市场需求的高水平工程咨询服务企业和人才队伍，鼓励有能力的工程咨询企业积极参与国际竞争，推动中国工程咨询行业"走出去"，为实现"一带一路"倡议服务。

2019 年 3 月 15 日，国家发展改革委、住房和城乡建设部印发《关于推进全过程工程咨询服务发展的指导意见》（发改投资规〔2019〕515 号），对房屋建筑和市政基础设施领域推进全过程咨询服务有关工作提出明确要求。要求各地方政府、行业协会和相关单位及企业按照《指导意见》要求，结合实际认真贯彻落实，积极引导和鼓励工程决策和建设采用全过程工程咨询。这是国家层面发布的具体推进全过程工程咨询的正式指导意见。

该指导意见将全过程工程咨询服务划分为两部分：投资决策综合性咨询和工程建设全过程咨询。

投资决策综合性咨询，由国务院投资主管部门负责指导，综合性工程咨询单位接受投资者委托，提供就投资项目的市场、技术、经济、生态环境、能源、资源、安全等影响可行性的要素，结合国家、地区、行业发展规划及相关重大专项建设规划、产业政策、技术标准及相关审批要求进行的分析研究和论证，为投资者提供决策依据和建议。

工程建设全过程咨询，由国务院住房和城乡建设主管部门负责指导，全过程咨询单位提供招标代理、勘察、设计、监理、造价、项目管理等全过程咨询服务，满足建设单位一体化服务需求，增强工程建设过程的协同性。全过程咨询单位应当以工程质量和安全为前提，帮助建设单位提高建设效率、节约建设资金。

全过程工程咨询的出现，不是偶然，是我国工程咨询行业发展的积淀，是市场选择的结果，是向国际惯例接轨的要求，是行业发展的必然趋势。

学习笔记

学习情境 3   全过程工程咨询服务的工作内容

学习情境描述

基于全过程工程咨询服务"1+X"模式，确定全过程工程咨询服务清单的服务内容，合理选择各专项服务，组织协调完成工程项目建设全过程的相关业务。

学习目标

1. 熟悉全过程工程咨询服务内容；
2. 能合理确定全过程工程咨询服务清单的服务内容；
3. 能合理选择各专项服务；
4. 能组织协调完成工程项目建设全过程的相关业务。

引导问题

1. 请简述全过程工程咨询的服务范围。
2. 请简述全过程工程咨询服务"1+X"模式。
3. 请简述全过程工程咨询服务"1+X"模式中"1"的内容。
4. 请简述全过程工程咨询服务"1+X"模式中"X"的内容。
5. 请简述建设准备阶段的工作内容和流程。
6. 请简述施工准备阶段的工作内容和流程。

3.1   全过程工程咨询服务内容和"1+X"模式

3.1.1   全过程工程咨询服务内容

1. 全过程工程咨询的服务范围

全过程工程咨询分为投资决策综合咨询和工程建设全过程咨询两个环节。全过程工程咨询的服务范围包括投资项目的全寿命周期，即投资决策、工程建设和项目运营阶段，具体由委托合同约定。

发包人应在委托工程咨询单位前，识别项目需求与范围，根据自身服务管理能力、相关方约定及项目目标之间的内在联系，确定全过程工程咨询服务范围及管理目标。

2. 各阶段的工程咨询服务

全过程工程咨询不是传统的碎片化、分阶段的咨询服务，而是由一个具有目标明确的各类专业人员组成的集合体，通过统一规划、分工实施、协调管理、沟通融通，来提供综合性咨询服务。全过程工程咨询单位能有效提高建设项目质量与进度，从而更好地完成优质建设项目的目标。

（1）决策阶段通过了解研究项目利益相关方的需求，确定优质建设项目的目标，汇集优质建设项目评判标准。通过项目建议书、可行性研究报告、评估报告等形成建设项目的咨询成果，为设计阶段提供基础。

（2）设计阶段对决策阶段形成的研究成果进行深化和修正，将项目利益相关方的需求以及优质建设项目目标转化成设计图纸、概预算报告等咨询成果，为发承包阶段选择承包人提供指导方向。

（3）招标采购阶段结合决策、设计阶段的咨询成果，通过招标策划、合约规划、招标过程服务等咨询工作，对优质建设项目选择承包人的条件、资质、能力等指标进行策划并形成招标文件、合同条款、工程量清单、招标控制价等咨询成果。为实施阶段顺利开展工程建设提供控制和管理的依据。

（4）实施阶段根据发承包阶段形成的合同文件约定进行成本、质量、进度的控制；合同和信息的管理；全面组织协调各参与方；最终完成建设项目实体。在实施过程中，及时整理工程资料，为竣工阶段的验收、移交做准备。

（5）竣工阶段通过验收检验是否按照合同约定履约完成。最后将验收合格的建设项目以及相关资料移交给运营人，为运营阶段提供保障。

（6）运营阶段对建设项目进行评价，评价其是否是优质建设项目。通过运营使其建设项目体现优质建设项目的价值，实现决策阶段设定的建设目标。最后把运营人的运营需求进行总结，并反馈到下一个项目的决策阶段，使建设项目的前期决策具有更充分的依据。

3.1.2 全过程工程咨询服务"1＋X"模式

工程建设全过程咨询服务包括全过程工程项目管理及各专业咨询服务，采用"1＋X"的模式实施，其中"1"为全过程工程项目管理，为必选内容；"X"为各专业咨询服务，为可选内容，各专业咨询服务应选择两项及以上内容，且必须包含监理或造价中的一项。

"1"——工程建设项目全过程咨询项目管理内容，是对工程建设项目投资、质量、进度、安全、合同、信息等主要总控目标的管理，主要包括项目工程建设阶段的项目策划、报建报批、勘察管理、设计管理、合同管理、投资管理、进度管理、招标采购管理以及质量、计划、安全、信息、沟通、风险、人力资源等管理与协调。

"X"——工程建设全过程各专业咨询服务内容，包括工程设计、工程监理、造价咨询、招标采购、BIM咨询及其他咨询，也可包括投资决策综合咨询的内容，根据发包人的需求进行菜单式选择（两项及以上且必须包含监理或造价中的一项）。

工程建设全过程咨询项目管理涉及众多参与方，项目在实施过程中各专业咨询服务工作的开展需要相互沟通协调，各专业咨询负责人在项目总负责人的带领下开展工作。

3.1.3 工程建设全过程咨询服务酬金计取方式

工程建设全过程咨询服务酬金采取"1＋X"叠加计费模式，具体方法如下：

"1"是指"全过程工程项目管理费"：全过程工程项目管理取费可参考相关收费依据，如财政部《基本建设项目建设成本管理规定》（财建〔2016〕504号）中的项目建设管理费标准计算。

"X"是指项目全过程各专业咨询（如前期咨询、工程设计、工程监理、造价咨询、招标采购、BIM咨询等）的服务费，各专业咨询服务费率可依据现有收费标准依据或市场收费惯例执行。

学习笔记

3.2　全过程工程咨询服务菜单

全过程工程咨询服务菜单见表3-1。

全过程工程咨询服务表

表3-1

项目	全过程工程咨询服务内容	专项服务 （根据专项合同计取）
项目规划方案	对项目进行概念性规划和总规，以及对控规和详规方案编制过程提供咨询及建议	□编制规划方案
项目投资机会研究、投融资策划	对项目的有关背景、投资条件、市场状况、投融资决策等提供咨询和建议	□编制投融资策划方案
工程咨询	协助完成工程咨询相关立项、可研、资金等审批工作，取得相关批复	□编制项目建议书 □编制可行性研究报告 □编制项目申请报告 □编制项目资金申请报告 □编制节能评估报告书 □编制重大固定资产投资项目社会稳定风险评估报告 □其他咨询

续表

项目	全过程工程咨询服务内容	专项服务 （根据专项合同计取）
评估咨询	协助开展评审准备工作，审核评审报告，完成项目建议书、可行性研究报告、初步设计等评审工作	□项目建议书评估 □项目可行性研究报告评估 □项目初步设计评估 □协助项目建议书评估并支付评审单位费用 □协助可行性研究报告评估并支付评审单位费用 □协助初步设计评估并支付评审费用 □其他评估项目或支付第三方费用项目
水土保持方案	协助水土保持方案评审及报送，取得批复	□编制水土保持方案
压覆重要矿产资源评估	协助压覆矿产资源报告评审及报送，取得批复	□编制压覆重要矿产资源评估报告
排污口论证	协助入河排污口设置论证报告评审及报送，取得批复	□编制入河排污口设置论证报告
取水口论证	协助取水口论证报告评审及报送，取得批复	□编制取水口论证报告
使用林地可研	协助使用林地可行性研究报告评审及报送，取得批复	□编制林地可行性研究报告
环境影响评估报告	协助环境影响评估报告评审及报送，取得批复	□编制环境影响评估报告
地质灾害评估报告	协助编制地质灾害评估报告、评审及报送，取得批复	□编制地质灾害评估报告
PPP项目咨询	根据财政部、国家发改委等最新政策文件协助完成PPP项目的推进，提供PPP项目政策法规、操作流程等培训，协助开展相关评价和论证工作	□编制初步实施方案 □编制物有所值评价报告 □编制财政承受能力论证报告 □编制项目实施方案 □编制项目市场测试方案
设计咨询	1. 对项目方案设计、初步设计等各阶段设计提供技术咨询及决策建议； 2. 组织设计单位进行现场设计技术交底和图纸会审； 3. 协助发包人向政府职能部门报审设计文件	□编制概念性方案设计 □编制方案设计 □编制初步设计

项目	全过程工程咨询服务内容	专项服务 （根据专项合同计取）
造价咨询管理	1. 审查并评价基本建设程序合法、合规性，手续是否完善； 2. 协助建设单位进行投资分析、风险控制，提出融资方案的建议； 3. 项目投资估算的审核； 4. 项目投资预算及控制价审核； 5. 建设项目工程造价相关合同履行过程和管理； 6. 工程主要材料的市场调查、施工合同的相关造价条款的拟定； 7. 提出工程设计、施工方案的优化建议，各方案工程造价的编制与比选； 8. 工程计量支付的确定，审核工程款支付申请，提出资金使用计划建议； 9. 施工过程的设计变更、工程签证和工程索赔的处理； 10. 参与结算审核、竣工结算后评价等各阶段的检查、控制和评价，参与竣工验收	□编制投资估算 □编制工程概算 □编制施工图预算 □编制工程量清单及招标控制价 □施工过程造价咨询（即工程量及工程款拨付审核、工程设计变更、索赔及签证审核） □工程竣工结算
项目管理 前期准备	1. 项目总体控制计划及其实施方案； 2. 指导项目施工组织及总设计纲要； 3. 编制项目信息报告； 4. 编制项目管理专题报告； 5. 制定信息管理方案； 6. 编制项目管理简报； 7. 审核建设管理大纲； 8. 报建流程及注意事项咨询	□协助或代理办理建设用地规划许可证 □协助或代理办理建设用地预审 □协助或代理办理选址意见 □协助或代理办理土地证 □协助或代理办理项目立项事宜 □协助或代理办理规划许可证 □协助或代理发包人办理施工许可证 □协助办理防空地下室易地建设
招标采购管理	为甲方编制采购方案、协助完成各项采购流程、协助甲方一起进行合同谈判，协助合同签订。接受和保管招标代理机构移交的招标过程中各类文件	□货物采购代理（设备、材料等） □服务采购代理（设计、监理、咨询、检测、安装等） □工程采购代理（施工、EPC 等）
PPP 社会资本 采购管理	作为 PPP 社会资本采购顾问，协助开展社会资本采购活动，提供政策、流程及决策咨询建议	□作为社会资本采购代理，为项目提供编制资格预审文件、编制采购文件、编制 PPP 项目合同、完成采购流程，协助谈判签署合同等一系列采购工作
施工管理	1. 协助合同审查及合同管理； 2. 审查材料、设备、构筑物采购使用； 3. 负责工程进度、质量、造价控制管理，协调各项目标实现； 4. 负责施工安全文明监督； 5. 负责协调管理； 6. 负责信息管理； 7. 现场办公室的综合集成管理工作	

项目	全过程工程咨询服务内容	专项服务 （根据专项合同计取）
监理管理	1. 审核监理组织机构； 2. 监督监理单位做好"三控制、三管理、一协调"工作； 3. 监督监理单位履行各项规定职责； 4. 协助甲方与监理单位签订监理合同，并监督监理单位履行监理合同中约定的内容	□设计监理 □工程监理 □设备监理
BIM 管理	1. 审核施工阶段 BIM 进度计划； 2. 审核施工阶段 BIM 阶段性成果； 3. 组织设计 BIM 复核； 4. 审核施工总平面布置； 5. 审核重点施工方案及工艺模拟； 6. 协助 BIM 技术交底； 7. 审核 BIM 辅助变更管理及模型更新维护； 8. BIM 管控培训	□BIM 咨询
施工阶段设计管理	1. 审核施工单位对设计文件的意见和建议，会同设计单位进行研究，并督促设计单位尽快给予答复； 2. 现场重大和关键工序施工方案的合理化建议； 3. 协助审查施工图及负责审核各项设计变更，提出合理意见与优化建议，组织协调设计部门和施工单位落实甲方设计优化建议； 4. 保管所有设计文件及过程资料，项目管理期限届满或本合同终止时移交给甲方和档案管理部门	□优化基础设计 □优化结构方案 □优化装修方案 □优化机电系统
竣工验收管理	1. 竣工资料收集与整理； 2. 竣工模型创建、审查； 3. 项目 BIM 工作总结； 4. 协助办理基础验槽验收、主体验收、弱电检测、防雷检测、单机调试和联动调试、消防检测验收、环保部门验收、规划验收、质检验收、建设工程竣工验收备案、工程竣工备案、工程款支付情况审核表、工程竣工结算备案、建设工程档案预验收意见书； 5. 协助综合竣工验收； 6. 协助办理水电气供应	□代理甲方办理竣工验收备案

项目	全过程工程咨询服务内容	专项服务 （根据专项合同计取）
运营准备管理	1. 质量保证期管理； 2. 配合运营的系统调试与修正； 3. 设备设施移交	□运营维护方案编制
运营维护技术咨询	协助 BIM 模型的二次开发应用	□BIM 开发应用
运营维护管理咨询	协助运营维护管理	□编制运营维护管理方案
运营维护造价咨询	运营维护费用支付审核	□运营维护期造价咨询
项目后评价	配合项目后评价报告的编制	□编制项目后评价报告
PPP 绩效考核	协助完成运营期绩效考核	□编制绩效考核方案
延续更新咨询	配合项目延续更新	

学习笔记

3.3　工程项目建设全过程的相关业务

3.3.1　工程项目建设全过程的基本流程

工程项目建设全过程的基本流程必须遵循一定的先后次序，它是工程建设过程客观规律的反映，是人们长期在工程项目建设实践中得出来的经验总结，不能任意颠倒，但可以合理交叉。

工程项目建设全过程的基本流程如图 3-1 所示。

3.3.2　工程项目建设全过程的相关业务

工程项目建设各阶段具体的工作内容都有很多，也必须遵循一定的先后工作次序，不能任意颠倒，但部分工作可以合理交叉。全过程工程咨询服务机构应在合同条款中明确咨询服务工作的职责范围，明确哪些工作为咨询服务机构工作内容，哪些工作为协助办理。

1. 工程项目建设全过程的相关业务

（1）工程建设投资决策阶段

工程建设投资决策阶段，一般也称"前期阶段"，主要指的是在工程建设的初期，建设单位形成投资意向，通过对投资机会等的研究和决定，形成书面文件上报主管部门和发改委进行审批，进而立项的过程。该阶段主要工作包括编制项目建议书和可行性研究报告，并通过立项审批。

1）项目建议书（由发改委实施）；

2）办理《建设工程选址意见书》（以由规划局实施）；

3）建设用地预审报告（自然资源部实施）；

4）环境影响评价文件报审（由环保局实施）；

5）建设场地地震安全性评价（由地震局实施）；

6）可行性研究报告（由发展改革委实施）；

7）项目申请报告核准（由发展改革委实施）；

8）立项（由发改委实施）。

（2）工程建设准备阶段

该阶段的内容包括为勘察、设计、施工创造条件所做的建设现场、建设队伍、建设设备等方面的准备工作。具体包括报建、委托规划、设计，获取土地使用权，拆迁、安置，工程发包与承包等。

1）办理报建备案手续（由发展改革委实施）；

2）办理《建设用地规划许可证》（由规划局实施）；

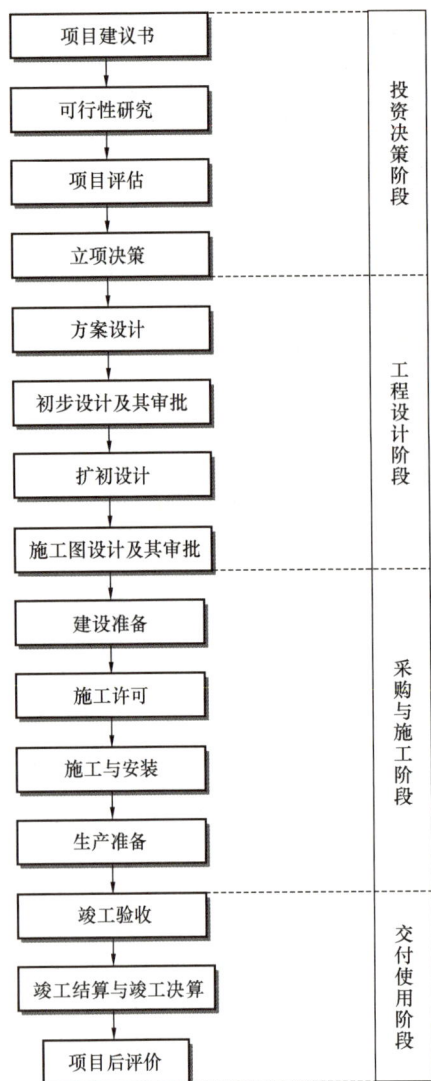

图 3-1　工程项目建设全过程基本流程图

3）申请土地开发使用权（由国土资源局实施）；

4）拆迁、安置。

建设单位在取得用地使用权后，向当地拆迁主管部门提出书面申请。拆迁主管部门对拆迁申请进行审查，批准拆迁的，房屋拆迁主管部门发给拆迁申请人《房屋拆迁许可证》，建设单位可据此组织实施拆迁。

5）报审《建设工程规划设计方案》（由规划局实施）

建设单位在取得土地使用权后，根据市规划局提出的设计要求，委托建筑设计院编制设计方案。

6）初步设计审批（由发展改革委实施）

办理建设工程初步设计审批，申请人应先将初步设计图纸提交主办部门预审，主办部门收件后，应向申请人出具申请材料接收凭证，并自收件之日起 10 日内出具合格或需要修改的预审意见；出具需要修改的预审意见的，主办部门应一次告知当事人需要修改的全部内容。申请人应按照主办部门的修改意见对初步设计图说进行完善，直至预审合格。预审合格后，再向主办部门提交初步设计审批申请材料。

7）项目初步设计概算审批（由建委实施）；

8）施工图设计审批（由建委实施）；

9）建设单位招投标（由工程招标投标办实施）

施工发包前，建设单位应当持立项批准文件等有关材料申请办理建设工程发包方式备案手续。

10）办理质量监督及安全监督（由质监站和安监站实施）；

11）办理建筑工程施工许可证

市重点建筑项目、国家和当地批准立项的建设项目以及跨区、县（市）的大中型建设项目，由建设单位向市人民政府建设行政主管部门申请；其他建设项目由建设单位向项目所在地的区、县（市）人民政府建设行政主管部门申请。

12）报送开工报告暨年度投资计划申请文件

项目具备开工条件后，建设单位应按照项目建议书的申报程序向市发改委报送开工报告暨年度投资计划申请文件。

（3）工程建设施工阶段

建设单位为了保证项目施工顺利进行需从事相关的管理工作，可分为施工准备的管理和施工阶段的管理，其中在施工阶段的管理主要是做好工程建设项目的进度控制、投资控制和质量控制。

1）工程建设项目施工准备阶段包括图纸会审、审查施工组织设计、施工现场准备。

2）工程建设项目组织施工的管理：工程建设项目的进度控制、投资控制、质量控制。

（4）工程竣工验收备案与保修阶段

1）竣工验收及备案

工程竣工验收备案是验收环节的主办事项，由市建设行政主管部门负责实施。申请人申请办理主办事项，应向主办部门提出申请并同时提交相关申请材料。

2）工程保修

工程保修期从工程竣工验收合格之日起计算。工程在保修期限内出现质量缺陷，建设单位应当向施工单位发出保修通知。施工单位接到保修通知后，应当到现场核查情况，在保修书约定的时间内予以保修。发生涉及结构安全或者严重影响使用功能的紧急抢修事故，施工单位接到保修通知后，应当立即到达现场抢修。发生涉及结构安全的质量缺陷，建设单位或者房屋建筑所有人应当立即向当地建设行政主管部门报告，采取安全防范措施；由原设计单位或者具有相应资质等级的设计单位提出保修方案，施工单位实施保修，原工程质量监督机构负责监督。保修完成后，由建设单位或者房屋建筑所有人组织验收；涉及结构安全的，应当报当地建设行政主管部门备案。施工单位不按工程质量保修书约定保修的，建设单位可以另行委托其他单位不按工程质量保修书约定保修的，建设单位可以另行委托其他单位保修，由原施工单位承担相应责任。保修费用由质量缺陷的责任方承担。

2. 建设项目实施阶段的主要工作内容

建设工程项目建设实施阶段是指项目从建设准备到工程具体施工建造再到验收通过的

过程。建设实施时期主要有建设单位和勘察单位、设计单位、监理单位、施工单位等参与，涉及的主要政府部门有发改、国土、规划、建设等。

建设实施时期的主要工作包括建设准备阶段的土地征用、工程设计、招标投标等，施工准备阶段的"三通一平"、合同签订、编制报审文件与施工许可、图纸会审与设计交底等，施工实施阶段的质量、投资、进度、安全控制和关键过程的把控、质量通病的产生与防治等，工程验收与备案阶段的分部分项工程验收、档案移交、单位工程验收、竣工验收备案等，项目竣工验收与备案阶段的项目竣工验收、备案和不动产权证的办理等。

建设项目实施阶段的工作内容和流程如图 3-2 所示。

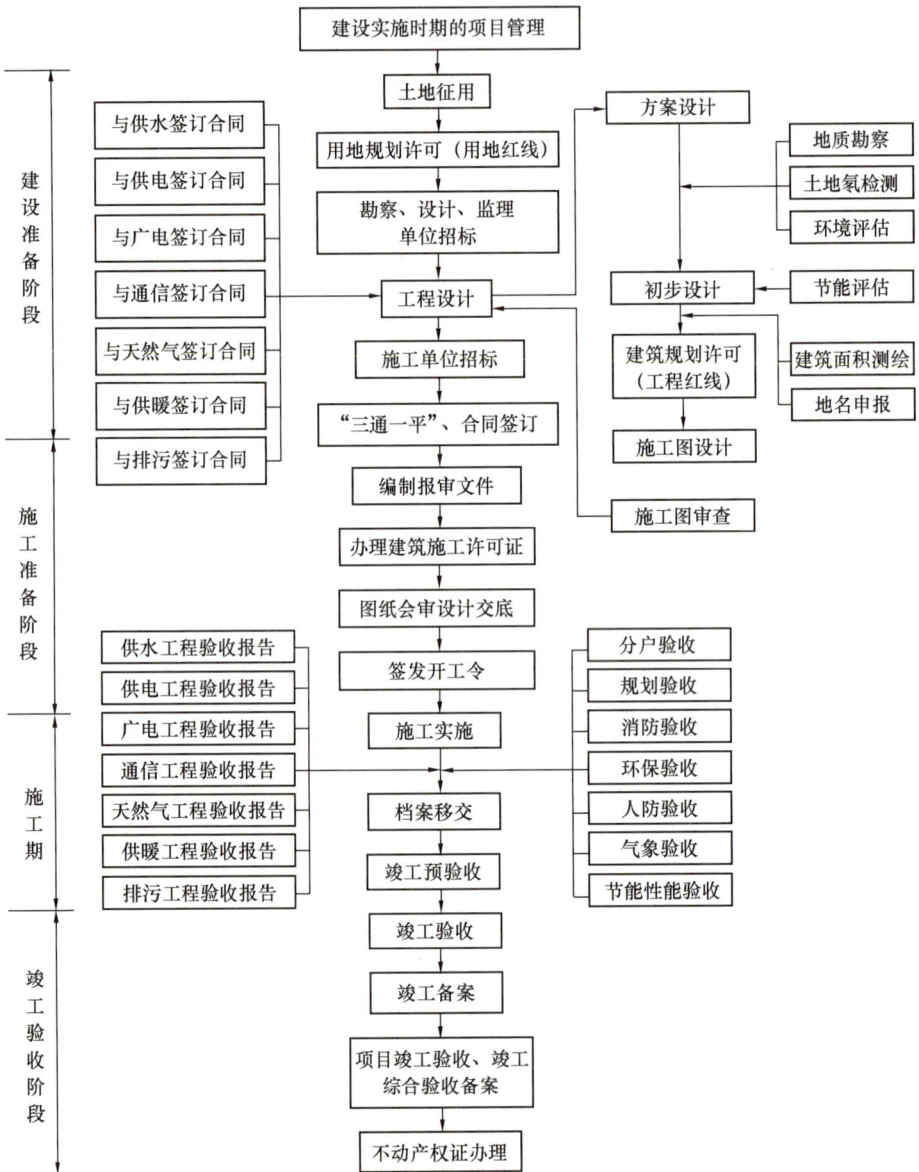

图 3-2　建设项目实施阶段的工作内容和流程图

学习笔记

学习情境 4　全过程工程咨询服务的合同体系

学习情境描述

基于建设项目管理合同类型及合同管理流程，熟悉全过程工程项目合同体系，拟定《建设项目工程总承包合同》《全过程工程咨询服务合同》专用条款。

学习目标

1. 熟悉建设项目管理合同类型及合同管理流程；
2. 熟悉全过程工程项目合同体系；
3. 能拟定《建设项目工程总承包合同》专用条款；
4. 能拟定《全过程工程咨询服务合同》主要条款。

引导问题

1. 建设工程项目合同，根据合同中的任务内容可划分为哪些合同类型？
2. 建设工程项目合同，按照合同计价方式分，主要有哪三种类型？
3. 请简述建设工程咨询类合同有哪些。
4. 请简述《建设项目工程总承包合同（示范文本）》中的通用条款组成部分。
5. 《全过程工程咨询服务合同（示范文本）》由哪三部分组成？

4.1　建设项目管理合同类型

4.1.1　建设工程项目合同综述

1. 建设工程项目合同类型

一个建设工程项目的实施，涉及的建设任务很多，往往需要许多单位共同参与，不同的建设任务往往由不同的单位分别承担，这些参与单位与业主之间应该通过合同明确其承担的任务和责任以及所拥有的权利。

由于建设工程项目规模和特点的差异，不同项目的合同数量可能会有很大的差别，大型建设项目可能会有成百上千个合同。但不论合同数量的多少，根据合同中的任务内容可划分为勘察合同、设计合同、施工承包合同、物资采购合同、工程监理合同、咨询合同及代理合同等。根据《中华人民共和国合同法》，勘察合同、设计合同、施工承包合同属于建设工程合同；工程监理合同、咨询合同等属于委托合同。

按照合同计价方式分，主要有三种类型，即：总价合同、单价合同和成本加酬金合同。

2. 建设工程项目的合同管理

建设项目的合同管理是指投资人与全过程工程咨询单位通过合同的方式明确各方的权利义务，并授权全过程工程咨询单位对工程项目建设进行全过程或分阶段的管理和服务活动。同时，全过程工程咨询单位根据投资人委托的管理和服务的内容，承担与工程建设相关的管理工作，协调各承包人，供应商之间的合同关系、合同起草、编制，合同条款解释解决及合同争议与纠纷等。

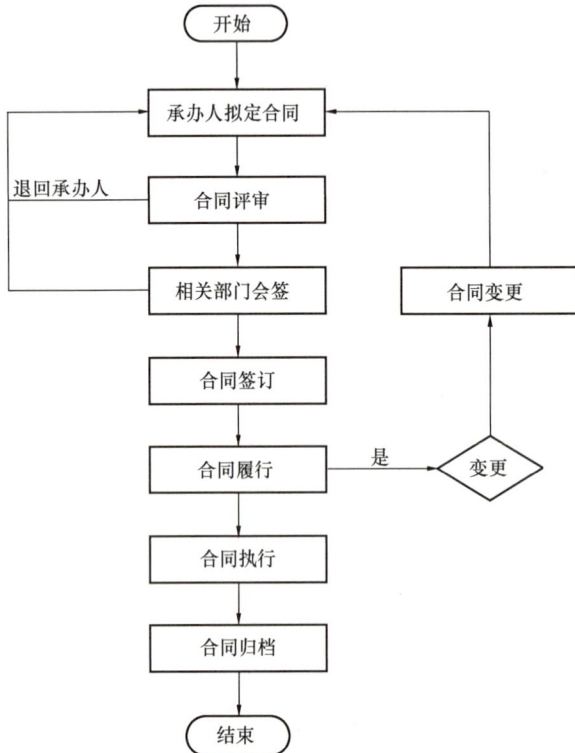

图 4-1　合同管理流程

全过程工程咨询单位应协助投资人采用适当的管理方式，建立健全合同管理体系以实施全面合同管理，确保建设项目有序进行。全面合同管理应做到：

（1）建立标准合同管理程序；

（2）明确合同相关各方的工作职责、权限和工作流程；

（3）明确合同进度、投资、质量、安全等事项的管理流程与时限等。

合同管理一般包括合同评审、部门会签、合同签订、合同履行、合同执行、合同归档等。合同管理流程如图 4-1 所示。

4.1.2　建设工程项目合同体系

工程项目的合同体系是由项目的结构分解决定的，将项目结构分解为确定的项目活动，通过合同方式委托出去，形成项目的合同体系。

一般建设项目中，全过程工程咨询单位首先应决定怎样对项目结构分解中的活动进行组合，以形成一个个合同。如在某全过程建设项目中，合同的部分结构分解见表 4-1。

全过程项目合同体系分解表　　　　　　　　　　　　　　　表 4-1

序号		项目所处阶段	合同名称
一	1	前期决策阶段	项目投资策划咨询服务合同
	2		项目建议书编制服务合同
	3		项目可行性研究报告编制服务合同
	4		项目申请报告编制服务合同
	5		项目资金申请报告编制服务合同
	6		项目水土保持评价报告编制服务合同
	7		项目地质灾害评估报告编制服务合同
	8		项目压覆矿产资源评估报告编制服务合同
	9		项目占用林地可行性研究报告编制服务合同

续表

序号		项目所处阶段	合同名称	
一	10	前期决策阶段	项目社会稳定风险评估报告编制服务合同	
	11		项目职业健康风险评估报告编制服务合同	
	12		项目交通评估报告编制服务合同	
	13		项目节能评估报告编制服务合同	
	14		项目入河排污口设置论证报告编制服务合同	
	15		项目环境影响评价报告编制服务合同	
	16		项目前期专业咨询评审合同	
	17		PPP 咨询服务合同	PPP 项目投资合作协议
	18			PPP 项目合同
	19			股东协议
	20			公司章程
	21			融资合同
二	22	建设准备阶段	建设工程招标代理合同	
	23		政府采购代理协议（合同）	
	24		工程地质勘察合同	
	25		建筑设计合同	
	26		深基坑支护设计合同	
	27		室内装饰装修设计合同	
	28		总坪绿化景观设计合同	
	29		弱电深化设计合同	
	30		人防工程设计合同	
	31		工艺及流程设计合同	
	32		施工图审查合同	
	33		绿色建筑咨询合同	
	34		海绵城市设计合同	
三	35	施工阶段	工程监理合同	
	36		货物采购（电梯、中央空调、工器具）及安装合同	
	37		工程检测合同	
	38		大宗材料采购合同	
	39		施工总承包合同	
	40		专业工程分包合同	
	41		劳务分包合同	
	42		临时用水施工合同	
	43		临时用电施工合同	
	44		临时围墙修建合同	
	45		深基坑支护施工合同	

续表

序号		项目所处阶段	合同名称
三	46	施工阶段	弱电工程施工合同
	47		变配电工程施工合同
	48		室内装饰装修施工合同
	49		外墙装饰工程合同
	50		总坪绿化景观施工合同
	51		燃气工程施工合同
	52		正式用水施工合同
四	53	项目建设全过程	建设工程项目管理合同
	54		工程造价咨询合同
	55		BIM技术服务合同
五	56	运营维护阶段	项目后评价报告编制服务合同
	57		项目运营维护方案编制服务合同
	58		运营服务合同

全过程工程咨询单位根据投资人委托的管理和服务内容，承担与工程建设相关的管理工作，协调各承包人、供应商之间的合同关系、合同起草、编制，合同条款解释解决及合同争议与纠纷等。

学习笔记

4.2　工程总承包合同

4.2.1　工程总承包模式概述

1. 工程总承包模式

《国务院办公厅关于促进建筑业持续健康发展的意见》（国办发〔2017〕19号）明确

提出："完善工程建设组织模式，加快推行工程总承包。"工程总承包（英文简称"EPC"），是指从事工程总承包的单位按照与投资人签订的合同，对工程项目的设计、采购、施工等实行全过程或者若干阶段承包，并对工程的质量、安全、工期和投资等全面负责的工程建设组织实施方式。

工程总承包模式是国际上常用的工程项目的承发包模式之一，它可以从根本上解决传统承发包模式下设计和施工不协调而造成的弊端。由承包人承担工程项目的勘察、设计、采购、施工、试运行等工作，从而保证项目建设过程的流畅性和协作性。相应地，它对投资人的要求也更加严格，要求投资人必须提出明确的建设需求和建设目标，项目具备相应的发包条件。

2. 工程总承包模式发承包介入时点

根据《住房城乡建设部关于进一步推进工程总承包发展的若干意见》（建市〔2016〕93 号）的规定，投资人可以根据项目的特点，在可行性研究、方案设计或者初步设计完成后，按照确定的建设规模、建设标准、投资限额、工程质量和进度要求等进行工程总承包项目发包。

各省市政府行政主管部门出台的关于工程总承包模式招标的介入时点不完全相同，有的省市是两个介入时点，有的省市则是三个介入时点，也有个别模式只有一个介入时点。不同的介入时点对应的招标条件不同，全过程咨询机构对招标管理的工作内容也不同。

工程总承包招标介入时点嵌入如图 4-2 所示。

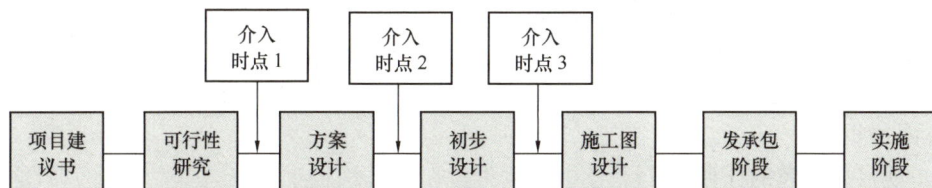

图 4-2　工程总承包招标介入时点嵌入图

工程总承包项目在招标过程中选择的介入时点可能不同，而且不同的介入时点所对应的项目准备工作也不一样，一方面表现在工程项目的基本建设程序上；另一方面表现在项目自身的要求上。根据各地和各行业的项目实施经验，项目所属行业规范成熟度、项目自身特点、投资人控制能力和承包人管理能力是影响工程总承包模式介入时点的重要因素。全过程工程咨询单位应根据项目的自身情况，科学有效选定项目发承包的时间节点，一方面保证咨询工作顺利开展，确保 EPC 项目顺利实施；另一方面为投资人提高项目效益。

4.2.2　工程总承包合同

工程总承包合同是指发包人与工程总承包单位之间为完成特定的工程总承包任务，明确双方义务和责任的协议，根据工程总承包合同，工程总承包单位作为承包人，应完成合同约定的工程设计、采购、施工等任务；发包人应提供必要的条件并支付合同价款。

为促进建设项目工程总承包的健康发展，规范工程总承包合同当事人的市场行为，住房和城乡建设部、国家工商行政管理总局联合制定了《建设项目工程总承包合同示范文本（试行）》GF-2011-0216，自 2011 年 11 月 1 日起试行。在国际上，有的专业组织（如国际咨询工程师联合会 FIDIC）也对建设工程项目总承包进行了专门研究，并发布了有关合同示范文本，可作为参考。

1. 合同计价方式

工程总承包项目宜采用固定总价合同，全过程工程咨询单位应依据建设主管部门制定的计价规则，为投资人拟订合法、科学的计价方式和条款，并协助投资人和总承包人在合同中约定具体的工程总承包计价方式和计价方法。

依法必须招标的工程项目，合同固定价格应当在充分竞争的基础上合理确定。除合同约定的变更调整部分外，合同固定价格一般不予调整。

2. 风险分担

全过程工程咨询单位应协助投资人加强风险管理，在招标文件、合同中约定合理的风险分担方法。投资人承担的主要风险一般包括：

（1）投资人提出的建设范围、建设规模、建设标准、功能需求、工期或者质量要求的调整；

（2）主要工程材料价格和招标时基价相比，波动幅度超过合同约定幅度的部分；

（3）因国家法律、法规、政策变化引起的合同价格的变化；

（4）难以预见的地质自然灾害、不可预知的地下溶洞、采空区或者障碍物、有毒气体等重大地质变化，其损失和处置费由投资人承担；因工程总承包单位施工组织、措施不当等造成的上述问题，其损失和处置费由工程总承包单位承担；

（5）其他不可抗力所造成的工程费用的增加。

除上述投资人承担的风险外，其他风险可以在合同中约定由工程总承包人承担。

建设工程项目总承包与施工承包的最大不同之处在于承包商要负责全部或部分的设计，并负责物资设备的采购。因此，在建设工程项目总承包合同条款中，要重点关注以下几个方面：

1）项目总承包的任务；

2）开展项目总承包的依据；

3）项目总承包单位的义务和责任；

4）发包人的义务和权利；

5）进度计划；

6）技术与设计；

7）工程物资；

8）施工。

4.2.3 《建设项目工程总承包合同示范文本》

为贯彻落实《中共中央国务院关于进一步加强城市规划建设管理工作的若干意见》和《国务院办公厅关于促进建筑业持续健康发展的意见》要求，加快推进工程总承包，完善工程总承包管理制度，住房和城乡建设部组织对《建设项目工程总承包合同示范文本（试行）》进行了修订，形成了《建设项目工程总承包合同示范文本》（以下简称《示范文本》），并于 2020 年 5 月发文征求意见。

《示范文本》适用于房屋建筑和市政基础设施项目工程总承包承发包活动，为推荐使用的非强制性使用文本。

1.《示范文本》的组成

《示范文本》由合同协议书、通用合同条件和专用合同条件三部分组成。

（1）合同协议书

《全过程示范文本》合同协议书共计 11 条，主要包括：工程概况、合同工期、质量标准、签约合同价与合同价格形式、工程总承包项目经理、合同文件构成、承诺、签订时间、签订地点、合同生效和合同份数，集中约定了合同当事人基本的合同权利义务。

（2）通用合同条件

通用合同条件是合同当事人根据《中华人民共和国建筑法》《中华人民共和国合同法》等法律法规的规定，就工程总承包项目的实施及相关事项，对合同当事人的权利义务作出的原则性约定。通用合同条件共计 20 条，具体条款分别为：一般约定、发包人、发包人的管理、承包人、设计、材料、工程设备和工艺、施工、工期和进度、竣工试验、验收和工程接收、缺陷责任与保修、竣工后试验、变更与调整、合同价格与支付、违约、合同解除、不可抗力、保险、索赔、争议解决。前述条款安排既考虑了现行法律法规对工程总承包项目的有关要求，也考虑了目前实践中的通常做法，具有较强的普遍性和通用性，是通用于工程总承包项目的基础性条款。

建设项目工程
总承包合同
示范文本

（3）专用合同条件

专用合同条件是合同当事人根据不同建设项目的特点及具体情况，通过双方的谈判、协商对通用合同条件原则性约定细化、完善、补充、修改或另行约定的合同条件。

2.《示范文本》的适用范围

《示范文本》适用于房屋建筑和市政基础设施项目工程总承包承发包活动。

3.《示范文本》的性质

《示范文本》为推荐使用的非强制性使用文本。合同当事人可结合建设工程具体情况，根据《示范文本》订立合同，并按照法律法规和合同约定承担相应的法律责任及合同权利义务。

广西壮族自治区
房屋建筑和市政
基础设施项目工
程总承包计价
指导意见

学习笔记

4.3　全过程工程咨询服务合同

全过程工程咨询服务涉及建设工程全生命周期内的策划咨询、前期可研、工程设计、招标代理、造价咨询、工程监理、施工前期准备、施工过程管理、竣工验收及运营保修等各个阶段的管理服务均属于全过程工程咨询服务内容。

2020年8月，住房和城乡建设部建筑市场监管司组织起草了房屋建筑和市政基础设施《全过程工程咨询服务合同示范文本（征求意见稿）》（建司局函市〔2020〕199号），《全过程工程咨询服务合同示范文本（征求意见稿）》（下简称《全过程示范文本》）对全过程工程咨询服务合同当事人的权利义务作出了原则性约定。

1.《全过程示范文本》的组成

《全过程示范文本》由合同协议书、通用合同条件和专用合同条件三部分组成。

（1）合同协议书

《全过程示范文本》合同协议书是委托人与咨询人就合同内容协商达成一致意见后，相互承诺履行合同而签署的协议书。合同协议书共计9条，集中约定了合同当事人基本的权利义务，包括：项目概况、服务范围、委托人代表与咨询项目总负责人、服务费用、服务期限、合同文件的组成、双方承诺、词语含义等重要内容，并约定了合同订立生效条件及合同订立的时间、地点和合同份数。

（2）通用合同条件

通用合同条件是合同当事人根据《中华人民共和国合同法》《中华人民共和国建筑法》《政府投资条例》等法律、法规和规章的规定，就全过程工程咨询服务的提供及相关事项，对合同当事人的权利义务做出的原则性规定。

通用合同条件共计13条，具体条款分别为：一般规定、委托人、咨询人、服务要求和服务成果、进度计划、延误和暂停、服务费用和支付、变更和服务费用调整、知识产权、保险、不可抗力、违约责任、合同解除、争议解决。前述条款安排既考虑了现行法律法规对全过程工程咨询服务的有关要求，也考虑了目前的各类工程咨询服务中的通常做法，具有较强的普遍性和通用性，是通用于全过程工程咨询服务的基础性条款。

（3）专用合同条件

专用合同条件是指合同当事人根据法律、法规和规章的规定，结合具体建设项目实际，通过双方的谈判、协商对相应通用合同条件的原则性约定进行细化、完善、补充、修改或另行约定的条款。

2.专用合同条件的应用

（1）专用合同条件的编号应与相应的通用合同条件的编号一致，并与通用合同条件按照同一编号的条款一起阅读和理解，当两者之间有不同之处时，以专用合同条件为准。

（2）在专用合同条件中有"横道线"的地方，合同当事人可针对相应的通用合同条件进行细化、完善、补充、修改或另行约定；如果不需进行细化、完善、补充、修改或另行约定，则填写"无"或划"/"。

（3）对于在专用合同条件中未列出的通用合同条件，合同当事人根据建设项目的具体情况认为需要进行细化、完善、补充、修改或另行约定的，可增加相关专用合同条件或附件。

　　3.《全过程示范文本》的性质和适用范围

　　《全过程示范文本》为非强制性使用文本。《全过程示范文本》适用于房屋建筑和市政基础设施项目开展的全过程工程咨询服务，委托人与咨询人可结合建设工程具体情况，参考《全过程示范文本》订立合同，并按照法律法规、规章的规定和合同约定承担相应的法律责任及履行合同权利义务。

　　对于政府投资项目，鼓励使用《全过程示范文本》编制依法必须进行招标的全过程工程咨询服务招标文件，并且以附件 1［服务范围］第四条［对政府投资项目全过程工程咨询服务的特别约定］作为合同文件的组成部分。

全过程工程咨询
服务合同示范
文本（征求
意见稿）

学习笔记

学习情境 5　全过程工程咨询项目管理

学习情境描述

基于全过程工程咨询项目管理的内容，按照全过程工程咨询项目管理及项目管理中的专项咨询服务管理的要求，制定全过程工程咨询实施规划，编制全过程工程咨询项目管理工作过程的成果文件。

学习目标

1. 正确理解全过程工程咨询项目管理的基础知识；
2. 掌握"1+X"模式下全过程工程咨询项目管理的方法；
3. 熟悉项目管理中各专项咨询服务管理的方法；
4. 能合理设计工程案例背景，完成全过程工程咨询项目管理工作计划；
5. 能查阅相关资料，编制完成《全过程工程咨询实施规划》文本。

任务书

小组合作，编制完成《××××校区建设项目全过程工程咨询实施规划》。具体要求如下：

1. 工程背景：自行设计；其中单项工程不少于 6 项，且必须包括办公楼、教学楼、宿舍楼（公寓）；
2. 服务模式："1＋×"模式；
3. 服务范围、服务内容：自行设定。

工作计划

学生依据工作任务划分填写表 5-1。

学生工作任务分工表　　　　　　　　　　　　　　　　　　　　表 5-1

班别：　组号：		指导老师：　组　长：
序号	工作内容	负责人（学号、姓名）
1		
2		
3		
4		
5		
6		
7		
8		

工作准备

1. 各组派代表阐述工作计划；
2. 各组对其他组的工作计划提出自己的意见与建议；
3. 教师结合大家完成的情况进行点评，选出最佳方案。

工作实施

各组按计划完成工作任务。

引导问题

1. 请简述项目管理的主要工作包括哪些内容。
2. 请简述信息及文档管理包括的主要工作内容。
3. 请简述项目实施策划内容。
4. 请简述全过程工程咨询规划大纲编制内容。
5. 请简述全过程工程咨询主要管理制度清单。
6. 请简述工程建设项目审批"四统一"。
7. 请简述工程建设项目的文件报批的"三证、一书"。
8. 请简述招标采购管理工作内容。
9. 请简述工程勘察管理和设计管理内容。
10. 请简述项目投资管理工作内容。
11. 请简述项目信息管理主要工作内容。
12. 请简述工程建设全过程咨询档案的成果文件和过程文件包括的内容。
13. 请简述项目沟通协调机制的内容。
14. 请简述项目收尾阶段的工作主要包括哪些内容。

评价反馈

学生进行自评，评价自己是否能完成全过程工程咨询项目管理的相关知识学习、是否能合作完成《全过程工程咨询实施规划》的编制任务、编制质量如何等。

各组代表展示作品，介绍任务的完成过程。作品展示前应准备阐述材料，并完成评价（表5-2、表5-3）。

学习过程评价表　　　　　　　　　　　　　　　　　　**表 5-2**

班级/组号：　　　　　　　　　　　　　　　学号/姓名：

序号	任务	分值	自评	互评	师评
1	工作效率：任务是否按计划时间完成	5			
2	工作质量：内容合理、文稿通顺、格式符合规定	10			
3	学习情况：相关知识学习完成情况	10			
4	引导问题：掌握情况	15			
5	文献索引：查阅、甄别、整理、引用资料能力	10			
6	工作态度：态度端正，无无故缺勤、迟到、早退	5			
7	创新意识：积极参与小组讨论，思路拓展情况	15			
8	语言表达：过程汇报、结果展示、汇报参与情况	10			
9	合作能力：小组成员合作交流、协调工作情况	10			
10	职业素养：自律、严谨、敬业、社会责任等	10			
	合计	100			

学习总评表　　　　　　　　　　　　　　　　　　**表 5-3**

总评	自评（20%）＋互评（20%）＋师评（60%）	综合得分	教师（签名）：

5.1　工　作　内　容

5.1.1　项目管理咨询服务综述

1. 项目管理业务板块的独特地位

全过程工程项目管理服务（简称"项目管理服务"），以解决发包人需求为核心，以项目的总控目标（质量、进度、安全、投资、合同等）为主线，致力于建设工程全生命周期内的项目报批报建、前期咨询、工程设计咨询、BIM 咨询、招标采购、造价咨询、施工过程管理、竣工验收及运维保修等各个阶段和各项业务的管理服务。负责项目全部建设工程的质量、进度、安全、投资、合同、信息等总控管理；协助项目建设的组织与协调，确保项目的建设质量、进度、安全、投资、合同、信息等各项工作目标的实现。

在所有业务板块中，项目管理服务具有其他板块无法比拟的特殊性和重要性。首先，其受业主委托，在授权范围内行使对全部参建单位的组织、协调、指挥和控制职能，并承担相应的义务和责任。其次，全过程项目管理对项目管理团队的综合素质要求很高。

从纵向时间序列而言，项目管理团队不但要熟悉从项目策划、立项、决策、实施、验收、移交、运维全建设周期各阶段、节点建设程序和管理业务，还要懂得横向业务板块序列中各项业务的专业知识和组织管理技能，如项目建议书、可研报告编制、前期建设手续办理、投资策划决策程序、勘察、设计协调管理、招标采购管理、合约管理、造价管理和实施期的安全、质量、信息资料、BIM 技术应用管理、绿色环保施工管理以及验收、移交、结算、决算、后评价、固定资产移交等。因此，全过程项目管理是全过程工程咨询的核心业务，且不能将其与其他业务板块等同视之。全过程项目管理工作性质的综合性、全局性、复杂性以及它的组织、协调和控制特点，决定了它的不可或缺性和在全过程工程咨询中的独特地位。

2. 团队建设

工程咨询单位根据发包人委托的工程建设全过程咨询服务内容、服务期限，以及项目特点、规模、技术复杂程度、环境等因素，组建由项目总负责人、专业咨询负责人和其他管理人员组成的全过程工程项目管理服务团队（简称"项目管理服务团队"），项目管理服务团队相关工作人员的职业资格要求必须符合国家相关法律法规、规章和行政规范性文件。

5.1.2　工程项目管理目标体系

全过程工程项目管理服务以质量、进度、安全、投资、合同、信息等为项目总控目标为导向，以人为中心，以成果为标准。无论项目总目标，还是子目标或是可执行目标，管理目标间有着紧密的内在联系，在执行过程中往往还容易出现冲突和矛盾，即相互影响和制约。例如项目投资、质量、进度和安全就存在相互影响的关系，控制其一，可能牵引其他。由于项目运作的唯一性，从项目启动的一刻起，项目目标的执行就会受到各方面因素的不断影响，执行侧重力度也必然会在多个目标间寻找平衡。所以，某种意义上，项目目标管理就是项目目标的动态控制过程。在全过程的工程项目管理中，必须充分考虑工程项目目标之间的对立统一关系，注意统筹兼顾，合理确定总控目标。

5.1.3　工程项目管理主要内容

项目管理团队主要负责开展及执行项目管理服务，并配合工程建设全过程咨询其他专业服务的工作团队开展工作，重点做好项目建设的统筹安排，为项目建设规划、施工组织与管理等工作提出工作建议和工作方案；从事日常管理和现场协调工作。项目管理的主要工作包括但不限于项目报批、招标采购管理、合同管理、勘察设计管理、进度管理、质量管理、投资管理、安全管理、信息与沟通管理、收尾管理等。

1. 工程项目管理主要内容

工程项目管理主要内容见表5-4。

工程项目管理主要内容　　　　　　　　　　　　表5-4

序号	范围	主要工作内容
1	工程项目前期策划管理	环境调查与市场分析
		工程项目定义与目标论证
		功能分析与面积分配
		工程项目经济策划
		项目可行性研究
2	项目报建管理	工程项目立项
		工程项目报建和施工许可
		工程项目规划审查
		工程项目相关专业专项审查
		工程项目配套工程建设申请

续表

序号	范围	主要工作内容
3	项目招标采购管理	编制招标采购计划
		招标实施过程控制
		制定招标采购内部管理制度
4	项目合同管理	编制合同管理策划方案
		参与各类合同条款的拟定和审核
		协助完成合同的签订
		合同交底、合同履约过程动态管理
5	设计准备阶段管理	再次进行总目标论证
		比较分析设计方案
		确定设计单位及设计方案
		编制项目质量管理初步规划
		编制项目投资管理初步规划
		编制项目进度管理初步规划
		编制项目合同管理初步规划
		编制项目管理总体规划
		编制风险管理方案
		建立项目的信息编码体系及项目管理制度
		建立各种报表和报告制度
6	设计阶段管理	方案设计
		初步设计
		施工图设计
7	施工阶段管理	进度控制
		投资控制
		质量控制
		合同管理
		信息管理
		安全管理
		沟通协调管理
8	竣工验收管理	竣工验收备案办理
		工程项目环境保护设施竣工验收
		建设工程消防竣工验收
		民防工程竣工验收
		建设项目绿化竣工验收
		竣工信息资料管理

2. 贯穿于建设项目全过程的投资管理、信息及文档管理

除上述的各个阶段过程中，项目管理团队应承担的主要工作内容外，在全过程的项目

管理中项目管理团队还应该重视项目投资管理、信息及文档管理。

投资管理、信息及文档管理的主要工作内容见表5-5。

投资管理、信息及文档管理的主要工作内容   表 5-5

序号	范围	主要工作内容
1	投资管理	工程项目资金使用计划表编制及审核
		工程项目概算编制审核及限额设计目标分解
		投资控制目标的跟踪
		合同付款管理
		变更与索赔管理
		签证管理
		材料、设备询价审核管理
		结算管理
2	信息及文档管理	信息管理架构建立
		信息沟通渠道建立
		文件处理程序
		项目信息收集流程
		信息归档、立卷
		信息成果交付
		文档分类
		文档信息编码体系

3. 专项咨询服务业务

全过程工程咨询服务常见的专项咨询业务，见表5-6。

常见的专项咨询业务   表 5-6

序号	专项咨询业务	说明
1	全过程项目管理	无资质要求
2	投资策划决策咨询	国家发改委不再评定工程咨询单位资质等级，由中国工程咨询协会进行资信评价，分为甲、乙两个等级
3	工程勘察	实行资质管理
4	工程设计	实行资质管理
5	招标采购咨询	原招标代理资质被取消，不再实行资质管理
6	造价咨询	实行资质管理；也可只委托阶段性造价咨询，如清单和控制价编制
7	工程监理	实行资质管理
8	BIM 咨询	无资质要求

4. 绩效评价

全过程工程咨询服务机构应制定和实施绩效评价制度，规定相关职责和工作程序，吸收项目相关方的合理评价意见。

绩效评价应采用适合工程项目特点的评价方法，过程评价与结果评价相配套，定性评价与定量评价相结合。

（1）绩效评价范围

绩效评价应包括：对专业咨询服务的评价；对项目六大总控目标的评价；对全过程工程咨询服务机构的评价。

（2）绩效评价指标

绩效评价指标包括：项目质量、进度、安全、投资、合同、信息管理完成情况；各专业咨询服务的人员投入、进度、成果文件质量、服务满意度等；项目综合效益。

（3）绩效评价方法

1）绩效评价宜以百分制形式进行打分，在合理确定各项评价指标权重的基础上，汇总得出综合评分。以百分制形式进行绩效评价的结论，宜分为优秀、良好、合格、不合格四个等级。

2）不同等级的绩效评价结果应分别与相关改进措施的制定相结合，绩效评价与改进同步提升，确保项目实施的持续改进。

3）绩效评价完成后，全过程工程咨询单位应总结评价经验，评估评价过程的改进需求，采取相应措施提升管理水平。

学习笔记

5.2　项目管理策划

5.2.1　全过程工程咨询服务项目管理策划综述

全过程工程咨询服务项目管理策划应由项目管理规划策划和项目管理配套策划组成。项目管理规划应包括项目管理规划大纲和项目管理实施规划，项目管理配套策划应包括项目管理规划策划以外的所有项目管理策划内容。

一个良好的项目策划为项目的后续实施提供保障，对项目建设活动的全过程作预先的考虑和设想，应贯穿于项目建设的全过程，这个策划过程是一个由浅入深、不断深化的过程，不同阶段的策划实质及内涵不同。

全过程工程咨询服务机构应建立项目管理策划的管理制度，确定项目管理策划的管理职责、实施程序和控制要求。

全过程工程咨询服务单位应配备具有多项执业资格的管理人员，例如：咨询工程师、建筑师、建造师、监理工程师、造价工程师、招标师等专门人才。这些人才根据建设项目总目标的要求，从不同角度出发，通过对建设项目进行系统分析，对项目建设活动的整体战略进行运筹和规划。

项目团队的精心策划是实现项目科学决策的重要保证，也是实现预期目标、提高工作效率的重要保证。项目的策划工作为项目的批准提供了依据，它是项目各项决策的关键，也是项目实施和管理的依据。

1. 项目实施总体策划的管理

（1）全过程工程咨询单位在进行项目全过程工程咨询服务前，要对工程咨询服务进行策划，要对全过程工程咨询服务的模式及咨询服务的目标、内容、组织、资源、方法、程序和控制措施进行确定。

（2）咨询服务策划的内容要针对项目的实际情况，具有可操作性、指导性，通过对策划内容的实施，对项目目标的实现具有积极作用。

（3）全过程工程咨询单位应建立项目策划组织架构，成立项目策划团队，明确项目成员的责任，并确保策划成果在项目咨询过程中得到有效实施。

（4）策划文件包括全过程工程咨询服务规划、专业咨询服务配套方案及全过程工程咨询管理制度等，策划文件要履行审批手续。当实际情况或条件发生重大变化时，策划文件应按要求修改和完善，并重新履行审批手续。

（5）全过程工程咨询服务规划应根据建设全过程工程咨询的实际需要和全过程工程咨询服务合同的要求，由总咨询师组织编制，并经全过程工程咨询单位审批，报送委托人。

（6）全过程工程咨询服务规划应在全过程工程咨询单位内部进行交底并形成交底记录。

（7）专业咨询服务配套方案应在全过程工程咨询服务相关工作开始前，由专业咨询工程师负责编制，经总咨询师批准实施，专业咨询服务配套方案应结合不同类型建设项目的特点，具有可操作性。

（8）专业咨询服务配套方案实施前，应对相关专业咨询工程师进行交底，并形成交底记录。

2. 项目策划文件的编写与批准

（1）全过程工程咨询策划需参照项目管理规范及全过程工程咨询服务导则的管理要求构建基本框架，并结合项目范围、特点和实际管理需要，逐步梳理、调整和完善。全过程工程咨询策划根据合同要求，可能包含项目投融资、勘察设计管理、招标采购、项目过程控制及动用准备等相关的管理规划内容。

（2）全过程工程咨询服务策划的成果文件包括：全过程工程咨询规划大纲、全过程工程咨询实施规划、专业咨询服务配套方案及全过程工程咨询管理制度等。当实际情况或条件发生重大变化时，全过程工程咨询服务策划文件应按要求修改和完善，并重新履行审批手续。

（3）项目管理策划应包括下列管理过程：

1）分析、确定项目管理的内容与范围；

2）协调、研究、形成项目管理策划结果；

3）检查、监督、评价项目管理策划过程；

4）履行其他确保项目管理策划的规定职责。

（4）项目管理策划应遵循下列程序：

1）识别项目管理范围；

2）进行项目工作分解；

3）确定项目的实施方法；

4）规定项目需要的各种资源；

5）测算项目成本；

6）对各个项目管理过程进行策划。

（5）项目管理策划过程应符合下列规定：

1）项目管理范围应包括完成项目的全部内容，并与各参建单位的工作协调一致；

2）项目工作分解结构应根据项目管理范围，以可交付成果为对象实施；应根据项目实际情况与管理需要确定详细程度，确定工作分解结构；

3）项目进度安排应形成项目总进度计划，宜采用可视化图表表达；

4）宜采用量价分离的方法，按照工程实体性消耗和非实体性消耗测算项目成本；

5）应进行跟踪检查和必要的策划调整；项目结束后，应编写项目管理策划的总结文件。

3. 项目管理配套策划

项目管理配套策划应是与项目管理规划相关联的项目管理策划过程。全过程工程咨询服务机构应将项目管理配套策划作为项目管理规划的支撑措施纳入项目管理策划过程。

（1）项目管理配套策划内容

1）确定项目管理规划的编制人员、方法选择、时间安排；

2）安排项目管理规划各项规定的具体落实途径；

3）明确可能影响项目管理实施绩效的风险应对措施。

（2）配套策划应符合的规定

项目管理机构应确保项目管理配套策划过程满足项目管理的需求，并应符合下列规定：

1）界定项目管理配套策划的范围、内容、职责和权利；

2）规定项目管理配套策划的授权、批准和监督范围；

3）确定项目管理配套策划的风险应对措施；

4）总结评价项目管理配套策划水平。

5.2.2　项目实施策划内容

（1）项目部应在项目初始阶段开展项目策划工作，通过项目的策划活动，编制全过程工程咨询计划和项目实施计划。

全过程工程咨询计划，是工程咨询企业对工程咨询项目实施管理的重要内部文件，是编制项目实施计划的基础和重要依据。

项目实施计划，是对实现项目目标的具体和深化。对项目的资源配置、费用、进度、内外接口和风险管理等制定工作要点和进度控制点。通常，项目实施计划需经过项目发包人的审查和确认。根据项目的实际情况，也可将全过程工程咨询计划的内容并入项目实施计划中。

（2）项目策划应结合项目特点，根据全过程工程咨询服务合同和工程咨询管理的要求，明确项目目标和工作范围，分析项目风险以及采取的应对措施，确定项目各项管理原则、措施和进程。根据项目的规模和特点，可将全过程工程咨询计划和项目实施计划合并编制为项目计划。

（3）项目策划内容中需体现工程咨询企业发展的战略要求，明确本项目在实现企业战略中的地位，通过对项目各类风险的分析和研究，明确项目部的工作目标、管理原则、管理的基本程序和方法。项目策划的范围宜涵盖项目活动的全过程所涉及的全要素。

（4）项目策划的内容应满足合同要求，同时应符合工程所在地对社会环境、依托条件、项目干系人需求以及项目对技术、质量、安全、费用、进度、职业健康、环境保护、相关政策和法律法规等方面的要求。

（5）在项目实施过程中，技术、质量、安全、费用、进度、职业健康和环境保护等方面的目标和要求是相互关联和相互制约的，在进行项目策划时，需结合项目的实际情况，进行综合考虑、整体协调。由于项目策划的主要依据是合同，因此项目策划的输出需满足合同要求。

（6）项目策划的内容主要应包括以下几个方面：

1）明确项目策划原则；

2）明确项目技术、质量、安全、费用、进度、职业健康和环境保护等目标，并制定相关管理程序；

3）确定项目的管理模式、项目机构和职责分工；

4）制定资源配置计划；

5）制定项目协调程序；

6）制定风险管理计划。

（7）资源的配置计划是确定完成项目活动所需的人力、设备、材料、技术、资金和信息等资源的种类和数量。资源配置计划根据项目工作分解结构编制。资源的配置对项目实施起着关键作用，工程咨询企业根据项目目标，为项目配备合格的人员、足够的设施和财力等资源，以保证项目按照合同要求实施。

（8）制定项目协调程序和规定，是项目策划工作中的一项重要内容，项目部与相关项目干系人之间的沟通，需在项目策划阶段予以确定，以保证项目实施过程中信息沟通及时和准确。

5.2.3　项目策划工作的落实和实施

（1）项目机构应识别项目需求和项目范围，根据自身全过程工程咨询能力、相关方约定及项目目标之间的内在联系，确定全过程工程咨询目标。

（2）项目机构应遵循策划、实施、检查、处置的动态管理原则，确定全过程工程咨询流程，建立全过程工程咨询制度，实施项目系统管理，持续改进管理绩效，提高相关方满意水平，确保实现全过程工程咨询目标。

（3）项目范围管理工作的落实

项目机构落实项目范围管理的工作职责和程序，并把项目范围管理贯穿于项目的全过程。

项目范围管理的过程应包括范围计划、范围界定、范围确认及范围变更控制。

（4）全过程工程咨询流程的实施

全过程工程咨询机构应按全过程工程咨询流程实施全过程工程咨询。全过程工程咨询流程应包括启动、策划、实施、监控和收尾过程，各个过程之间相对独立，又相互联系。

（5）项目系统管理工作的实施

1）识别影响全过程工程咨询目标实现的所有过程，确定其相互关系和相互作用，集成项目寿命期阶段的各项因素。

2）确定项目系统管理方法。系统管理方法应包括下列方法：系统分析、系统设计、系统实施及系统综合评价。

（6）项目相关方管理与协调工作

项目机构应识别项目的所有相关方，了解其需求和期望，确保全过程工程咨询要求与相关方的期望相一致。

项目机构的全过程工程咨询应使顾客满意，兼顾其他相关方的期望和要求。

项目机构应通过实施下列全过程工程咨询活动使相关方满意：

1）遵守国家有关法律和法规；

2）确保履行工程咨询合同的要求；

3）保障健康和安全，减少或消除项目对环境造成的影响；

4）与相关方建立互利共赢的合作关系；

5）构建良好的项目机构内部环境；

6）通过对相关方的满意度测评，提升相关方管理水平。

（7）全过程工程咨询持续改进

项目机构应确保全过程工程咨询的持续改进，将外部需求与内部管理相互融合，以满足项目风险预防和项目机构的发展需求。

项目机构应在内部采用下列全过程工程咨询持续改进的方法：

1）对已经发现的不合格项采取措施予以纠正；

2）针对不合格项的原因采取纠正措施予以消除；

3）对潜在的不合格项原因采取措施防止不合格的发生；

4）针对全过程工程咨询的增值需求采取措施予以持续满足；

5）在过程实施前评审各项改进措施的风险，以保证改进措施的有效性和适宜性；

6）对员工在持续改进意识和方法方面进行培训，使持续改进成为员工的岗位目标；

7）对全过程工程咨询绩效的持续改进进行跟踪指导和监控。

学习笔记

5.3　项目管理文件编制

5.3.1　全过程工程咨询规划大纲编制

1. 全过程工程咨询规划大纲编制概述

（1）全过程工程咨询规划大纲是指导全过程工程咨询服务管理工作中的纲领性文件。在项目全过程工程咨询服务工作中，该文件是具有战略性、全局性和宏观性的起指导性作用的文件，并作为工程咨询企业进行全过程工程咨询服务的投标文件。

（2）大纲框架结构策划需依据全过程工程咨询服务招标文件及全过程工程咨询导则的有关要求，结合工程项目特点和管理需要，经策划人员共同选择、分析、调整、补充和完善，形成全过程工程咨询规划大纲框架。

（3）大纲内容要点的策划，需集成全过程工程咨询团队的共同智慧，对全过程工程咨询服务项目的重要事项提出方向性、策略性的工作思路和办法，作为编制全过程工程咨询规划大纲要点。

（4）大纲框架策划的要求：一是参照全过程工程咨询服务导则和项目管理规范的管理要求；二是结合工程特点和管理任务目标。大纲内容策划需着重强调工作思路，要点要明确，不必很具体很详细。

（5）全过程工程咨询服务一般带有建设单位诸多的管理职能，尤其是工程设计管理和招标采购管理，直接受投资规划与决策理念的影响，需统筹进行策划，坚持工程全生命周期和全过程工程咨询的服务理念。

（6）编制全过程工程咨询规划大纲时，应将项目投融资、项目管理、勘察设计管理工程招投标管理、造价咨询管理、工程监理及项目试运行管理等内容纳入规划大纲。

（7）以下情形可省略全过程工程咨询规划大纲的编制，直接编制全过程工程咨询实施规划：

1）规模小、技术简单的一般工业与民用建筑工程项目；

2）可接受全过程工程咨询实施规划投标的工程项目；

3）分部分项工程或专业分包工程项目。

2. 全过程工程咨询规划大纲编制内容

（1）全过程工程咨询规划大纲的编制，应根据全过程工程咨询服务招标文件中的服务范围、管理要求及管理目标等编写，立足于工程的全生命周期，符合工程总目标的管理要求，宜包括但不限于下列内容，编制人员可根据需要在其中选定：

1）建设项目概况；

2）全过程工程咨询服务范围管理；

3）全过程工程咨询服务内容管理；

4）全过程工程咨询服务管理目标；

5）全过程工程咨询服务管理组织架构及组织责任管理流程；

6）全过程工程咨询服务项目策划管理；

7）全过程工程咨询服务工程设计管理；

8）全过程工程咨询服务工程监理管理；

9) 全过程工程咨询服务招标采购管理；

10) 全过程工程咨询服务工程进度管理；

11) 全过程工程咨询服务工程质量管理；

12) 全过程工程咨询服务投资造价管理；

13) 全过程工程咨询服务安全生产管理；

14) 绿色建造与环境管理；

15) BIM 应用全过程咨询管理；

16) 项目沟通与相关方协调管理；

17) 全过程工程咨询服务资源管理；

18) 全过程工程咨询服务信息管理；

19) 全过程工程咨询服务风险管理；

20) 全过程工程咨询服务收尾管理。

(2) 全过程工程咨询规划大纲的编制还应包括以下内容：

1) 全过程工程咨询服务管理总目标及阶段性目标的完成内容及方法，管理人员管理职责的规定及相关的管理制度；

2) 全过程工程咨询服务管理程序和管理方法的有关要求；

3) 全过程工程咨询服务通过管理资源的提供和安排，加强全过程工程咨询管理，合理配置和充分有效地利用现有人、财、物，提高工程咨询管理经济效益。

5.3.2　全过程工程咨询实施规划编制

1. 全过程工程咨询实施规划编制概述

(1) 全过程工程咨询实施规划是全过程工程咨询规划大纲内容的进一步深化与细化，需依据全过程工程咨询规划大纲来编制实施规划，并把全过程工程咨询规划大纲策划过程的决策意图体现在实施规划中。

(2) 建设工程全过程工程咨询实施规划是指导全过程工程咨询工作的纲领性文件，涉及项目整个实施阶段，它从总体上和宏观上对如下几个方面进行分析和描述：

1) 为什么要进行全过程工程咨询；

2) 全过程工程咨询需要做什么工作；

3) 怎样进行全过程工程咨询；

4) 由谁做全过程工程咨询的哪方面工作；

5) 什么时候、做哪些全过程工程咨询工作；

6) 项目的总投资；

7) 项目的总进度。

(3) 全过程工程咨询实施规划的制定及策划活动的开展方式，需结合全过程工程咨询任务目标分解和全过程工程咨询机构职能分工，分别实施专业化管理策划及交叉与协同管理的策划，为落实项目任务目标、处理交叉衔接关系并实现项目目标提供依据和指导。

(4) 全过程工程咨询实施规划应根据全过程工程咨询大纲和全过程工程咨询服务合同的要求，由总咨询师组织编制，经全过程工程咨询单位技术负责人审批并报送投资人。全过程工程咨询实施规划属于企业内部文件，不对外发放。

（5）全过程工程咨询实施规划应向全过程工程咨询单位实施的工程咨询项目内部管理人员进行交底并形成交底记录。

（6）当实际情况或条件发生重大变化时，全过程工程咨询实施规划文件应按要求修改和完善，并重新履行审批手续。

2. 全过程工程咨询实施规划编制内容

全过程工程咨询实施规划应包括下列主要内容：

（1）建设项目概况；

（2）编制依据；

（3）全过程工程咨询服务范围；

（4）全过程工程咨询服务内容；

（5）全过程工程咨询服务目标；

（6）管理模式、组织机构和职责分工；

（7）全过程工程咨询服务措施；

（8）项目风险分析与对策；

（9）全过程工程咨询服务设施。

3. 全过程工程咨询实施规划编制要求

（1）全过程工程咨询实施规划的编制，是很好地完成全过程工程咨询及控制的保证措施，工程咨询单位应做好全过程工程咨询统筹管理工作，建立健全质量保证体系，明确各专业、各阶段的责任人。

（2）全过程工程咨询实施规划的文件内容需达到三方面的要求，这些要求需成为评价《全过程工程咨询实施规划》编制质量的基本定性指标。具体要求如下：

1）规划大纲内容应得到全面深化和具体化；

2）实施规划范围应满足实现项目目标的实际需要；

3）实施全过程工程咨询规划的风险应处于可以接受的水平。

5.3.3 专业咨询服务配套方案编制

1. 专业咨询服务配套方案编制概述

（1）专业咨询服务配套方案是与全过程工程咨询实施规划相关联的，全过程工程咨询服务策划过程的细化。全过程工程咨询服务应将专业咨询服务配套方案作为全过程工程咨询实施规划的支撑措施，纳入全过程工程咨询的策划过程。

（2）专业咨询服务配套方案是除了全过程工程咨询实施规划文件内容以外的所有全过程工程咨询策划要求和策划内容。专业咨询服务配套方案文件，需依据国家、行业、地方法律法规要求和组织的有关规定执行。

（3）专业咨询服务配套方案应在全过程工程咨询服务相关工作开始前，由专业咨询工程师负责编制，经总咨询师批准实施。专业咨询服务配套方案应结合不同类型建设项目的特点，具有可操作性。

（4）专业咨询服务配套方案实施前，应对相关专业咨询工程师进行交底，并形成交底记录。

2. 专业咨询服务配套方案编制依据

（1）适用的法律、法规及相关标准等；

（2）建设全过程工程咨询纲要；

（3）已批准的全过程工程咨询实施规划；

（4）全过程工程咨询服务管理制度；

（5）咨询服务实施过程中的需求；

（6）已批准的建设项目相关方策划文件。

3. 专业咨询服务配套方案编制内容

专业咨询服务配套方案的编制应包括下列主要内容：

（1）项目策划方案

①项目策划总则；②项目策划团队的组成；③项目策划主要工作内容；④项目策划工作流程及沟通对象；⑤项目策划专业技术评估报告编制要求。

（2）工程招标代理方案

①全面的招标工作组织计划；②项目组成员组成；③实施方案及保障措施；④重点工作进度与质量的控制；⑤工程量清单及招标控制价编制。

（3）工程设计方案

①工程设计总则；②工程设计团队的组成；③工程设计主要工作内容；④工程设计工作流程及沟通对象；⑤工程设计实施要求与文件管理。

（4）工程监理方案

①监理大纲内容齐全、结构完整、重点突出、符合规范、针对性强；②质量控制方案、进度控制方案、投资控制方案、安全控制方案、合同与信息管理方案、工程建设相关方的关系协调方案等针对性强、要点明确、措施得当；③规范围挡、控制扬尘治污减排、降低噪声等安全生产和文明施工控制方案针对性强、要点明确、措施得当；④保修阶段监理方案针对性强、要点明确、措施得当。

（5）造价咨询方案

①造价咨询整体方案；②造价咨询主要工作内容；③造价咨询团队的组成；④造价咨询工作流程；⑤造价咨询文件管理与编制要求。

（6）全过程工程咨询方案

①全过程工程咨询整体方案；②全过程工程咨询团队的组成；③全过程工程咨询主要工作内容；④全过程工程咨询工作流程及沟通对象；⑤全过程工程咨询文件管理与编制要求。

4. 专业咨询服务配套方案编制要求

（1）全过程工程咨询机构应确保全过程工程咨询专业咨询服务配套方案满足全过程工程咨询的需求，并应符合下列规定：

1）界定全过程工程咨询专业咨询服务配套方案的范围、内容、职责和权利；

2）规定全过程工程咨询专业咨询服务配套方案的授权、批准和监督范围；

3）确定全过程工程咨询专业咨询服务配套方案的风险应对措施；

4）总结评价全过程工程咨询专业咨询服务配套方案水平。

（2）全过程工程咨询服务机构在编制专业咨询服务配套方案时，应保证基础工作的有效性，注意以下内容的收集和整理：

1）积累以前全过程工程咨询经验；

2）制定有关人员配置要求；

3）编制全过程工程咨询服务管理各种设施配置参数；

4）建立工作流程和相应的协调方式；

5）规定项目实施的专项条件；

6）配置专用软件；

7）建立全过程工程咨询服务信息数据库；

8）进行全过程工程咨询服务团队建设。

（3）全过程工程咨询专业咨询服务配套方案编制，要求要点明确、措施得当、针对性强。

5.3.4　全过程工程咨询管理制度编制

1. 全过程工程咨询管理制度编制概述

（1）全过程工程咨询单位应根据全过程工程咨询服务合同要求并结合建设项目特点，编制有针对性的全过程工程咨询管理制度，规范全过程工程咨询单位内部以及全过程工程咨询单位与投资人、相关承包人间的管理接口和工作流程。

（2）全过程工程咨询服务管理制度，应由咨询公司企业负责人、全过程工程咨询服务总负责人、项目策划负责人、工程设计负责人、总监理工程师、招标代理负责人、造价咨询负责人、项目管理负责人及咨询公司管理部门相应的人员共同制定。

2. 全过程工程咨询服务管理制度编制依据

编制全过程工程咨询服务管理制度应依据下列信息：

（1）全过程工程咨询服务合同文件；

（2）全过程工程咨询服务管理规划大纲；

（3）已批准的全过程工程咨询实施规划；

（4）全过程工程咨询的经营方针和目标；

（5）全过程工程咨询服务特点和实施条件与环境；

（6）完成其他全过程工程咨询项目的管理经验。

3. 全过程工程咨询管理制度编制要求

（1）全过程工程咨询服务管理责任制度应作为全过程工程咨询服务管理的基本制度。

（2）全过程工程咨询服务机构总负责人责任制是全过程工程咨询服务管理责任制度的核心内容。

（3）建设项目各实施主体和参与方应建立全过程工程咨询服务管理责任制度，明确全过程工程咨询服务管理组织和人员分工，建立各方相互协调的管理机制。

（4）全过程工程咨询服务机构和参与方法定代表人应书面授权委托全过程工程咨询服务总负责人及相关专业团队负责人，并实行负责人责任制。

（5）全过程工程咨询服务总负责人应根据法定代表人的授权范围、期限和内容，履行管理职责。

（6）全过程工程咨询服务总负责人应取得相应资格证书。

（7）全过程工程咨询服务总负责人应按相关约定在岗履职，对项目实施全过程及全方位管理。

学习笔记

5.4　项　目　报　批　管　理

5.4.1　工程建设项目文件报批管理

工程项目报批管理是工程项目管理工作中一项重要内容，工作程序烦琐复杂，涉及部门多、环节多，办事程序相互穿插，如何加强工程项目报批管理工作，确保工程建设项目的顺利推进是工程项目建设成功的基本保证。

全过程工程咨询服务机构应建立报批管理制度，把控项目开工前的报批报建工作，建立规范的流程、科学的方法和系统的资源。根据合同条款明确报批报建工作的职责范围，合同中还需注明其他参建单位需要配合报批报建管理的工作内容。若工程建设全过程咨询服务中未包括所有咨询业务，部分报批报建工作应由发包人自行办理。

1. 项目报批管理策划

项目报批管理策划由全过程工程咨询服务机构统一安排，报批管理负责人及其工作团队协助项目总负责人进行具体的报批管理策划。

策划主要内容包括报批管理内容及流程、合同职责范围划分、报批报建进度计划、人员投入计划、绩效评价指标的确定及方式等。

2. 报批管理工作内容

（1）协助发包人收集报批报建相关材料，完成报批报建工作。

（2）从总体上把控第三方评估机构的实施进度，协调相关配合单位的工作。

（3）协助发包人与政府审批部门的联系，并积极跟进审批进度，遇到问题及时反馈和处理，确保报批工作顺利进行。

（4）根据报批工作实施进度，协助发包人安排相关的工作协调会，保证各环节报批工作有序进行，合理控制报批工作时间节点，有效推进项目进度。

（5）协助发包人对报批成果文件进行整理及归档。

5.4.2 工程建设项目文件报批主要内容

1. 工程建设项目审批"四统一"

一个工程建设项目从项目立项到工程开工，需要申报各种文件，审批下来要一年或更长的时间。

2018年5月颁布的《国务院办公厅关于开展工程建设项目审批制度改革试点的通知》（国办发〔2018〕33号）明确要求：将审批时间缩减，由平均200多个工作日缩减至120个工作日，在北京等16个城市和浙江省开展工程建设项目审批制度改革试点工作。

2019年3月颁布的《国务院办公厅关于全面开展工程建设项目审批制度改革的实施意见》（国办发〔2019〕11号），要求全面开展工程建设项目审批制度改革，统一审批流程，统一信息数据平台，统一审批管理体系，统一监管方式，实现工程建设项目审批"四统一"。

各地工程建设项目应"统一审批流程"，将其划分为四个阶段，每个审批阶段确定一家牵头部门，实行"一家牵头、并联审批、限时办结"。四个阶段具体如下：

第一阶段，建设用地规划许可，主要包括：项目审批核准备案、选址意见书核发、用地预审、用地规划许可等。

第二阶段，工程建设许可，主要包括：设计方案审查、建设工程规划许可证核发等。

第三阶段，施工许可，主要包括：消防、人防等设计审核确认和施工许可证核发等。

第四阶段，竣工验收，主要包括：规划、国土、消防、人防等验收及竣工验收备案等。

2. "三证、一书"

工程建设项目的文件报批人员主要工作是在上述四个阶段中，围绕着"三证、一书"的办理，准备各种文件资料，并完成各阶段的报批手续。

"三证"是指"建设用地规划许可证、建设工程规划许可证、建筑工程施工许可证"；"一书"是指"建设工程竣工验收证书"。

3. 审批管理体系

各地应完善工程建设项目"统一审批管理体系"，推行"一张蓝图、一个窗口、一张表单、一套机制"的审批要求。

"一个窗口"是指各地政府实现一个窗口对外服务和管理，建立前台受理、后台审核机制，提供综合服务。工程建设项目文件报批人员可以通过两种方式提出申请：

（1）网上申请。申请人访问、登录××省网上办事大厅××市分厅，选择申请办理事项，根据预审要求填报相关信息、提交相关电子材料、预约办理时间和地点等，申请人在确认信息准确无误后，提交申请，并等待受理结果。

（2）窗口申请。申请人向市（区）行政服务大厅综合窗口提出申请，提交申请材料，符合受理条件的，窗口人员出具受理回执，申请人等待受理结果。

"一张表单"，各地有关部门整合申报材料，编制《工程建设项目审批事项办理指南》，事项的申请者（报建人员）在办理工程项目审批手续时，执行"一份办事指南、一张申请表单、一套申报材料，完成多项审批"的运作模式。

"全流程，全覆盖"办理报批文件的审批流程，从立项一直到竣工验收和公共设施接入服务，使报建审批文件办理步骤更加清晰、更加简便和快捷。

4. 工程建设项目文件报批主要内容

工程建设项目文件报批主要内容见表 5-7。

工程建设项目文件报批主要内容　　　　　　　　　　　表 5-7

序号	具体的文件报批	审批实施机构
1	**建设用地规划许可证办理**	
1.1	建设用地规划许可证核发	规划和国土资源管理部门
1.2	项目首次前期经费下达	发展和改革部门
1.3	出具选址及用地预审意见和规划设计要点	规划和国土资源管理部门
1.4	社会投资项目备案	发展和改革部门
1.5	土地使用权出让合同签订	规划和国土资源管理部门
2	**建设工程规划许可证办理**	
2.1	建设工程规划许可证核发（房建类）	规划和国土资源管理部门
2.2	可行性研究报告审批	发展和改革部门
2.3	项目概算备案或审批	发展和改革部门
2.4	资金申请报告审批	发展和改革部门
2.5	固定资产投资项目节能审查	发展和改革部门
2.6	建设项目用水节水评估报告备案	水务管理部门
2.7	生产建设项目水土保持方案审批	水务管理部门
2.8	建设工程方案设计招标备案	规划和国土资源管理部门
2.9	出具建设工程方案设计核查意见（建筑类）	规划和国土资源管理部门
2.10	地名批复（建筑物命名核准/公共设施名称核准/专业设施名称备案）	规划和国土资源管理部门
2.11	建设工程公开招标改邀请招标、竞争性谈判或直接发包审批	住房和城乡建设局
2.12	超限高层建筑工程抗震设防审批	住房和城乡建设局
2.13	大中型建设工程初步设计审查	交通运输管理部门
2.14	出具开设路口、市政管线接口审批审查意见	规划和国土资源管理部门
2.15	占用、挖掘道路审批	交通运输管理部门
2.16	占用城市绿地和砍伐、迁移城市树木审批	城市管理部门
2.17	消防设计审核或备案抽查	住房和城乡建设局
2.18	人防工程方案报建审查	住房和城乡建设局
2.19	防雷装置设计审核	气象管理部门
2.20	文物保护控制地带内的设计方案审批	文化广电旅游管理部门
3	**建设工程施工许可证办理**	
3.1	建筑工程施工许可证核发	住房和城乡建设局
3.2	建筑工程（市政道路及附属工程）施工许可证核发	住房和城乡建设局
3.3	建设工程招标公告（投标邀请书）和招标组织形式备案	住房和城乡建设局
3.4	建设项目环境影响评价文件审批	生态环境管理部门
3.5	环境影响评价技术审查	人居环境管理部门
3.6	城市排水许可	水务管理部门

续表

序号	具体的文件报批	审批实施机构
3.7	特种设备施工告知	市场和质量监督管理部门
3.8	建设工程桩基础报建证明书核发	规划和国土资源管理部门
3.9	建设工程开工验线（建筑类）	规划和国土资源管理部门
4	**竣工验收备案和不动产登记办理**	
4.1	建设工程竣工验收备案	住房和城乡建设局
4.2	建设工程规划验收（建筑类）	规划和国土资源管理部门
4.3	建设工程消防验收或备案抽查	住房和城乡建设局
4.4	排水设施验收备案	水务管理部门
4.5	生产建设项目水土保持设施验收备案	水务管理部门
4.6	防雷装置竣工验收审批	气象管理部门
4.7	民用建筑节能专项验收	住房和城乡建设局
4.8	特种设备（电梯）监督检验	市场和质量监督管理部门
4.9	城建档案接收	档案局
4.10	土地使用权首次登记	规划和国土资源管理部门
4.11	房屋所有权首次登记	规划和国土资源管理部门
5	**配套公用服务事项审批**	
5.1	用电报装（高压业扩新装）	供电局（公司）
5.2	用电报装（低压业扩新装）	供电局（公司）
5.3	建设项目用水报装	水务公司
5.4	给水排水管线迁移	水务公司
5.5	供气方案审核	燃气公司
5.6	气源接入点办理（含变更、补办）	燃气公司
5.7	地下燃气管道现状查询及燃气管道保护协议签订	燃气公司
5.8	预约燃气交底、验收、移交	燃气公司
5.9	地铁运营安全保护区内工程勘察作业可行性审查	地铁运营公司
5.10	地铁运营安全保护区工程设计方案可行性审查	地铁运营公司
5.11	地铁运营安全保护区内工程施工作业可行性审查	地铁运营公司
5.12	地铁运营安全保护区地铁第三方监测可行性审查	地铁运营公司

学习笔记

5.5　项目管理中的专项咨询服务管理

5.5.1　项目招标采购管理

工程咨询单位应建立招标采购管理制度，确定招标采购管理流程和实施方式，规定管理与控制的程序和方法。

招投标工作应符合有关合同、设计文件所规定的技术、质量和服务标准。符合进度、安全、环境和综合投资控制管理要求，工程咨询单位应确保实施过程符合法律、法规及地方管理规定等要求。

1. 项目招标采购策划

招标采购负责人应当协助项目总负责人、项目管理负责人及其工作团队进行具体工程建设全过程咨询项目的策划：招标采购内容界面及合同划分、招标进度计划、招标采购控制目标、招标采购方式或发包方式、各个分项招标采购内容的合同条件、拟采用的合同范本的确定及方式。

2. 招标采购管理工作内容

招标采购管理工作内容包括：

（1）招标采购计划的制定与变更。咨询人应根据工程建设全过程咨询项目策划的工作要求制定招标采购工作计划。招标采购工作计划应包括下列内容：招标采购具体范围、招标采购方式及招标采购上限金额；投标人或供应商资格条件；招标采购需求；拟采用的评标标准或评审方法；基本合同条件及合同文本等。招标采购工作计划发生变更的，应当经过工程建设全过程咨询项目总体策划规定的变更工作程序。

（2）招标采购实施过程管控。项目管理负责人及其工作团队应当履行对招标采购工作的监管。包括但不限于：对招标采购总体进度的管控、对招标采购或发包上限金额的管控、对具体招标采购过程文件及归档文件的合规性的管控、对招标采购负责人、招标采购团队行为合规性的管控。

（3）招标采购内部管理制度。招标采购项目负责人应当按照项目特点制定行之有效的内部管理制度，包括但不限于：招标采购台账的建立与管理、内部及外部文件控制、公告发布、招标及非招标等各类采购方式下的工作程序、资料归档、沟通、招标采购工作绩效评价、廉洁自律。

（4）项目管理负责人及其工作团队应当督促并检查招标采购负责人及其工作团队建立有关招标采购工作的有效沟通机制。

（5）项目管理负责人及其工作团队应当对招标采购工作基础数据进行收集、分析，并发出适当管理指令。应当收集的基础数据包括：招标采购工作进度、招标采购内容累计签约合同数量及累计合同金额、累计资金节约、承包人或供应商基本资料及进场时间情况。

5.5.2　项目勘察设计管理

项目勘察设计管理指通过科学的管理理论与技术，为建设项目提供准确可靠的勘察资料，对现有的勘察设计任务和资源进行合理计划、组织、指挥、协调、检查、控制和评价等主观提升价值要素的活动过程。项目勘察设计管理的核心在于工程建设项目的质量、工期、安全、经济等目标得以实现。

1. 勘察和设计的主要管理目标

（1）勘察管理目标

1）质量目标：管理各阶段的工程勘察，确保勘察成果准确可靠；

2）工期目标：督促勘察单位按期完成工程勘察，提交勘察成果；

3）安全目标：加强对勘察单位的管理，确保安全勘察，杜绝事故；

4）经济目标：督促勘察单位在满足工程勘察质量、工期、安全的前提下，通过方案优化、材料比对、人机搭配等降低勘察成本，节约资金。

（2）设计管理目标

通过设计质量、进度、投资管理，确保项目投资可控、设计工作按时审批、进度有序可靠、质量系统完整、服务及时到位。

2. 勘察和设计的管理工作计划

（1）勘察管理工作计划

1）确定勘察管理人员，对勘察管理工作进行目标分解、部署；

2）负责与项目实施方沟通，根据项目概况、合同约定等督促勘察单位完成勘察方案的编写和审查工作；

3）督促勘察单位向设计人员提交勘察方案，经设计人员复核确定后方可实施；

4）协调施工单位配合现场勘察工作，组织资深人员对勘察过程进行记录和监督；

5）督促勘察单位提交勘察成果，并对提交过程中出现的技术问题及时反馈，遇涉及质量安全隐患的问题应及时备案，并有针对性地安排工作部署会议，邀请项目各参建单位参与论证。

（2）设计管理工作计划

根据发包人委托的工程建设全过程咨询服务内容、服务期限，以及项目特点、规模、技术复杂程度、环境等因素，制定项目设计管理计划：

1）确定设计管理人员，对设计管理工作进行目标分解、部署；

2）负责与项目总负责人及各专业咨询负责人沟通，根据项目概况、合同约定等组织人员编写设计管理方案；

3）协调设计单位和发包人的工作；

4）督促设计单位提交设计文件，并对提交过程中出现的技术问题及时反馈，并有针对性的安排工作部署会议，邀请项目各参建单位参与论证。

3. 工程勘察管理和设计管理的策划

工程勘察管理的策划：工程咨询单位在工程勘察开展之前，应编写工程勘察管理的策划方案，策划内容包括拟建工程环境调查和分析、需求分析、组织策划、技术策划、风险分析等。

工程设计管理的策划：工程咨询单位在工程设计开展之前，应编写工程设计管理的策划方案，策划内容包括拟建工程环境调查和分析、需求分析、项目功能定位、组织策划、技术策划、优化设计策划、风险分析等。

4. 工程勘察管理和设计管理内容

（1）工程勘察管理内容

1）工作内容：协助确定勘察单位、审查勘察单位资质、协助编制勘察任务书、审查勘察方案、检查勘察工作质量、审查勘察报告；

2）制定工程勘察各项管理规定，并编制工程勘察管理计划及作业指导书，全面指导和管理全过程工程勘察项目，督促勘察单位完成工程勘察合同内容；

3）负责勘察任务初期、测绘工作、勘察成果的质量管理；

4）协助发包人协调与参建单位之间的关系，及时处理并推进项目进度，保证勘察工作进度；

5）审查和评估勘察资料，遇突发问题经各方讨论确认后及时得出处理意见，并督促勘察单位及时落实；

6）协助发包人与报建项目所涉及的政府主管及行业职能部门的联系；

7）协助发包人做好其他参建单位与勘察单位的协调联系工作；

8）根据勘察实施情况，协助发包人安排相关的工作协调会，保证工程勘察的质量、进度、成本，并要求勘察单位按合同的约定及时提交成果；

9）组织协调有关部门审查勘察成果，不完善或有错误之处，组织勘察单位完善；

10）对特殊重要、地质条件特别复杂的工程等，必要时应组织专家进行评审。

（2）工程设计管理内容

1）工作内容

设计管理贯穿于项目全生命周期的各阶段，包括前期阶段、准备阶段、实施阶段、运营阶段。各阶段的工作内容有：

前期阶段：协助项目策划、概念设计、编制可行性研究报告、项目立项等。

准备阶段：协助发包人审查及确定设计单位；审查设计单位资质；协助完成方案设计、初步设计、施工图设计及审查工作；协助完成施工图招标及谈判；设备采购及招标。

实施阶段：督促专业单位提供现场技术服务，组织设计交底和图纸会审，要求设计单位对设计文件进行整理和归档。

运营阶段：组织实施工作总结评估。

2）过程控制要求

设计实施计划的审定：设计管理负责人应对设计单位提交的"设计实施计划"予以审定，对设计输入、设计实施、设计输出、设计评审、设计验证、设计变更等重要过程的要求及流程予以明确。

设计质量控制：主要是对设计方的设计服务活动及提交的设计文件的控制，审查设计单位各阶段各专业提交的成果文件。

设计进度控制：审查设计进度计划，保证各设计专项与总设计进度计划的协调；建立设计管理及专题协调会议制度等。

设计投资控制：宜应用价值工程和限额设计等多种管理技术方法，对项目的投资进行控制。

3）沟通要求

应建立与项目相关方沟通管理机制、项目整体的外部沟通协调机制，健全项目协调制度。确保建设过程中的各种沟通问题得到快速解决。

4）文件管理

要遵循国家有关规定，建立规范的档案管理制度。设计文件应保证双方收发确认并签字认可。

5.5.3 项目投资管理

项目管理团队应建立项目全面投资管理制度，明确职责分工和业务关系，把管理目标分解到各项技术和管理过程。

项目管理团队应参与项目各个阶段，对项目投资估算、概算、预算及控制价、结算等各阶段价格进行审核、控制与评价，提出投资控制建议与优化方案。

全过程工程咨询服务机构应编制项目总投资规划和项目资金使用计划，确定项目投资管理目标。

1. 项目投资策划

项目投资策划工作内容包括：

（1）前期决策阶段：协助进行投资策划、机会成本分析，组织审查项目投资估算，开展建设项目经济评价。

（2）勘察设计阶段：组织审查方案设计估算、组织审查设计概算、组织审查施工图预算、参与限额设计。

（3）在审查初步设计概算/施工图预算时，若发现原已批准的估算/概算有部分子目不能满足项目需求，则应协助进行投资优化调整，力求达到既满足项目需求，同时概算不突破估算，预算不突破概算这一目标。

2. 项目投资策划程序

收集及熟悉项目相关资料；协助进行项目所在行业及市场分析；协助制定项目建设及运营管理计划；组织审查项目投资估算/初步设计概算/施工图预算；制定项目资金使用计划；制定项目投资控制策略；评判项目财务的可行性。

3. 项目投资管理工作内容

（1）项目准备阶段：组织审核工程量清单、组织审核最高投标限价、协助开展清标工作。

（2）项目实施阶段：编制项目资金使用计划并动态调整、审核工程计量与合同价款、协助进行甲供材料和设备的询价与核价工作、管理及控制工程变更、工程索赔和工程签证，动态管理项目投资工作，提供分析报告。

（3）竣工验收阶段：组织审核竣工结算、开展工程技术经济指标分析、组织审核竣工决算报告、配合竣工结算审计工作。

（4）运维评价阶段：分析项目建设投资，提供项目投资评估报告。

4. 项目投资管理程序

（1）比较：项目实施过程中，全过程工程咨询服务机构定期收集整理数据，按照确定的方式将投资计划值与实际值逐项进行比较，确定投资是否超支。

（2）分析：在比较的基础上，对比较的结果进行分析，以确定偏差的严重性及偏差产生的原因。

（3）预测：根据工程项目实施情况估算整个项目完成时的投资。

（4）纠偏：当项目实际投资出现偏差时，应根据项目具体情况、偏差分析和预测结果，采取针对性的措施，以达到使投资偏差尽可能小的目的。

（5）检查：对项目实施过程进行跟踪和检查，及时了解项目进展状况以及纠偏措施的执行情况和效果。

学习笔记

5.6　贯穿于建设项目全过程的项目管理

5.6.1　项目合同管理

工程咨询单位应采取适当的管理方式，建立健全项目合同管理体系以实施全面合同管理，并明确合同工期、投资、质量、安全、信息档案等事项的管理目标、流程与时限。

1. 项目合同管理策划

工程咨询单位应编制合同管理的规划方案，建立合同管理制度。明确合同相关各方的工作职责、权限和工作流程，设立专门机构或人员负责合同管理工作。

合同管理工作应遵循下列程序：合同评审、合同订立、合同实施计划、合同实施控制、合同管理总结。

2. 项目合同管理工作内容

建设项目合同管理包括合同签订前的管理与合同签订后的管理。

（1）合同签订前的管理

合同签订前的管理主要包括从投标人资格预审、编制投标文件、投标、评标、合同谈判到确定承包单位的整个过程中涉及合同条件和内容准备的相关管理活动。可能涉及投标人清单的编制和批准、合同条款、投标人须知的编制、开标、评标、合同授予、移交文件等内容和程序。

合同签订前的合同管理工作内容包括：招标采购策划、招标文件审核；参与评标标准的制定、招标答疑、合同条款的拟定与审核；协助各类合同的谈判和签订；完善合同补充条款以及合同签订。

（2）合同签订后的管理

合同签订后管理主要是对合同签订以后的执行情况进行管理，以确保合同当事人的工作是按合同约定的范围、计划、支付条款等程序完成的，同时也包括双方对合同交底、履行及合同跟踪与诊断、合同变更与索赔等的管理，直至合同终止。

合同签订后的合同管理工作内容包括：合同交底、合同履约过程动态管理；控制和处理合同变更，尽量减少对工程项目质量、进度和投资的影响；分析和处理索赔，及时解决合同争议；跟踪和检查各类合同履行，发现问题及时解决，提高合同履约率，实现合同规定各项目标；建立合同档案，加强合同信息管理，做好各类合同信息的记录、收集、整理和分析工作；对合同重大问题应认真分析、研究，并根据需要开展法律和技术咨询；协助谈判和签署补充协议及合同终止管理。

3. 合同评审

合同订立前应进行合同评审，完成对合同条件的审查、认定和评估工作。以招标方式订立合同时，应对招标文件和投标文件进行审查、认定和评估。

4. 合同订立

工程咨询单位应协助发包人依据合同评审和谈判结果，按程序和规定订立合同；项目所在地区有规定备案的，合同订立后应在规定期限内办理备案手续。

5. 合同实施计划

合同实施计划应包括合同实施总体安排，分包策划以及合同实施保证体系的建立等内容。

合同实施保证体系应与其他管理体系协调一致，须建立合同文件沟通方式、编码系统和文档系统。

6. 合同实施控制

工程咨询单位对各级项目管理人员进行培训及合同交底，对合同的主要内容、工作程序、合同实施的主要风险、合同签订过程中的特殊问题做出解释和说明。将合同管理任务、目标和责任分解细化落实到有关部门和人员身上。

工程咨询单位应及时跟踪和检查各类合同的履约情况，发现问题及时解决，提出意见和建议，并采取相应措施，最终实现合同规定的各项目标。

控制和处理合同变更，尽量减少对工程项目质量、计划工期和投资的影响。

分析和处理索赔，及时解决合同争议，减少对工程项目建设的影响。

建立信息管理系统，加强合同信息管理，做好各类合同信息的记录、搜集、整理和分析工作。确保合同执行过程信息的完整和准确。

建立合同各方的协调和沟通制度，保证项目信息的正常流通、处理和反馈。积极应对工程项目实施过程中所遇到的问题。

对合同重大问题应认真分析、研究和解决，并根据需要开展法律及技术咨询。

7. 合同管理总结

合同履行结束即合同终止，咨询人应在合同实施结束后，将合同签订和执行过程中的利弊得失、经验教训进行总结，提出分析报告，作为今后工程项目合同管理的借鉴。

合同总结报告应包括下列内容：

（1）合同签订情况评价。对发包人和工程项目是否进行了调查分析；对合同条款是否与发包人进行逐条谈判；签约过程中的所有资料是否都经过严格的审阅、分类、归档。

（2）合同执行情况评价。评价合同实施过程中工期目标、质量目标、投资目标完成的情况和特点，分析有无重大安全事故发生，分析其原因和所带来的实际影响。

（3）合同管理工作评价。对合同管理本身如工作职能、程序、工作成果等的评价。

（4）对工程建设全过程咨询服务有重大影响的合同条款评价。

（5）其他经验和教训。

5.6.2　项目进度管理

工程咨询单位应健全工程建设全过程咨询服务进度管理制度，明确进度管理程序，规定进度管理职责及工作要求，建立工作分解结构，形成项目的 WBS 编码系统，作为进度分解结构和进度控制的基础，并制定保证措施。

1. 项目进度管理策划

工程建设全过程咨询服务进度控制应遵循下列步骤：熟悉进度计划的目标、顺序、步骤、数量、时间和技术要求；实施跟踪检查，进行数据记录与统计；将实际数据与计划目标对照，分析计划执行情况；采取纠偏措施，确保各项计划目标实现。

2. 各阶段项目进度管理工作内容

（1）项目前期决策阶段，项目管理团队的进度管理工作内容有：编制《工程建设全过程咨询服务规划》，在规划中构建项目进度管理体系；确定项目进度管理目标，编制项目实施总进度计划；协调并督促决策阶段各专业咨询合同的执行，做好成果提交计划；协助立项审批和可研批复，及时了解进展情况并提出咨询意见与建议。

（2）勘察设计阶段，项目管理团队的进度管理工作内容有：编制设计阶段项目实施进度计划并控制其执行；督促勘察设计单位履行合同，并按照约定进度提交勘察设计管理成果；协助组织初步设计、施工图审查会议，督促审查意见及时进行修改，了解进展情况，并提出咨询意见与建议。

（3）招标采购阶段，项目管理团队的进度管理工作内容有：协助招标采购方式选择及招标时间进度计划；督促招标采购合同的执行；协助招标阶段各项流程办理，及时了解进展情况并提出咨询意见与建议。

（4）工程施工阶段，项目管理团队的进度管理工作内容有：审核工程项目综合阶段性施工进度控制计划，提出优化建议；协助落实施工条件，包括施工场地"三通一平"等条件，了解进展情况，并提出咨询意见与建议；督促各参建单位提供报建相关资料，协助发包人办理施工许可证；督促监理机构审查施工承包单位报送的施工组织设计、专项施工方案，督促监理单位核查施工开工条件；编制施工阶段进度控制报表和报告；督促参建各方合同职责履行，了解进展情况，并提出咨询意见与建议；参加工程监理例会、专题会议，分析施工进度情况，对需要处理的施工进度问题提出意见和建议；跟踪审查各阶段施工进度执行情况，对实际进度与计划进度出现偏差及时提出处置意见；协调施工过程参建各方关系，协助参建单位协调与政府各有关部门、社会方的关系。

（5）竣工验收阶段，项目管理团队的进度管理工作内容有：协助组织竣工验收；协助办理工程移交、竣工结算、竣工备案、档案移交等工作。

（6）运营维护阶段，项目管理团队的进度管理工作内容有：协助制定运营维护进度计划；督促各运营参与方的合同履行，了解各项工作进度，提出改进意见和建议。

3. 项目进度计划

工程咨询单位应按照合同要求编制工作进度计划。其中咨询成果文件提交时间应参照行业相关标准、满足建设项目总体进度要求，并与项目总体进度相协调。

工程咨询单位的进度管理，应以总进度计划为目标，全面控制各阶段进度。

项目管理团队应根据发包人确认的总体进度计划，编制项目管理的各项进度计划。

4. 项目进度实施

在经济、技术、合同、管理信息等方面进度保证措施落实的前提下，使项目按照进度计划实施。项目进度实施预测各种干扰因素，对其风险程度进行分析，并采取预控措施，以保证实际进度与计划进度的吻合。

5. 项目进度监测

（1）跟踪检查。检查工程量的完成情况，工作时间的执行情况，工作顺序执行情况，资源使用及进度的匹配情况，上次检查提出问题的整改情况等。

（2）数据采集。建立进度数据的采集系统，收集实际进度数据，进行数据处理（整理、统计和分析），将实际进度与计划进度进行比较。

（3）偏差分析。分析计划执行情况，对产生偏差的各种因素和原因进行分析。

6. 项目进度调整

（1）偏差程度分析。分析判断进度偏差对后续工作和总工期的影响程度，决定是否采取措施对原计划进行调整。

（2）动态调整。寻求进度调整的约束条件和可行方案。

（3）优化控制。通过调整关键线路、非关键工作时差、增、减工作量、调整逻辑关系、调整工作的持续时间、调整资源的投入等方法，最终调整的目标是使进度、费用变化最小，能达到或接近进度计划的优化控制目标。

（4）全过程工程咨询服务机构应根据进度管理报告提供的信息，纠正进度计划执行中的偏差，对进度计划进行调整。当采取措施后仍不能实现原目标时，项目管理团队应变更进度计划，并报项目总负责人审批，并配合项目总负责人与发包人进行汇报讨论，以便获得最终的批准。

（5）当采取措施后仍不能实现原目标时，全过程工程咨询服务机构应变更进度计划。变更计划的实施应与工程建设全过程咨询服务管理规定及相关合同要求一致。

7. 编制进度管理报告

进度管理报告的内容包括：

（1）进度执行情况的综合描述；

（2）实际进度与计划进度的对比资料；

（3）进度计划的实施问题及原因分析；

（4）进度执行情况对质量、投资和安全等的影响；

（5）采取的措施和对未来计划进度的预测。

5.6.3 项目质量管理

工程咨询单位应针对整个项目、单位工程、分部工程、分项工程制定出明确的质量目标；针对工程建设全过程咨询业务特点，建立完善的内部质量管理体系和质量保证体系；明确质量管理部门及人员岗位职责、权限，建立包括各参建单位责任在内的项目质量管理制度。

项目质量控制应依据建设工程相关的法律、法规、施工质量验收标准和验收规范进行。工程咨询单位应根据实施规划，对各阶段影响质量的因素进行有效控制，定期或不定期对其咨询工作进行回访，听取发包人的评价意见，并结合质量保证体系进行总结完善。

1. 项目质量管理策划

项目质量管理应坚持预防为主的原则，按照策划、实施、检查、处置的循环方式进行系统运作。

全过程工程咨询服务机构应通过对人员、机具、材料、方法、环境要素的全过程管理，确保工程质量满足质量标准和相关方要求；合同明确有创优目标的，应编制创优计划，跟踪监督参建各方特别是发包人、工程总承包单位（或施工单位）在各阶段创优目标的完成情况。

施工过程的质量控制贯穿于施工的全过程，从工程开工到竣工验收，均应做好事前控制、事中控制和事后控制。

（1）事前质量控制：在正式施工前的质量控制，其控制重点是做好施工准备工作。应编制施工质量计划，明确质量目标，编制施工方案，制定质量管理制度，落实质量责任，分析可能影响质量的各种因素，针对这些因素制定有效的预防控制措施。

（2）事中质量控制：在施工过程中，对质量活动过程和结果进行监督检查，全面掌握影响施工质量的各种因素，并进行有效的动态控制，控制的重点是对工序质量和质量控制点的控制。

（3）事后质量控制：完成施工过程形成产品的质量控制。保证不合格的工序成果不流入下一道工序，或最终产品（包括单位工程或整个工程项目）不进入市场。事后控制是对质量活动结果的评价、认定和对质量偏差的纠正。控制的重点是发现质量方面的缺陷，并通过分析提出施工质量改进措施。

2. 项目各阶段质量管理工作内容

（1）项目前期决策阶段，项目管理团队的质量管理工作内容有：编制《工程建设全过程咨询服务规划》，规划中应构建全过程项目质量管理体系，明确质量管理目标；审核项目建议书、项目可行性研究报告、环境影响评价报告、节能评估报告等专业咨询服务成果，协助完成审批工作；审核涉及立项、审批、备案等要求的所有文件，确保文件质量通过有关部门审查。

（2）勘察设计阶段，项目管理团队的质量管理工作内容有：督促勘察设计单位履行合同，按合同约定要求提交成果报告；督促设计单位根据评审意见优化设计方案；进行设计跟踪检查，控制各阶段设计图纸质量；协助组织方案设计、初步设计审查会，确保初步设计满足规划、环保、交通、人防、抗震等规定要求；协助施工图审查，督促设计单位根据审查意见及时修改，确保施工图设计符合功能和强制性标准条款要求，满足施工可行性和设计强制性标准适宜性等。

（3）招标采购阶段，项目管理团队的质量管理工作内容有：审核招标采购文件及合同文本质量，提出优化修改意见和建议；审查招标采购流程合规性，符合相关法律法规规定。

（4）项目实施阶段，项目管理团队的质量管理工作内容有：协助施工图纸会审和设计交底，参加第一次工地会议；明确项目创优目标，要求参建各方特别是工程总承包单位（或施工单位）提出实施性创优计划；检查项目监理机构和人员组织情况，审批项目监理机构报送的监理规划；督促监理机构履行监理合同约定职责；参加工程监理例会、专题会议，对需要发包人处理的工程质量问题提出意见和建议；督促监理机构严格控制进场原材料、构配件和设备等质量，检查施工质量，参加阶段性成果（分部工程、隐蔽工程）的检查验收；协助参与工程质量事故的调查和处理。

（5）竣工验收阶段，项目管理团队的质量管理工作内容有：参加工程竣工预验收；协助组织工程竣工验收；协助办理工程移交；协助处理保修事宜。

（6）运营维护阶段，项目管理团队的质量管理工作内容有：参与运营期质量后评价；协助处理运营期质量及保修事宜。

3. 质量计划

全过程工程咨询服务机构组织编制项目质量管理计划，项目质量管理计划包括的内容：

（1）编制依据；

（2）项目概述；

（3）质量目标；

（4）组织机构；

（5）质量控制及管理组织协调的系统描述；

（6）必要的质量控制手段，施工过程、服务、检验和试验程序及与其相关的支持性文件；

（7）确定关键过程和特殊过程及作业指导书；

（8）与施工阶段相适应的检验、试验、测量、验证要求；

（9）更改和完善质量计划的程序。

4. 质量控制

全过程工程咨询服务机构应针对建设工程项目实际情况设置质量控制点，按质量控制点实施质量控制。在质量控制过程中，跟踪、收集、整理实际数据，与质量要求进行比较，分析偏差，采取措施予以纠正和处置，并对处置效果进行复查。

5. 质量检查与处置

全过程工程咨询服务机构应根据质量管理策划要求实施检验和监测，并按照规定配备检验和监测设备。此外，还应建立有关纠正和预防措施管理制度，控制不合格品的情况。

6. 质量改进

全过程工程咨询服务机构应对发现的质量问题缺陷，通过分析产生的原因提出质量改进措施，保证质量处于受控状态。

5.6.4 项目安全管理

全过程工程咨询服务机构应明确各方主体对项目的质量安全责任，项目管理团队应督促及管理各施工单位建立安全生产管理制度，坚持以人为本、预防为主，确保项目处于本质安全状态。

项目管理团队应督促各施工单位根据有关要求确定安全生产管理方针和目标，建立工程建设全过程咨询服务安全生产责任制度，健全职业健康安全管理体系，改善安全生产条件，实施安全生产标准化建设。

项目管理团队建立专门的安全生产管理机构，配备合格的项目安全管理负责人和管理人员，进行教育培训并持安全员证上岗。

1. 项目安全管理策划

项目安全管理应按照确定项目职业健康与安全目标、计划过程（目标责任分解/危险源辨识/风险预测）、实施过程、控制过程（检查、监督、纠正、预防）及总结管理流程开展工作。

2. 项目安全管理计划

项目管理团队编制项目安全管理计划，在实施过程中，根据实际情况进行补充和调整。安全管理计划包含的内容：

（1）制定项目职业健康安全管理目标；

（2）合同明确有安全创优目标的，应编制各阶段创优计划，要求参建各方特别是工程总承包单位（或施工单位）、监理单位提交创优计划，并跟踪监督他们在各阶段创优完成情况；

（3）明确参建各方安全管理职责；

（4）根据项目特点进行职业健康安全方面的资源配置；

（5）制定安全生产管理制度和职工安全教育培训制度；

（6）建立现场安全检查制度，对安全事故的处理做出规定。

3. 项目安全管理工作内容

（1）项目前期决策阶段，安全管理工作内容有：对项目进行安全预评价，评价内容包括危险、有害因素识别，危险度评价和安全对策措施及建议等；审核可行性研究及安全预测评价等报告中的安全措施及建议。

（2）勘察设计阶段，安全管理工作内容有：督促设计单位将可行性研究报告及安全预测评价等报告中提出的安全措施、安全设施及建议，在初步设计中加以体现；督促设计单位对施工图设计中建筑、结构、设备等专业设计进行安全评价及建议，核查设计图纸是否符合国家有关安全标准、规范的规定，确保工程项目设计安全；督促勘察单位合同履行，严格按照相关标准及规定开展勘察工作，满足勘察深度要求，避免勘察深度不足导致出现安全隐患。

（3）招标采购阶段，安全管理工作内容有：审查招标采购文件及合同安全相关规定；明确安全责任和相关违约条款。

（4）工程施工阶段，安全管理工作内容有：督促项目监理机构审查施工承包单位制定的毗邻建筑物、构筑物和地下管线等专项保护措施；督促项目监理机构检查施工承包单位建立健全施工安全生产管理体系和安全生产责任制度、安全检查制度和事故报告制度；督促项目监理机构审查和跟踪施工承包单位编制的安全专项施工方案、安全技术措施和安全事故应急预案等实施情况；督促项目监理机构核查施工承包单位安全生产许可证、关键岗位人员及特殊工种人员持证上岗情况；参加施工现场安全检查及安全专题会议，并提出合理化建议；协助参与安全事故的调查与处理；发生安全事故时，在事故应急响应的同时，应按规定逐级上报，及时成立事故调查组对事故进行分析，查清事故发生原因和责任，进行全员安全教育，采取必要措施防止事故再次发生；做好安全管理工作日志，注意安全资料收集和保存。

（5）竣工验收阶段，安全管理工作内容有：对安全生产状况进行评价；协助有关考核和奖惩实施。

（6）运营维护阶段，安全管理工作内容有：协助制定运营维护期安全管理措施；对运营维护过程中危险、危害因素识别，提出安全对策措施和建议；协助处理运营维护安全事故。

5.6.5 项目信息与档案管理

1. 一般规定

（1）项目管理团队应制定项目信息管理的工作目标，保证项目档案的获取、处理、存储、存档便捷、有效。

（2）运用先进的信息化系统提升项目的管理能力，使用信息化管理系统，利用先进的管理手段整合项目关键信息和企业知识，为项目提供优质高效的服务。

（3）综合考虑信息成本及信息收益，应实现信息效益最大化。

（4）项目管理团队应配备专职或兼职的文件与档案管理人员。

（5）工程建设全过程咨询服务单位应按照国家现行有关档案管理及标准的规定，建立档案收集制度、统计制度、保密制度、借阅制度、库房管理制度及档案管理人员守则。

（6）工程建设全过程咨询服务管理过程中产生的文件与档案均应及时收集、整理，项目文件应格式规范、内容准确、清晰整洁、编号和签字盖章手续完备，并按项目的统一规定标识，完整存档。

（7）项目文件应符合国家或行业有关项目管理、勘察、设计、施工、监理、检验、检测、鉴定等方面的技术规范、标准和规程要求。

（8）工程建设全过程咨询服务文件与档案管理宜应用信息系统，重要项目文件和档案应有纸质备份。

（9）工程建设全过程咨询档案的保存期应符合国家、地方相关文件和合同等规定。

2. 项目信息管理策划

（1）组建专业的信息管理团队。

（2）结合信息专项管理方案，编制项目日常信息管理制度、文档编码制度以及文档储存制度等专项文档管理制度。

（3）根据项目策划方案，制定相关流程及表格。

（4）配合各专业咨询负责人做好信息支撑工作。

（5）建立实施阶段信息策划，包含过程跟踪提醒制度等。

（6）通过对项目信息的梳理，形成一套系统的项目管理文件，为发包人今后类似工作提供指导。

3. 项目信息管理主要工作内容

（1）编制项目信息管理制度，建立项目管理会议制度、各种报表和报告制度；

（2）随时提供有关项目管理的各类信息、各种报表和文件，确保信息流通畅、及时和准确；

（3）安排专人负责收集、整理、分类、归档各种项目信息；

（4）建立相应的数据库，对信息进行存储，采用先进的安全技术，确保信息安全状态。

（5）在工程建设全过程咨询服务结束后，将所有项目信息分类装订成册，移交发包人。

4. 信息管理计划

（1）确定工程项目信息管理目标。信息管理计划应纳入项目管理策划过程。

（2）工程建设全过程咨询服务信息管理制度应确保信息管理人员以有效的方式进行信息管理，信息变更控制措施应确保信息在变更时进行有效控制。

5. 信息过程管理

信息过程管理应包括：信息的收集、加工、整理、检索、传递和存储。建立一套完善的信息采集制度，收集初始信息，并对初始信息加以筛选、整理、分类、编辑和计算等，将其变换为可利用的信息。

6. 信息安全管理

工程建设全过程咨询服务信息安全应分类、分级管理，设立信息安全岗位，明确职责分工；实施信息安全教育，规范信息安全行为；采用先进的安全技术，确保信息安全状态。

同时，对建设工程项目应实施全过程信息安全管理，建立完善的信息安全责任制度，实施信息安全控制程序，并确保信息安全管理的持续改进。

7. 信息技术应用管理

工程建设全过程咨询服务信息管理应借助先进的信息管理软件及信息技术平台，根据时间、内容、类型进行分类、编码、归集，高效检索、分享、传递、审批工程项目信息，保存能清楚证明与项目有关的电子、文档资料。

基于项目 BIM 应用管理平台，策划、组织并确保主要参建方与其他参建方在内外同级、跨级层次的信息传递线路的通畅；基于项目的特征编码预设，督导建立快速跳转及精确检索的信息交互功能以便调阅背景信息。BIM 辅助管理针对本项目精细化管理要求高且建设要素穿插等特点，通过开展针对性项目级 BIM 实施管理，保证参建各方有计划地按照统一标准实现信息共享和工作协同、协助设计管理实现高质量、控投资的管理目标；辅助施工管理对安全、质量的管控，并通过数字化移交，为运营维护提供整合的建筑信息，实现 BIM 价值链的延伸。

8. 档案管理工作内容

工程建设全过程咨询档案可分为成果文件和过程文件两类。成果文件应包括：工程咨询单位出具的相关专业咨询成果文件。过程文件应包括：编制、审核、审定人员的工作底稿、相关电子文件等。归档工程建设全过程咨询成果文件、过程文件和其他文件。

全过程咨询服务机构组织并指导工程建设全过程咨询业务过程中所借阅和使用的各类设计文件、施工合同文件、竣工资料等可追溯性资料的文件目录。文件目录应由项目总负责人审定后归档。

工程建设全过程咨询档案的接收、借阅和送还应进行如实记录。项目管理团队负责收集整理合格的档案资料向相关单位办理移交。

5.6.6　项目沟通管理

1. 一般规定

全过程咨询单位要确定项目沟通管理的工作目标，包括保证项目信息及时、正确的提取、收集、传播、存储以及最终进行处置，保证项目信息畅通。项目涉及的各参建单位，形成项目组织系统，为了实现项目投资、质量、进度等目标，工程管理人员所进行的管理组织内部，参与单位之间以及管理组织与外部组织之间系统全面的沟通、协调和合作工作，实现工程项目有效管理。

（1）应将沟通管理纳入日常管理计划，沟通信息、协调工作，避免和消除在项目运行过程中的障碍、冲突和不一致。

（2）应针对项目具体特点，建立合理的管理组织，优化人员配置，确保规范、精简、高效。

（3）应识别和发现问题，采取有效措施避免冲突升级和扩大。

（4）应实施沟通管理和组织协调教育，树立和谐、共赢、承担和奉献的管理思想，提升项目沟通管理绩效。

2. 参建各单位需求识别与评估

（1）发包人应分析和评估其他各参建单位对项目质量、安全、进度、造价、环保方面的理解和认识，同时分析各方对资金投入、计划管理、现场条件以及其他方面的需求。

（2）勘察、设计单位应分析和评估建设单位、施工单位、监理单位以及其他相关单位对勘察设计文件和资料的理解和认识，分析对文件质量、过程跟踪服务、技术指导和辅助管理工作的需求。

（3）施工单位应分析和评估建设单位以及其他参建单位对技术方案、工艺流程、资源条件、生产组织、工期、质量和安全保障以及环境和现场文明的需求；分析和评估供应、分包和技术咨询单位对现场条件提供、资金保证以及相关配合的需求。

（4）监理单位应分析和评估建设单位的各项目标需求、授权和权限，分析和评估施工单位及其他相关单位对监理工作的认识和理解、提供技术指导和咨询服务的需求。

（5）专业承包、劳务分包和供应单位应当分析和评估建设单位、施工单位、监理单位对服务质量、工作效率以及相关配合的具体要求。

（6）全过程工程咨询服务机构在分析和评估其他方需求的同时，也应对自身需求做出分析和评估，明确定位，与其他相关单位的需求有机融合，减少冲突和不一致。

3. 项目沟通管理计划

全过程工程咨询服务机构在项目运行之前，由项目总负责人组织编制项目沟通管理计划。项目沟通管理计划应包括下列内容：

（1）沟通范围、对象、内容与目标；

（2）沟通方法、手段及人员职责；

（3）信息发布时间与方式；

（4）项目绩效报告及沟通需要的资源；

（5）沟通效果检查与沟通管理计划的调整。

项目沟通管理计划应由发包人批准后实施。项目管理团队定期对项目沟通管理计划进行检查、评价和改进。

4. 项目沟通程序与方式

全过程工程咨询服务机构应制定沟通程序和管理要求，明确沟通责任、方法和具体要求。项目沟通管理应包括下列程序：

（1）项目实施目标分解；

（2）分析各分解目标自身需求和相关方需求；

（3）评估各目标的需求差异；

（4）制定目标沟通计划；

（5）明确沟通责任人、沟通内容和沟通方案；

（6）按既定方案进行沟通；

（7）总结评价沟通效果。

全过程工程咨询服务机构可采用信函、邮件、文件、会议、口头交流、工作交底以及其他媒介沟通方式与项目相关方进行沟通，重要事项的沟通结果应书面确认。

5. 项目沟通协调机制

（1）建立项目整体的外部沟通协调机制。建立统一的外部沟通渠道及相应的快速沟通机制，确保建设过程中的各种外部问题得到快速解决。

（2）建立项目内部的沟通协调机制。建立各参建单位内部的沟通协调机制及各参建单位之间的沟通协调机制。建立统一的沟通协调准则是提高项目内部沟通效率的关键。

（3）制定项目组织协调制度，规范运行程序和管理。全过程工程咨询服务单位应就容易发生冲突和不一致的事项，形成预先通报和互通信息的工作机制。

（4）建立项目各方沟通管理机制，健全项目协调制度，确保内部与外部各层面的交流与合作。

5.6.7　项目收尾管理

在项目实际施工工作完成后，项目进入收尾阶段，收尾阶段的工作主要包括竣工收尾、验收、结算、决算、回访保修、管理考核评价等方面的管理。

1. 项目收尾管理策划

全过程工程咨询服务单位根据验收、移交内容和责任分解，制定验收和移交方案，方案明确专项验收组织、验收计划、验收条件核查、验收成果文件核查及设施移交组织、移交计划、移交程序、移交内容等，协助发包人取得正式使用该设施所需的相应部门和监管机构的所有最终检查、报告以及认证。

项目收尾阶段项目管理团队制定工作计划，提出各项管理要求。

2. 项目竣工计划

全过程工程咨询服务机构应全面负责项目竣工收尾工作，组织编制项目竣工计划，报公司及发包人审批批准后按期实施。竣工计划应包括下列内容：

（1）竣工项目名称；

（2）竣工项目收尾具体内容；

（3）竣工项目质量要求；

（4）竣工项目进度计划安排；

（5）竣工项目文件档案资料整理要求。

项目总负责人应及时组织项目竣工收尾工作，与项目相关方联系，按照有关规定协助验收。

3. 项目竣工验收管理

当项目已按设计要求全部建设完成，并已符合竣工验收标准，全过程工程咨询服务单位组织的预验收已通过，应协助发包人及时组织竣工验收。

（1）项目竣工验收应依据批准的立项文件及调整文件，依据设计及修改文件和法律法规及标准规范进行。

（2）全过程工程咨询服务单位应建立健全项目竣工验收制度，落实职责和分工。

（3）项目的竣工验收可分专项工程验收、工程预验收、整体竣工验收阶段进行。

（4）单位工程竣工验收应具备的条件

1）完成工程设计和合同约定的各项内容；

2）有完整的技术档案和施工管理资料；

3）有工程使用的主要建材、构配件和设备的进场试验报告；

4）有勘察、设计、施工、监理等单位签署的质量合格文件；

5）有施工单位签署的工程保修书；

6）有重要分部（子分部）中间验收证书；

7）有结构安全和使用功能的检查和检测报告；

8）预验收时建设各方责任主体提出的责令整改内容已全部整改完毕；

9）各专项验收及有关专业系统验收全部通过；

10）发包人已按合同约定支付工程款；

11）建设行政主管部门及其委托的监督站等部门责令整改的问题已全部整改完成。

（5）竣工验收程序

1）工程总承包单位完成工程实体施工；

2）工程总承包单位向咨询人提出节能、绿建、幕墙、钢结构等特殊分部（子分部）的验收；

3）项目总监理工程师组织发包人、工程总承包单位进行节能、绿建、幕墙、钢结构等特殊分部（子分部）的验收；

4）工程总承包单位提交工程竣工报告，向项目总负责人申请竣工验收；

5）项目总监理工程师审查验收条件，组织工程竣工预验收；

6）项目内部通过预验收；

7）进行各专项验收；

8）全过程工程咨询服务单位协助发包人组织单位（子单位）工程验收；

9）全过程工程咨询服务单位协助发包人组织竣工验收；

10）工程交付发包人使用。

（6）项目的竣工验收应接受建设行政主管部门或者其他有关部门委托的建设工程质量监督机构的监督。

（7）竣工验收备案过程形成的验收文件记录主要包括四方面成果文件：

1）验收组名单及竣工验收签到表；

2）观感评定表；

3）竣工验收意见书及竣工验收报告；

4）竣工验收备案表。

（8）文件的归档整理应符合国家有关标准、法规的规定，移交工程档案应符合有关规定。

4. 项目竣工结算管理

（1）项目竣工结算应由承包人编制，咨询人协助发包人组织审查，按结算流程最终确定工程结算。

（2）项目竣工验收后，承包人应在约定的期限内向发包人递交项目竣工结算报告及完整的结算资料，经双方确认并按规定进行竣工结算。

（3）承包人应按照项目竣工验收程序办理项目竣工结算并在合同约定的期限内进行项目移交。

5. 项目竣工决算管理

（1）全过程工程咨询服务单位负责协助发包人完成项目的竣工决算工作。

（2）项目竣工决算应包括下列内容：

1）项目竣工决算说明书；

2）项目竣工决算报表；

3）项目造价分析资料表。

（3）编制项目竣工决算应遵循下列程序：

1）收集、整理有关项目竣工决算依据；

2）清理项目账务、债务和结算物资；

3）填写项目竣工决算报告；

4）编写项目竣工决算说明书；

5）报上级有关部门审查。

6. 项目回访及保修

（1）全过程工程咨询服务单位需审查施工承包单位制定项目回访和保修制度并纳入质量管理体系。

（2）全过程工程咨询服务单位、承包单位均需根据合同和有关规定编制回访保修工作计划，承包单位的回访保修工作计划须经咨询人审批，回访保修工作计划应包括下列内容：

1）主管回访与保修的部门；

2）执行回访保修工作的单位；

3）回访时间及主要内容和方式。

（3）回访应以发包人对竣工项目质量的反馈及特殊工程采用的新技术、新材料、新设备、新工艺等应用情况为重点，并根据需要及时采取改进措施。

（4）发包人签发工程质量保修书应包括质量保修范围、期限、责任和费用的承担内容。

学习笔记

学习情境 6　前期阶段工程咨询服务

学习情境描述

基于项目决策应遵循的原则及前期阶段工程咨询的工作内容，按照前期咨询的决策阶段工作流程及实施要求，合理确定建设项目投资估算费用项目，编制前期阶段工程咨询服务工作过程的成果文件。

学习目标

1. 掌握"1+X"模式下前期阶段工程咨询服务的工作内容；
2. 掌握前期阶段工程咨询服务的工作流程；
3. 熟悉前期阶段工程咨询服务的实施要求；
4. 能合理设计工程案例背景，完成投资估算的编制；
5. 能查阅相关资料，合理计算完成《建设项目投资估算》。

任务书 1

小组合作，编制完成《××××校区建设项目投资估算》。具体要求如下：

1. 工程背景：自行设计；其中单项工程不少于 6 项，且必须包括办公楼、教学楼、宿舍楼（公寓）；
2. 服务模式："1+X"模式；其中，投资决策综合咨询为专项服务必选项；
3. 服务范围、服务内容：自行设定。

任务书 2

小组合作，完成以下任务内容，具体要求如下：

1. 案例背景：某高新开发区拟新建一所幼儿园。

要求：撰写该建设工程《项目建议书》中的"项目建设的必要性"内容，要求不少于1000 字。

2. 案例背景：某城市为海滨城市，城市常住人口 960 万人，拟新建"文化艺术中心"工程项目。

要求：撰写该建设工程《可行性研究报告》中的"社会评价"内容，要求不少于1000 字。

工作计划

学生根据工作任务划分见表 6-1。

学生工作任务分工表		表 6-1

班别：　　　　　　　　　　　　　　指导老师：

组号：　　　　　　　　　　　　　　组　　长：

序号	工作内容	负责人（学号/名字）
1		
2		
3		
4		
5		
6		
7		
8		

工作准备

1. 各组派代表阐述工作计划；
2. 各组对其他组的工作计划提出自己的意见与建议；
3. 教师结合大家完成的情况进行点评，选出最佳方案。

工作实施

各组按计划完成工作任务。

引导问题

1. 投资项目决策的范畴包括哪些内容？
2. 请简述投资项目决策的类别。
3. 请简述项目决策应遵循的原则。
4. 请简述前期咨询服务主要工作内容。
5. 请简述前期咨询形成的成果的主要内容。

评价反馈

学生进行自评，评价自己是否能完成前期阶段工程咨询服务的相关知识学习、是否能合作完成《投资估算》的编制任务、编制质量如何等。

各组代表展示作品，介绍任务的完成过程。作品展示前应准备阐述材料，并完成评价（表 6-2、表 6-3）。

学习过程评价表　　　　　　　　　　　　　　表 6-2

班级/组号：　　　　　　　　　学号/姓名：

序号	任务	分值	自评	互评	师评
1	工作效率：任务是否按计划时间完成	5			
2	工作质量：计价合理、费用项目齐全、格式符合规定	10			
3	学习情况：相关知识学习完成情况	10			
4	引导问题：掌握情况	15			
5	文献索引：查阅、甄别、整理、引用资料能力	10			
6	工作态度：态度端正，无无故缺勤、迟到、早退	5			
7	创新意识：积极参与小组讨论，思路拓展情况	15			
8	语言表达：过程汇报、结果展示、汇报参与情况	10			
9	合作能力：小组成员合作交流、协调工作情况	10			
10	职业素养：自律、严谨、敬业、社会责任等	10			
	合计	100			

学习总评表　　　　　　　　　　　　　　表 6-3

总评	自评(20%)＋互评(20%)＋师评(60%)	综合得分	
			教师（签名）：

6.1　工　作　内　容

6.1.1　项目决策综述

1. 决策的含义

按照现代决策理论，决策是为达到某一目标，对两个或多个备选方案进行分析、比较，从中选择一个较优方案的过程。

具体地说，决策是指人们为了实现特定的目标，在掌握大量有关信息的基础上，运用科学的理论和方法，系统地分析主客观条件，提出若干备选方案，分析各种方案的优缺点，并从中选出较优方案的过程。决策过程可以分为信息收集、方案构造设计、方案评价、方案抉择四个相互联系的阶段。这四个阶段相互交织、循环往复，贯穿于整个决策过程。

2. 投资项目决策的含义和类别

投资项目决策是指最终做出是否投资建设某个项目的决定。项目目标的确定，项目建设规模和产品（服务）方案的确定，场（厂）址的确定，技术方案、设备方案、工程方案的确定，环境保护方案、建设期、融资方案的确定以及项目效益目标的确定等都属于投资项目决策的范畴。

随着国家投资体制改革的不断深化，结合近期国家一系列的改革精神，从不同决策者的角度划分，投资项目决策可分为三类：

（1）政府投资项目决策

政府投资项目决策，是指政府有关投资管理部门根据经济社会发展的需要，以实现经济调节、满足国家经济安全和社会公共需求、促进经济社会可持续发展，按照政府投资的范围和政府投资的目标，做出是否投资建设项目的决定。

（2）企业投资项目决策

企业（包括国有企业、民营企业或混合所有制企业以及外商投资企业）投资项目决策，是指企业根据自身总体发展战略和规划、自身资源条件、在市场竞争中的地位以及项目产品所处生命周期中的阶段等因素，以获得经济效益、社会效益和提升持续发展能力为目标，做出是否投资建设项目的决定。

企业投资项目原则上应由企业依法依规自主决策投资，同时按照有关规定满足备案或政府核准要求。

（3）金融机构贷款决策

金融机构贷款决策，是指银行等金融机构遵循"独立审贷、自主决策、自担风险"的原则，依据申请贷款的项目法人单位信用水平、经营管理能力和还贷能力以及项目盈利能力，作出是否贷款的决定。

3. 政府投资项目与企业投资项目决策的区别

根据《国务院关于投资体制改革的决定》和《中共中央、国务院关于深化投融资体制改革的意见》，政府投资项目与企业投资项目决策的区别，主要体现在以下四个方面：

（1）投资主体和资金来源不同

政府投资项目的投资主体是政府有关投资管理部门，资金来源是政府性资金投资方式，一般是政府直接投资、注入资本金、投资补助、转贷和贷款贴息等。以资本金注入方式投入的，要确定出资人代表。企业投资项目的投资主体是企业（包括国有企业、民营企业或混合所有制企业以及外商投资企业），采用的投资方式一般是直接投资、合作投资等方式。

（2）决策过程不同

政府投资项目要求编制的项目建议书（或初步可行性研究报告）和项目可行性研究报告，分别是政府投资主管部门立项和决策的依据，以项目建议书（或初步可行性研究报告）及可行性研究报告的批复为标志。前者一般称立项，项目立项后，可纳入政府投资年度计划，作为编制可行性研究报告的依据，政府投资主管部门依据可行性研究报告的结论作为投资决策的依据。项目决策后，转入实施准备阶段。

企业投资项目的决策依据是项目可行性研究报告，必要时可以按照政府投资项目程序，编制初步可行性研究报告，通常企业投资项目用企业的产业发展规划代替初步可行性研究或投资机会研究。企业编制的项目申请报告，是政府投资主管部门办理核准或备案行政许可的依据。项目核准或备案后，转入实施阶段。

（3）投资范围和内容不同

政府投资资金只投向市场不能有效配置资源的社会公益服务、公共基础设施、农业农村、生态环境保护和修复、重大科技进步、社会管理、国家安全等公共领域的项目，以非经营性项目为主，原则上不直接投资于经营性项目。

企业投资项目主要是以经营性项目为主，凡法律法规未禁入的领域均可以投资，部分非经营性项目或公益项目政府可以采取PPP（政府和社会资本合作模式）、特许经营等方式吸收企业投资。企业投资项目，应符合维护国家经济安全、合理开发利用资源、保护生态和环境、优化重大布局、保障公共利益、防止出现垄断等方面的要求。需要政府核准的项目应包括行业发展规划、产业政策和行业准入分析，重点对资源开发及综合利用、节能方案、建设用地、征地拆迁及移民安置、环境和生态影响、经济社会影响等外部性条件进行分析论证。

（4）决策和管理模式不同

政府投资项目实行项目审批制。采用直接投资和资本金注入方式的项目，对经济社会发展、社会公众利益有重大影响或者投资规模较大的项目，要在咨询机构评估、专家论证、公众参与、风险评估等科学论证基础上，严格审批项目建议书、可行性研究报告、初步设计，并加强政府投资事中事后监管，政府投资项目实行代理建设、项目审计监督、重大项目稽查、竣工验收和政府投资责任追究等制度，建立后评价制度。

企业投资项目由企业自行决策，政府备案，政府仅对极少数关系国家安全和生态安全、涉及全国重大生产力布局、战略性资源开发和重大公共利益等项目进行核准。实行备案制的投资项目，不再设置任何前置条件，备案机关通过投资项目在线审批监管平台或政务服务大厅提供备案服务。外商投资项目实行负面清单制度。

4. 项目决策应遵循的原则

（1）科学决策原则

1）方法科学。投资项目决策要以科学的精神，采用经验判断、数学分析和试验等方法，运用先进的技术经济手段和多种专业知识，通过定性分析与定量分析相结合，实事求是地研究客观情况，采用多种可验证的方法得出结论。

2）依据充分。投资项目决策必须全面准确地掌握有关资料信息，符合国家和项目所在地的经济和社会发展规划以及产业政策、土地利用、环境保护、资源利用、能源节约、税收、投资等政策，符合有关技术、经济、工程方面的规范、标准、定额等要求。

3）数据可靠。投资项目决策要坚持实事求是、一切从实际出发，尊重事实，在调查研究的基础上，甄别数据合理性，保证数据来源可靠、计算口径一致和评价指标可比，保证分析结论的真实可靠。

（2）民主决策原则

1）专家论证。为了提高决策的水平和质量，无论是企业投资项目还是政府投资项目，在决策过程中根据需要可聘请项目相关领域的专家进行分析论证，以优化和完善建设方案。

2）独立咨询。决策者在决策过程中，通常可委托有信誉、有能力的咨询机构对投资项目进行独立的调查、分析、研究和评价，提出咨询意见和建议，以帮助决策者正确决策。

3）公众参与。对于政府投资项目和企业投资的重大项目，特别是关系社会公共利益的建设项目，在项目决策过程中采取多种公众参与形式，广泛征求各个方面的意见和建议，以使决策符合社会公众的利益诉求。

（3）效益（效果）最大化原则

企业投资项目必须遵循市场经济规律，从提高企业市场竞争能力，实现经济效益、环境效益和社会效益三者统一的社会责任目标出发，进行项目决策；政府投资的非经营性项目，社会效益和生态环境效益应为决策优先考虑的目标，主要满足社会需求和社会公共利益。

（4）风险责任原则

按照"谁投资、谁决策、谁受益、谁承担风险"的要求，完善投资项目决策的责任制度，健全政府投资责任追究制度。对于采用直接投资和资本金注入等方式的政府投资项目，政府要审批项目建议书和可行性研究报告，政府可委托相应咨询机构或组织专家提供决策咨询，据此进行投资决策，并承担决策责任；企业投资项目可自主决策。对极少数关系国家安全和生态安全、涉及全国重大生产力布局、战略性资源开发和重大公共利益等项目，政府应从维护社会公共利益角度进行核准。

（5）可持续发展原则

为确保投资项目建设和经营的持续增长发展，必须牢固树立以人为本、创新协调、绿色、开放、共享的发展理念，贯彻落实节约资源和保护环境的基本国策，像对待生命一样对待生态环境，要求项目建设不能超越当地或区域范围内的资源和环境的承载力。在企业投资项目核准和政府投资项目审批中，可持续发展原则已成为投资主管部门项目审批、核准和备案的重要条件，遵循行业准入制度要求，按照负面清单，严守生态红线，严格把控备案、核准、审批项目的合规性。

5. 建设项目目标

建设项目决策阶段需要确定建设项目目标，项目目标分为两个层次，宏观目标和具体目标。宏观目标是指项目建设对国家、地区、部门或行业要达到的整体发展目标所产生的积极影响和作用；具体目标是指项目建设要达到的直接效果。具体目标主要包括：效益目标、规模目标、功能目标、市场目标。

建设项目目标要与国家、地区、部门或行业的宏观规划发展目标相一致，要符合国家产业政策和技术政策的要求，符合区域发展规划、行业发展规划、城市规划的要求，符合高质量发展的要求，符合合理配置、有效利用资源的要求，符合环境友好、安全生产、可持续发展、建设和谐美丽社会和改善民生的要求。

重点解决"该不该建、在哪建、建什么、建多大、何时建、如何实施、如何规避风险、谁来运营、产生什么社会效应和经济效益"等重大问题，所确定的项目目标，对工程项目长远经济效益和战略方向起着关键性和决定性作用。

建设项目在决策阶段的主要工作包括项目建议书、可行性研究报告等相关报告的编制以及报送审批工作。从项目建议书到可行性研究报告，是一个由粗到细、由浅入深，逐步明确建设项目目标的过程。在投资人具有投资意向时，全过程工程咨询单位即可介入项目策划，启动前期咨询服务工作。

6.1.2 前期咨询服务

前期咨询服务是指在项目前期阶段对项目的决策和建设项目实施的准备阶段等方面进行咨询论证服务。

在项目决策阶段，要做好项目前期的咨询工作，进行前期基础数据的调查，并根据项目总体规划的功能、建设规模、建设总投资及项目建设工期组成进行决策。

工程咨询单位应从投资决策、工程建设、运营等项目全生命周期角度，开展跨阶段咨询服务组合或同一阶段内不同类型咨询服务组合，公开、公平、公正、诚实信用地开展前期咨询工作，保障项目顺利实施，维护项目建设主体的合法权益。

6.1.3　决策阶段的工作内容

1. 决策阶段主要工作内容

前期咨询工作团队主要负责合同要求的项目前期咨询工作，并配合其他阶段的工作团队开展工作，包括提供各阶段所需的基础信息、技术支持及做好工作管控等。

决策阶段主要工作内容见表 6-4。

决策阶段主要工作内容表　　　　　　　　　　表 6-4

序号	工作内容	编制人	审批/备案
1	投资策划书	专业咨询师	
2	项目建议书	专业咨询师	
3	水土保持评价报告	专业咨询师	
4	地质灾害评估报告	专业咨询师	
5	压覆矿产资源评估报告	专业咨询师	
6	占用林地可行性研究报告	专业咨询师	
7	社会稳定风险评估报告	专业咨询师	
8	职业健康风险评估报告	专业咨询师	
9	交通评估报告	专业咨询师	
10	节能评估报告	专业咨询师	
11	入河排污口设置论证报告	专业咨询师	
12	可行性研究报告	专业咨询师	
13	项目申请报告	专业咨询师	
14	资金申请报告	专业咨询师	
15	环境影响评价报告	专业咨询师	
16	PPP 项目物有所值评价报告	专业咨询师	
17	PPP 项目财政承受能力论证报告	专业咨询师	
18	PPP 项目实施方案	专业咨询师	
19	PPP 项目资格预审文件、招标文件	专业咨询师	
20	PPP 项目合同体系（投资合作协议、PPP 项目合同、股东协议、公司章程等）	专业咨询师	
21	组织各前期咨询服务成果文件的评审或评估	专业咨询师	

前期咨询的服务内容可以是表 6-4 所列内容的一项、多项或者全部，并配合业主报送相应的政府各主管部门进行审批并获得批复或备案文件。

2. 前期咨询服务工作的依据

（1）《关于投资主体改革的决定》（国发〔2004〕20 号）

（2）《政府核准的投资项目目录（2016 年本）》（国发〔2016〕72 号）

（3）《政府投资条例》（国务院令第 712 号）

此外，决策阶段各项工作均以相关法律法规为依据，水土保持评价报告、地质灾害评估报告等工作的编制依据详见本节二维码。

项目决策阶段
各项工作编制
依据

6.2 工　作　流　程

6.2.1　前期咨询的决策阶段工作流程

前期咨询服务的决策阶段主要工作环节的工作顺序具有内在逻辑联系，它们既有先后关系的工作内容，也有平行关系的工作内容，在一定意义上，是一种科学的程序化。

前期咨询的决策阶段服务工作流程如图 6-1 所示。

各地关于决策阶段的行政审批要求在细节上有所不同，具体项目是审批还是备案，需参照各地方相关部门的要求，但大体上按照类似的程序进行。

6.2.2　投资项目决策程序

2004 年国务院颁发《关于投资体制改革的决定》（国发〔2004〕20 号），对不同投资主体、不同资金来源的建设项目实行分类管理。

凡使用政府资金的项目一律实行审批管理。

对于不使用政府资金由企业投资建设的项目，一律不再实行审批管理，依据国务院颁发的《政府核准的投资项目目录》，区别不同投资项目的资金使用性质、类别、事权等情况分别实施核准制或备案制。

1. 审批制项目决策程序

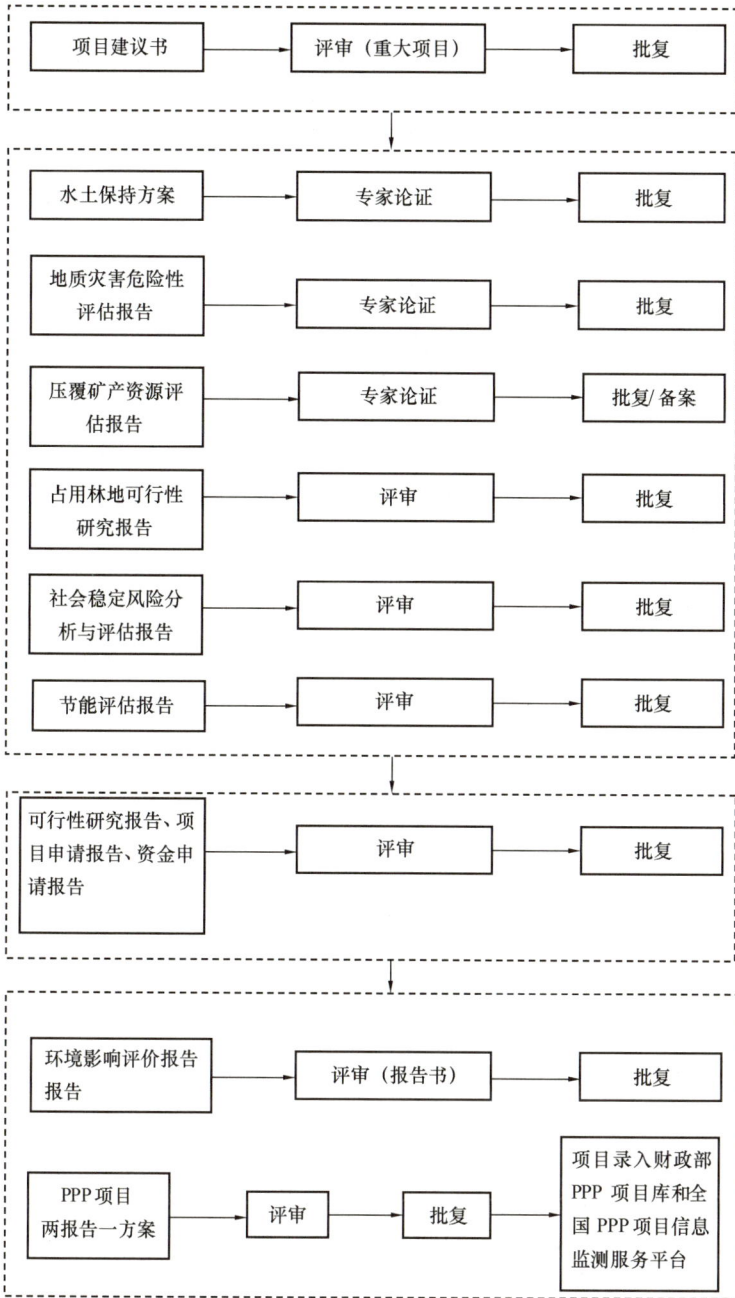

图 6-1　前期咨询的决策阶段工作流程图

对于政府投资项目，要按照规定的程序进行决策。这类建设项目必须先列入行业部门或区域发展规划，由政府投资主管部门审批项目建议书，审查决定项目是否立项；再经过对可行性研究报告的审查，决定项目是否建设。

政府投资项目决策程序如图 6-2 所示。

为健全政府投资项目决策机制，提高政府投资项目决策的科学化、民主化水平，政府

决策主流程　　　　　　　咨询机构

```
编制项目建议书(初      --------→    委托咨询机构编制
步可行性研究报告)      --------       报告
        ↓
项目申报与受理        ←--------    委托入选咨询机构
        ↓                            评估
政府投资主
管部门审批
        ↓
编制项目可行性研       --------→    委托咨询机构编制
究报告            --------       报告
        ↓
取得城市规划、自然    ←--------
资源、节能等主管部
门行政许可文件
        ↓
项目申请与受理        ←--------    委托入选咨询机构
        ↓                            评估
政府投资主
管部门审批
        ↓是
决定建设、转入项
目实施准备阶段
```

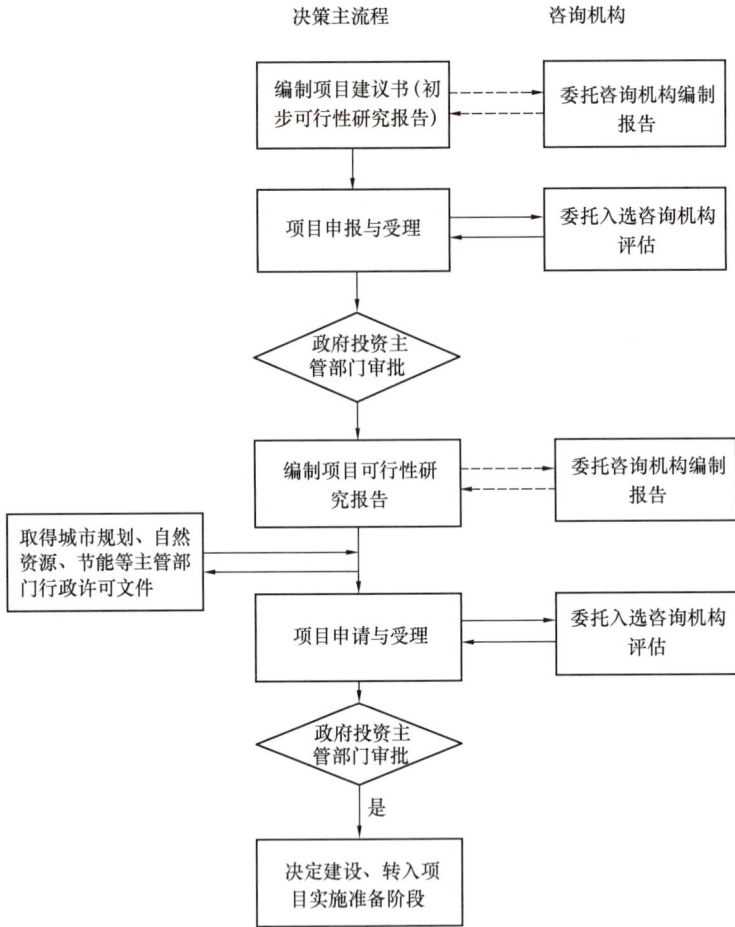

图 6-2　政府投资项目决策程序

投资项目一般都要经过符合资信或在线备案管理平台要求的咨询中介机构的评估论证。特别重大的项目还应实行专家评议制度；逐步实行政府投资项目公示制度，广泛听取各方面的意见和建议。

政府投资项目实行审批制，包括审批项目建议书、项目可行性研究报告、初步设计。对于政府投资项目，采用直接投资和资本金注入方式的，政府投资主管部门从投资决策角度只审批项目建议书和可行性研究报告。除特殊情况影响重大的项目需要审批开工报告外，一般不再审批开工报告，同时应严格执行政府投资项目的初步设计、概算审批工作；采用投资补助、转贷和贷款贴息方式的，只审批资金申请报告。

2. 核准制项目的核准程序

实行核准制的项目，是指企业投资列入国务院颁发《政府核准的投资项目目录》内的项目（重大项目和限制类项目）。其他的项目，除国家法律法规和国务院专门规定禁止投资的项目以外，无论规模大小，均实行备案制。

为确立企业投资主体地位，坚持企业投资核准范围最小化，原则上由企业依法依规自主决策投资行为。对极少数关系国家安全和生态安全、涉及全国重大生产力布局、战略性资源开发和重大公共利益等项目，政府从维护社会公共利益角度确需依法进行审查把关的，应将相关事项以清单方式列明，最大限度缩减核准事项。

企业投资项目决策，特别是投资规模较大的大型项目的投资决策，关系到企业的长远发展。应按照公司法人治理结构的权责划分，经经理层讨论后，报决策层进行审定，特别重大的投资决策还要报股东大会讨论通过。

有的企业投资项目是由项目的发起人及其他投资人出资，组建具有独立法人资格的项目公司，由出资人或其授权机构对项目进行投资决策。

实行核准制的企业投资项目，仅需向政府提交项目申请报告（书），不再经过批准项目建议书、可行性研究报告和开工报告程序。政府对企业提交的项目申请报告，主要从维护经济安全、合理开发利用资源、保护生态环境、优化重大布局、保障公共利益、防止出现垄断等方面进行核准。项目申报单位在向项目核准机关报送申请报告时，需根据国家法律、法规的规定，附送城市规划、自然资源等行政主管部门出具的审批意见。

对于企业投资建设实行政府核准制的项目，一般是在企业完成项目可行性研究后，根据可行性研究的基本意见和结论，委托具备相应工程咨询资格的机构编制项目申请报告，按照事权划分，分别报政府投资主管部门进行核准。

项目核准机关在受理核准申请后，如有需要，应委托符合资信或在线备案管理平台要求的咨询中介机构进行评估。从狭义上来理解，核准并不属于决策程序范畴，但可理解为企业决策最终确立的标志。

企业投资项目核准与决策程序如图 6-3 所示。

3. 备案制项目的决策程序

除国务院颁发《政府核准的投资项目目录》范围以外的企业投资项目，一律实行备案制。实行备案制的企业投资项目，由企业自主决策，按照属地原则，企业应当在开工建设前通过在线平台将下列信息告知备案机关：

（1）企业基本情况；

（2）项目名称、建设地点、建设规模、建设内容；

（3）项目总投资额；

（4）项目符合产业政策的声明。

企业应对备案项目信息的真实性负责。

备案机关收到规定的全部信息即为备案；企业告知的信息不全的，备案机关应当指导企业补正。企业需要备案证明的，可以要求备案机关出具或者通过在线平台自行打印。已备案信息发生较大变更的，企业应当及时告知备案机关。

备案机关发现已备案项目属于产业政策禁止投资建设或者实行核准管理的，应当及时告知企业予以纠正或者依法办理核准手续，并通知有关部门。

备案机关不得对备案项目设置任何前置条件。为进一步简化、整合投资项目报建手续，取消投资项目报建阶段技术审查类的相关审批手续，探索实行先建后验的管理模式。

项目备案申请单位依据《项目备案通知书》和项目备案代码，办理规划、土地、施

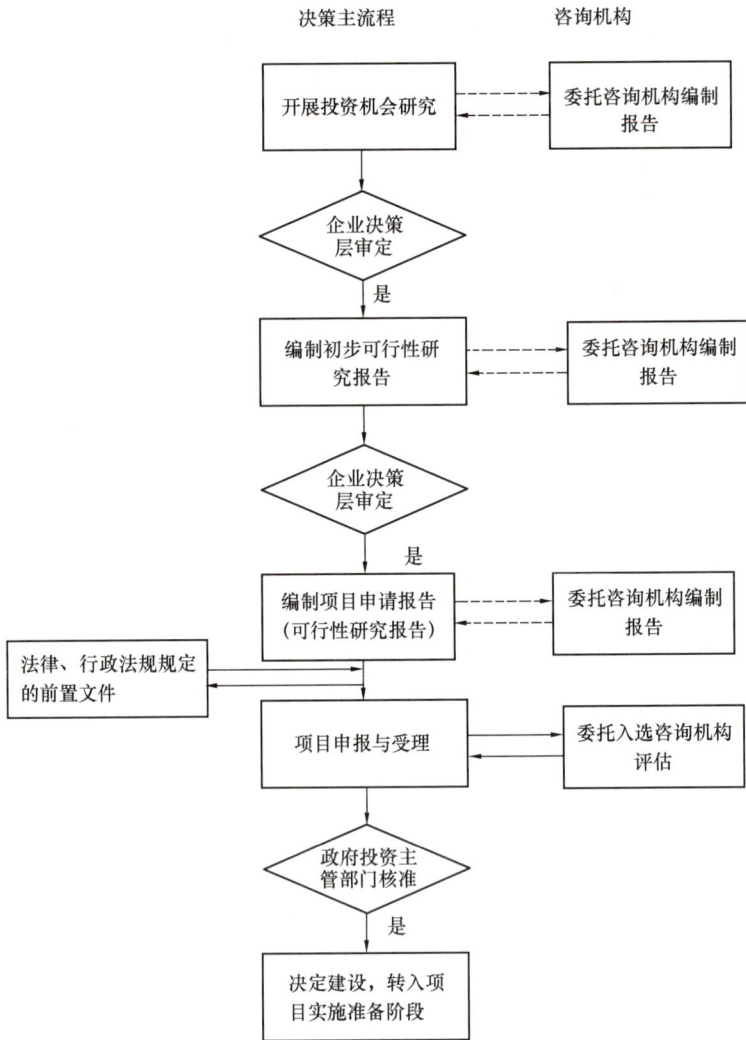

图 6-3　企业投资项目核准与决策程序

工、环保、消防、市政、质量技术监督、设备进口和减免税确认等后续手续。

企业投资备案项目决策程序如图 6-4 所示。

6.2.3　报批工作在线平台

在线平台是依托互联网和国家电子政务外网的固定资产投资项目（以下简称"投资项目"）并联审批、协同监管的综合平台，各地在线平台连接国家投资项目在线审批监管平台（以下简称"中央平台"），与各地政务服务及监察通用软件（以下简称"通用软件"）对接，实现投资项目在线审批实时数据交互和电子监察。一般由各地政府集中建设，供省（自治区）、市、县三级政府有关职能部门和项目法人单位使用。

在线平台适用于实行审批制的政府投资项目、核准制或备案制的企业投资项目，各类项目建设实施全过程的各类审批监管事项，包括但不限于行政许可、政府内部审批和其他权力事项。涉密项目和涉密审批事项，以及非涉密项目办理过程所涉及的涉密文件（图

決策主流程　　　　　咨询机构

```
┌──────────────┐        ┌──────────────┐
│  开展投资机会研究  │┄┄┄┄┄┄>│  委托咨询机构编制  │
│              │<┄┄┄┄┄┄│     报告      │
└──────────────┘        └──────────────┘
        │
        ▼
      ╱╲
    ╱企业决策╲
    ╲层审定  ╱
      ╲╱
        │是
        ▼
┌──────────────┐        ┌──────────────┐
│ 编制项目可行性研究 │┄┄┄┄┄┄>│  委托咨询机构编制  │
│     报告      │<┄┄┄┄┄┄│     报告      │
└──────────────┘        └──────────────┘
        │
        ▼
      ╱╲
    ╱企业决策╲
    ╲层审定  ╱
      ╲╱
        │是
        ▼
┌──────────────┐
│ 填写《项目备案申请 │
│     表》      │
└──────────────┘
        │
        ▼
      ╱╲
  ╱符合产业政策╲
  ╲和发展规划  ╱
      ╲╱
        │是
        ▼
┌──────────────┐
│ 颁发《项目备案证  │
│     明》      │
└──────────────┘
┌──────────────┐        │
│ 取得城市规划、国土资 │<───────┤
│ 源、环境保护、消防、市│        ▼
│ 政、设备进口减免等后续│  ┌──────────────┐
│     手续      │  │  转入项目实施阶段  │
└──────────────┘  └──────────────┘
```

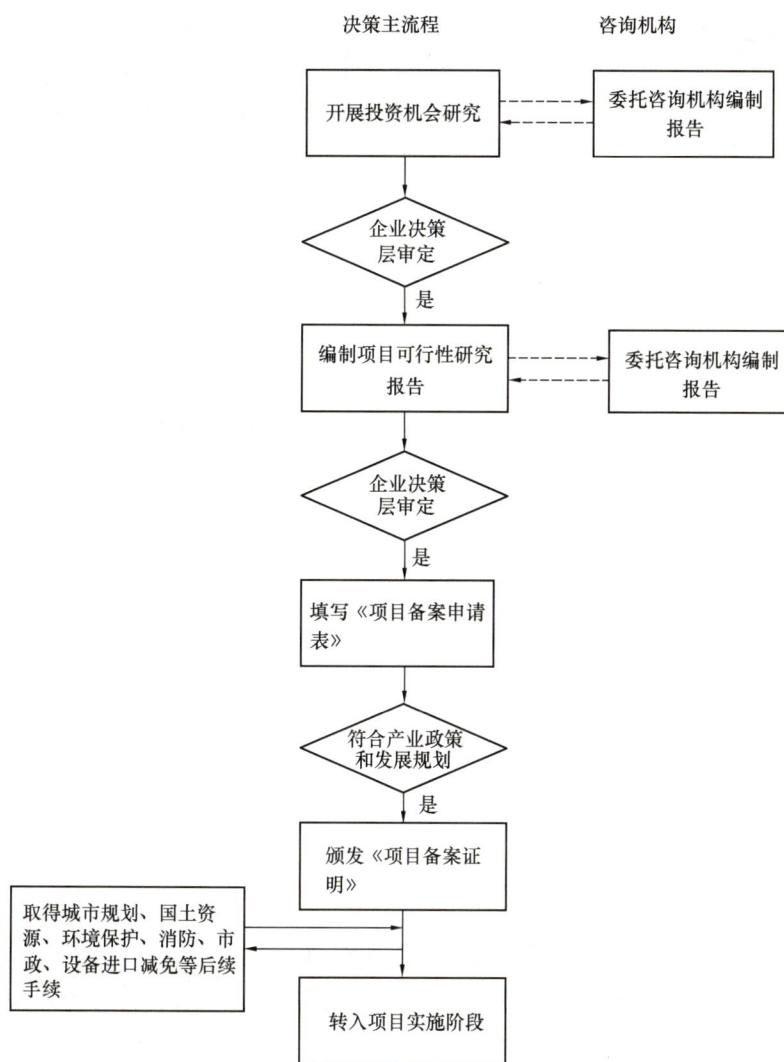

图 6-4　企业投资备案项目决策程序

件），不得通过在线平台传送、受理，应按照相关法律法规执行。

1. 在线平台附录申报项目

申报服务系统注册账号（老用户输入已有账号、密码）并登录系统→选择"首页"→选择"审批类申报"→选择"按地区"→选择"××市"…选择"××××县"→根据项目类型选择开始申报→在线填写项目信息并提交→主审部门预审通过获得项目代码→平台申报成功。

平台申报成功后，即向发改局提交项目建议书或可行性研究报告材料。

在线平台项目申报如图 6-5 所示。

2. 在线平台其他信息填报

在线平台其他信息申报如图 6-6 所示。

图 6-5　在线平台项目申报

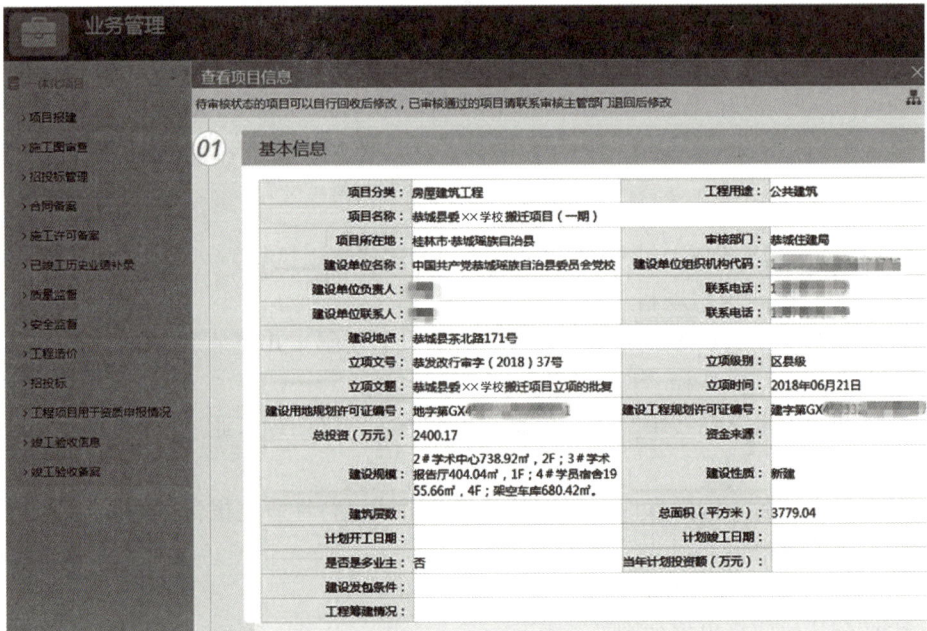

图 6-6　在线平台信息申报

6.3　实　施　要　求

6.3.1　沟通要求

1. 与项目总负责人的沟通

定期向项目总负责人汇报项目前期咨询工作进度及工作情况，反馈与其他专业咨询存在问题和解决思路以及请示项目总负责人协调。

2. 与其他专业咨询负责人之间的沟通

应根据项目实际进展与其他专业咨询保持顺畅无障碍沟通，主要解决其他专业咨询与前期咨询工作内容相关问题。

3. 与前期咨询板块内各分项细化专业团队的沟通

督促各分项细化专业按时、按质完成咨询工作，并监督和严控项目的质量、进度、投资等。

6.3.2　过程要求

1. 内部质量管理体系

建立完善的符合工程建设全过程咨询服务项目总体管控要求的内部质量管理体系，制定以前期咨询负责人为首的技术管理工作机制，成果质量把控工作实行三级校审（校对、审核、审定）制度，确保成果质量。

2. 进度计划

根据发包人和项目的需求，编制实施进度计划，严格按计划推进前期咨询工作，并配合工程建设全过程咨询服务其他阶段的实施进度。

3. 成本控制

严格执行成本控制原则，编制前期咨询的相关文件，做好招标/采购预算的上控工作，跟踪审核项目各个阶段的投资控制情况。

4. 信息管理

编制前期咨询的信息管理制度，及时收集、整理、分类、归档相关信息，形成相应的工作日志、报告，严格按照相应成果文件标准进行归档。

5. 安全生产管理

前期咨询的相关文件中应设置有安全生产管理要求，并将建立安全生产管理体系与制度作为评价指标。

6. 合同管理

协助发包人审核项目相关合同，监督中标方或受委托人严格按照合同执行。

6.3.3 评审要求

1. 应做好事前准备，协助发包人提前将评审会通知、资料发送至专家及相关部门，准备齐全评审会的相关资料，如签到表、各部门意见表、专家意见表等。

2. 应做好事中控制，协助发包人严格按评审流程进行，主持评审会提出合理建议和意见，做好会议相关记录。

3. 应做好事后分析，针对评审会议记录出具会议纪要，形成评审报告。

4. 建立完善的符合全过程工程咨询服务项目总体管控要求的质量管理体系，制定以前期咨询负责人为首的技术管理工作机制，前期咨询负责人应按照三级校审（校对、审核、审定）制度严格把控评审成果文件，确保成果质量。

5. 前期咨询负责人根据发包人和项目的需求，编制评审进度计划，严格按计划推进评审工作进度。

6. 制定前期咨询的信息管理制度，做好信息管理工作，按合同及发包人要求进行资料归档。

7. 工作团队应熟知评审合同的内容和程序，严格按照评审合同的要求开展工作。

6.3.4 成果文件及编制要求

1. 前期咨询形成的成果

前期咨询形成的成果包括但不限于：投资策划书、项目建议书、水土保持评价报告、地质灾害评估报告、压覆矿产资源评估报告、占用林地可行性研究报告、社会稳定风险评估报告、职业健康风险评估报告、交通评估报告、节能评估报告、入河排污口设置论证报告、可行性研究报告、项目申请报告、资金申请报告、环境影响评价报告、PPP项目物有所值评价报告、财政承受能力论证报告、实施方案（简称"两报告一方案"）、资格预审文件、公开招标文件及PPP项目合同体系、各专业批复文件、各专业评审报告等。

2. 各成果文件编制要求

（1）项目建议书重点论证建设项目的必要性，要全面掌握宏观信息，根据项目预测结果并结合用地规划情况及和同类项目类比的情况，论证提出合理的建设规模，尽可能全面地勾画项目的整体构架，减少重大建设内容的遗漏。

（2）水土保持评价报告应满足国家现行的及其他相关法律法规的规定，并报相关部门审批。

（3）地质灾害危险性评估报告应满足现行的相关法律法规规定，并通过具有国土资源系统水文工程环境地质项目评审专家资格的专家对提交的地质灾害危险性评估报告进行技术评审。

（4）社会稳定风险评估报告应满足相关法律法规对报告内容、格式和要求，征求相关单位意见，结合内审意见进行编制，形成社会稳定风险评估报告，并通过相关部门审批。

（5）节能评估报告应科学全面评估对投资建设项目能源利用情况，须符合国家和地方现行的节能法规、标准，并通过相关部门审批。

（6）交通影响评价报告应满足国家现行的及其他相关法律法规的规定，并通过相关部门组织的评审，获得相应的审批文件。

（7）可行性研究报告深度应满足内容齐全、数据准确、论据充分、结论明确的要求，为决策者定方案、定项目提供依据。报告中确定的主要工程技术数据，应能满足项目初步设计的要求，确定的融资方案，应能满足项目资金筹措及使用计划对投资数额、时间和币种的要求，并能满足银行等金融机构信贷决策的需要，并通过相关部门的审批。

（8）环境影响报告书的编制应满足现行的环境影响评价技术标准、规范等对报告的编制要求，并通过相关部门审批。

（9）物有所值评价报告编制应满足定性和定量评价的要求，符合国家现行的相关规定，并通过相关部门组织的专家打分论证，获得财政部门的审查意见。

（10）财政承受能力论证报告编制应满足国家现行的相关规定，结合项目所在地财政实际承受能力进行编制，并获得财政部门出具的审查意见。

（11）实施方案编制应满足国家现行的相关规定，采用模式合理、交易边界清晰、风险分配合理、交易结构可行、回报机制盈利而不暴利、合同体系完整、监管机制切实可行等，符合项目推进和顺利实施。

（12）社会资本采购文件（含资格预审文件、招标文件、PPP项目合同）编制应满足国家现行的相关规定，采购需求明确、社会资本条件设置符合项目需求等。

（13）PPP项目合同体系的编制应满足国家现行的相关规定，符合实施方案，合同条款无缺漏项。

（14）评审报告符合国家现行及其他相关法律法规规定的深度，对项目提出具体可行的建议和意见，为相关部门审批提供依据。

（15）未详细表述的前期咨询服务成果应满足国家和地方相关规定。

6.3.5　前期咨询服务工作的绩效评价

以评价表等形式对前期咨询的各项工作效果进行绩效评价。前期咨询服务的主要评价指标包括以下内容：

1. 组织机构及人员配备指标

组织机构及人员是否已按照招标文件、合同的要求配备完善。

2. 进度指标

前期咨询服务的推进进度是否适合进度计划要求，针对延误情况是否已采取有效措施。

3. 成果文件指标

是否已按合同的约定提供成果文件，是否已获得相关的批复文件，资料是否齐全并按要求归档，成果文件质量是否符合相关规范和合同的约定。

4. 满意度指标

调查业主对前期咨询服务的满意度。

学习笔记

学习情境 7 设计阶段工程咨询服务

Part4

学习情境描述

基于工程设计咨询服务工作理念及工作内容，按照设计阶段工作流程及实施要求，合理确定建设项目设计概算费用项目，编制工程设计咨询服务工作过程的成果文件。

学习目标

1. 掌握"1+X"模式下设计阶段工程咨询的工作内容；
2. 掌握设计阶段工程咨询的工作流程；
3. 熟悉设计阶段工程咨询的实施要求；
4. 能合理设计工程案例背景，对建设项目初步设计图纸提出咨询建议；
5. 能查阅相关资料，合理计算完成《建设项目设计概算》。

任务书

小组合作，编制完成《××××校区建设项目初步设计图纸的咨询建议》《××××校区建设项目设计概算》。具体要求如下：

1. 工程背景：自行设计；其中单项工程不少于 6 项，且必须包括办公楼、教学楼、宿舍楼（公寓）。
2. 服务模式："1+X"模式；其中，造价咨询为专项服务必选项。
3. 服务范围、服务内容：自行设定。

工作计划

学生根据工作任务划分，填写表 7-1。

学生工作任务分工表 表 7-1

班别：		指导老师：	
组号：		组　　长：	
序号	工作内容		负责人（学号/名字）
1			
2			
3			
4			
5			
6			
7			
8			

工作准备

1. 各组派代表阐述工作计划。
2. 各组对其他组的工作计划提出自己不同的看法。
3. 教师结合大家完成的情况进行点评，选出最佳方案。

工作实施

各组按计划完成工作任务。

引导问题

1. 请简述工程设计咨询服务工作理念。
2. 请简述"1＋X"模式勘察设计阶段全过程工程咨询业务内容。
3. 请简述全过程工程咨询单位在勘察设计阶段项目管理的主要工作内容。
4. 请简述施工图审查的主要内容。
5. 请简述工程设计工作流程。

评价反馈

学生进行自评，评价自己是否能完成设计阶段工程咨询服务的相关知识学习、是否能合作完成《建设项目初步设计图纸的咨询建议》《建设项目设计概算》的编制任务、编制质量如何等。

各组代表展示作品，介绍任务的完成过程。作品展示前应准备阐述材料，并完成评价（表 7-2、表 7-3）。

学习过程评价表　　　　　　　　　　　　　　　　　　　　表 7-2

班级/组号：　　　　　　　　　　学号/姓名：

序号	任务	分值	自评	互评	师评
1	工作效率：任务是否按计划时间完成	5			
2	工作质量：内容合理、费用项目齐全、格式符合规定	10			
3	学习情况：相关知识学习完成情况	10			
4	引导问题：掌握情况	15			
5	文献索引：查阅、甄别、整理、引用资料能力	10			
6	工作态度：态度端正，无无故缺勤、迟到、早退	5			
7	创新意识：积极参与小组讨论，思路拓展情况	15			
8	语言表达：过程汇报、结果展示、汇报参与情况	10			
9	合作能力：小组成员合作交流、协调工作情况	10			
10	职业素养：自律、严谨、敬业、社会责任等	10			
合　计		100			

学习总评表　　　　　　　　　　　　　　　　　　　　　　表 7-3

总评	自评（20%）＋互评（20%）＋师评（60%）	综合得分	教师（签名）：

7.1　工　作　内　容

7.1.1　设计阶段工程咨询服务综述

1. 设计阶段概述

建设项目设计阶段是在决策阶段形成的咨询成果（如项目建议书、可行性研究报告、投资估算等）和投资人要求的基础上进行深化研究，对拟建项目进行综合分析、论证，编制项目勘察设计文件并提供相关咨询服务的过程。在决策阶段作出投资决策后，控制项目工程造价的关键就在于设计。设计阶段是在技术和经济上对拟建工程的实施进行全面的安排，也是对工程建设进行规划的过程。根据我国现行政策、规范及法律法规等，建设项目设计阶段主要包括工程勘察和工程设计两个环节。

工程勘察是根据建设工程和法律法规的要求，查明、分析、评价拟建项目建设场地的地质地理环境特征和岩土工程条件，编制建设工程勘察文件的活动。工程勘察工作内容包括制订勘察任务书和组织勘察咨询服务，如工程测量，岩土工程勘察、设计、治理、监测，水文地质勘察，环境地质勘察等；出具的工程勘察文件主要指岩土工程勘察报告及相关的专题报告。

工程设计是根据建设工程规范、标准，相关法律法规的要求，对拟建项目所需的技术、经济、资源、环境等条件进行综合分析、论证，结合工程勘察报告，编制建设工程设计文件，提供相关服务的活动。工程设计工作内容包括编写设计任务书、组织方案设计、初步设计（有工艺要求的需增加技术或工艺设计）、施工图设计等技术服务工作。出具的设计文件包括设计说明、总图、建筑、结构、电气及智能化、给水排水、供暖通风与空气调节、热能动力等。设计文件根据不同设计阶段的深度要求，在内容深度上有所不同。

设计阶段造价管控工作内容包括编审工程概算和施工图预算；对设计方案进行经济比选和优化建议；协助限额设计。

2. 工程设计咨询服务工作理念

工程设计咨询服务要秉承保证工程设计质量，使建设项目原始要素精准可靠、经济优良的理念开展一系列咨询服务工作。应做到遵循设计原则、符合工程设计理念、对传统设计模式合理突破、提升设计效率、保障工程设计全生命周期；应明确工程设计与技术管理部门，界定管理职责与分工，制定工程设计与技术管理制度，确定工程设计与技术控制流程，配备相应资源。

落实工程全生命周期价值体系，满足安全性、适用性和耐久性的要求，最大限度地节约资源、保护环境、减少污染。实现各专业工程系统的集成设计，最终形成一个符合工程总目标要求，同时又整体协调的工程技术系统。

3. 团队建设

工程设计及管理团队应按照工程建设全过程咨询服务项目管理策划结果，进行目标分解，编制工程设计与技术管理计划，并对工程设计与技术管理进行全过程服务。

全过程工程咨询单位委派具备相应资格的工程设计负责人，由工程设计负责人统筹与相应工程对应的专业设计组及人员开展设计工作，在工作过程中向项目总负责人汇报。

工程设计负责人根据项目特点合理配置人力资源，主要技术人员应具备相应的专业技术资格。突出工程设计负责人的协调作用，加强不同专业之间的沟通配合，提高生产效率。

7.1.2 工作内容

1. "1+X" 模式勘察设计阶段全过程工程咨询业务内容

从全过程工程咨询单位的角度出发，在工程勘察设计阶段，全过程工程咨询单位在"1+X"模式下的任务见表 7-4。

"1+X" 模式勘察设计阶段全过程工程咨询业务内容　　　　　　表 7-4

"1+X" 模式	工作内容
"1" 勘察设计项目管理业务	① 勘察设计策划； ② 设计负责人及其团队的组建管理； ③ 限额设计及优化设计管理； ④ 设计质量管理； ⑤ 设计进度管理； ⑥ 设计变更管理； ⑦ 设计服务配合协调管理； ⑧ 项目勘察设计阶段投资管理； ⑨ 项目勘察设计阶段的报建报批等
"X" 勘察设计业务	① 工程勘察； ② 工程设计； ③ 造价管控

2. 勘察设计阶段项目管理

(1) 工程设计负责人应明确设计策划，实施项目设计、验证、评审和确认活动，组织编写设计报审文件，由项目总负责人牵头内审或召开外部预评审，审查提交的设计成果。

(2) 项目策划阶段，按照项目的策划分析，编制项目设计方案、说明及技术信息等，以使决策信息获得设计表达。

(3) 项目方案设计阶段，明确设计范围、划分设计界面、设计招标工作，确定项目设计方案，结合造价咨询做出的投资估算，完成项目方案设计任务。

(4) 项目初步设计阶段，方案深化后应完成项目初步设计任务，组织完成项目初步设计，并结合造价咨询服务团队确定初步设计概算。

(5) 项目施工阶段，组织设计交底、设计变更控制和深化设计，根据施工需求组织或实施设计优化工作，参与关键施工部位的设计验收管理工作。

(6) 项目竣工验收与竣工图阶段，参与项目竣工验收工作，并按照约定对设计文件进行整理归档，配合竣工决算的编制以及竣工图的编制、归档、移交工作。

3. 建设工程勘察阶段

(1) 勘察任务书是大中型基础工程项目、限额以上技术改造项目进行投资决策和转入实施阶段的法定文件，项目可行性研究报告完成后应编制勘察任务书。

（2）勘察设计工程师在拟订勘察任务书时，应把地基、基础与上部结构作为互相影响的整体，并在调查研究场地工程地质资料的基础上，拟订勘察任务书。

（3）全过程工程咨询单位应对勘察任务书进行审核，审核的主要内容有勘察任务书是否包含项目的意图、设计阶段（初步设计或施工图设计）要求提交勘察文件的内容、现场及室内的测试项目以及勘察技术要求等，同时应包含勘察工作所需要的各种图表资料。

（4）全过程工程咨询单位应组织专业设计工程师编写勘察实施方案，经投资人同意后开展项目的勘察工作。

（5）勘察专业咨询工程师按照现行的《岩土工程勘察规范》GB 50021—2001 等勘察标准、规范和规程实施勘察作业，包括野外作业和室内试验等。

（6）全过程工程咨询单位应全面细致地做好工程勘察文件的编制与审查，为设计和施工提供准确的依据。勘察文件应重点做好以下几个方面内容：

1）勘察文件应满足勘察任务书委托要求及合同约定；

2）勘察文件应满足勘察文件编制深度规定的要求；

3）对勘察文件进行内部审查，确保勘察成果的真实性、准确性；

4）勘察文件资料应齐全；

5）工程概述应表述清晰、无遗漏，包括工程项目、地点、类型、规模、荷载、拟采用的基础形式等各方面；

6）勘察文件应满足设计要求。

4. 项目方案设计阶段

（1）方案设计文件的编制内容

1）设计说明书，包括各专业设计说明以及投资估算等内容；对于涉及建筑节能环保、绿色建筑、人防等设计的专业，其设计说明应有相应的专门内容。

2）总平面图以及相关建筑设计图纸（若为城市区域供热或区域燃气调压站，应提供热能动力专业的设计图纸）。

3）设计委托或设计合同中规定的透视图、鸟瞰图、模型等。

（2）方案设计文件的编排顺序

1）封面。写明项目名称、编制单位、编制年月。

2）扉页。写明编制单位法定代表人、技术总负责人、项目总负责人及各专业负责人的姓名，并经上述人员签署或授权盖章。

3）设计文件目录。

4）设计说明书。

5）设计图纸。

（3）方案设计的其他要求

1）项目方案设计应满足投资人的需求和编制初步设计文件的需要，同时需向当地规划部门报审。

2）项目方案设计成果文件的内容、深度等应符合现行的《建筑工程设计文件编制深度规定》。

3）全过程工程咨询单位应组织专家委员对方案设计进行审核，重点审核方案设计依据是否充分，内容是否完整，文件标识是否齐全规范，深度是否达到相关规定的要求，各专业是否符合《工程建设标准强制性条文》和其他的有关规定。

4）全过程工程咨询单位应组织专家委员对方案设计进行优化，通过科学的方法进行多方案的比选，选择能够充分、合理反映项目设计需求的实施方案。

（4）设计方案经济比选与优化

1）全过程工程咨询单位在项目初步设计阶段可采用合理有效的经济评价指标体系和价值工程、全生命周期成本等分析方法对单项工程或单位工程设计进行多方案经济比选，编制优化设计的方案经济比选报告。

2）全过程工程咨询单位应根据经济比选优化后的设计成果编制设计概算，并依次按照项目、单项工程、单位工程、分部分项工程或专业工程进行分解，作为深化设计限额。当超过限额时，应提出修改设计或相关建设标准的建议，同时修正相应的工程造价至限额以内。

3）优化设计的方案经济比选应包括对范围及内容、依据、方法、相关技术经济指标、结论及建议的优化。

5. 项目初步设计阶段

（1）初步设计文件编制内容

1）设计说明书，包括设计总说明、各专业设计说明。对于涉及建筑节能、环保绿色建筑、人防、装配式建筑等，其设计说明应有相应的专项内容。

2）有关专业的设计图纸。

3）主要设备或材料表。

4）工程概算书。

5）有关专业计算书（计算书不属于必须交付的设计文件，但应按相关条款的要求编制）。

（2）初步设计文件的编排顺序

1）封面写明项目名称、编制单位、编制年月。

2）扉页。写明编制单位法定代表人，技术总负责人，项目总负责人和各专业负责人的姓名，并经上述人员签署或授权盖章。

3）设计文件目录。

4）设计说明书。

5）设计图纸（可单独成册）。

6）概算书（应单独成册）。

（3）初步设计的其他要求

1）方案设计通过投资人及相关行政主管部门审批后，全过程工程咨询单位可组织开展初步设计，初步设计文件的内容、深度等应符合现行的《建筑工程设计文件编制深度规定》。对于涉及建筑节能、环保、绿色建筑、人防、装配式建筑等，其设计说明应有相应的专项内容。

2）对于技术要求相对简单的民用建筑工程，当有关主管部门在初步设计阶段没有审查要求，且合同中没有作初步设计的约定时，可在方案设计审批后直接进入施工图设计。

3）全过程工程咨询单位应组织对项目初步设计文件进行审查与优化，主要审查设计文件的深度是否达到要求、是否满足消防规范的要求、是否对主要专业技术方案进行比选等内容。

（4）设计概算

1）项目设计概算总投资应包括建设投资、建设期利息、固定资产投资方向调节税及流动资金。

2）全过程工程咨询单位编审设计概算时，应延续已批准的项目投资估算范围工程内容和工程标准，并将设计概算控制在已经批准的投资估算范围内。如发现投资估算存在偏差，应在设计概算编审时予以修正和说明。

3）设计概算的编审依据、编审方法、成果文件的格式和质量应符合现行的设计概算编审相关标准规范规程的要求。

4）全过程工程咨询单位在编制或审核设计概算时，应比较并分析设计概算费用与对应的投资估算费用组成，提出相应的比较分析意见和建议。

6. 项目施工图设计阶段

（1）施工图设计文件编制内容

1）合同要求所涉及的所有专业的设计图纸（含图纸目录、说明和必要的设备、材料表）以及图纸总封面；对于涉及建筑节能设计的专业，其设计说明应有建筑节能设计的专项内容；涉及装配式建筑设计的专业，其设计说明及图纸应有装配式建筑专项设计内容。

2）合同要求的工程预算书。对于方案设计后直接进入施工图设计的项目，若合同未要求编制工程预算书，施工图设计文件应包括工程概算书。

3）各专业计算书。计算书不属于必须交付的设计文件，但应按相关条款的要求编制并归档保存。

（2）设计文件总封面标识内容

1）项目名称；

2）设计单位名称；

3）项目的设计编号；

4）设计阶段；

5）编制单位法定代表人、技术总负责人和项目总负责人的姓名及其签字或授权盖章；

6）设计日期（即设计文件交付日期）。

（3）施工图设计阶段其他要求

1）全过程工程咨询单位应组织设计专业工程师根据项目可行性研究报告，编审设计任务书，对拟建项目的投资规模、工程内容、经济技术指标、质量要求、建设进度等作出清晰界定，明确表达设计意图，明确表达设计功能和要求。

2）通过会议、资料等，结合相关法律法规、地方规定分析总结项目对于设计的需求包括功能要求、进度要求、质量要求、设计深度要求，在此基础上编制设计任务书。

3）设计任务书的审核主要针对设计成本目标、设计文件质量、设计规划进度安排等方面进行。重点审核设计要求内容的完整性、设计控制目标的合理性和明确性。

4）全过程工程咨询单位根据批准的初步设计文件组织施工图设计，其成果文件应能满足施工招标、施工安装、材料设备订货、非标设备制作加工及编制施工图预算的要求。

5）施工图设计成果文件的内容、深度等应符合现行的《建筑工程设计文件编制深度规定》，对于涉及建筑节能设计的专业，其设计说明应有建筑节能设计的专项内容；涉及装配式建筑设计的专业，其设计说明及图纸应有装配式建筑专项设计内容。

6）施工图设计阶段，全过程工程咨询单位应对施工图设计文件进行审核。施工图设计审核分为全过程工程咨询单位自行组织的技术性及符合性审核，以及建设行政主管部门认定的施工图审查机构实施的工程建设强制性标准及其他规定内容的审核，审查通过后的施工图文件应按建设行政主管部门要求进行备案。

7. 施工图审查

（1）施工图审查相关规定

施工图审查是指国务院建设行政主管部门和省、自治区、直辖市人民政府建设行政主管部门委托依法认定的设计审查机构，根据国家法律、法规，对施工图涉及公共利益、公众安全和工程建设强制性标准的内容进行的审查。

国家对施工图审查机构有较高的要求，规定了审图机构的类别和人员的要求等。施工图审查机构按承接业务范围分为两类：一类机构承接房屋建筑、市政基础设施工程施工图审查业务范围不受限制；二类机构可以承接中型及以下房屋建筑、市政基础设施工程的施工图审查。

对审图机构人员要求如下：

一类审查机构人员应当有良好的职业道德；有 15 年以上所需专业勘察、设计工作经历；主持过不少于 5 项大型房屋建筑工程、市政基础设施工程相应专业的设计或者甲级工程勘察项目相应专业的勘察；已实行执业注册制度的专业，审查人员应当具有一级注册建筑师、一级注册结构工程师或者勘察设计注册工程师资格，并在本审查机构注册；未实行执业注册制度的专业，审查人员应当具有高级工程师职称；近 5 年内未因违反工程建设法律法规和强制性标准受到行政处罚。

二类审查机构人员应当有良好的职业道德；有 10 年以上所需专业勘察、设计工作经历；主持过不少于 5 项中型以上房屋建筑工程、市政基础设施工程相应专业的设计或者乙级以上工程勘察项目相应专业的勘察；已实行执业注册制度的专业，审查人员应当具有一级注册建筑师、一级注册结构工程师或者勘察设计注册工程师资格，并在本审查机构注册；未实行执业注册制度的专业，审查人员应当具有高级工程师职称；近 5 年内未因违反工程建设法律法规和强制性标准受到行政处罚。

一份合格的施工图文件深度必须满足住房和城乡建设部颁发的《建筑工程设计文件编制深度规定》的深度要求，针对《建筑工程设计文件编制深度规定》的施工图审查要点，在其配套的《建设工程施工图审查要点》（中国城市出版社）一书中有详细介绍。目前各地对施工图审查机构的管理有所不同，有的地方审图机构隶属于政府部门，有的地方则为市场化运作。

（2）法律依据

施工图审查的主要依据有：

1）《房屋建筑和市政基础设施工程施工图设计文件审查管理办法》（住建部令第 13 号）

第三条规定："国家实施施工图设计文件（含勘察文件，以下简称施工图）审查制度。

施工图未经审查合格的，不得使用”。

2）《建筑工程施工图设计文件审查有关问题的指导意见》（建设技〔2000〕21号）

强调："建设工程施工图设计文件审查作为建设工程必须进行的基本建设程序，有关各方都应当遵循"。进一步明确了施工图审查有关各方的责任，审查机构的设置及其审查范围。

（3）施工图审查的范围

房屋建筑工程、市政基础设施工程施工图设计文件均属审查范围。省、自治区、直辖市人民政府建设行政主管部门，可结合本地的实际，确定具体的审查范围。

建设单位应当将施工图送审查机构审查。建设单位可以自主选择审查机构，但审查机构不得与所审查项目的建设单位、勘察设计单位有隶属关系或者其他利害关系。

（4）建设单位应当向审查机构提供下列资料

1）作为勘察、设计依据的政府有关部门的批准文件及附件；

2）全套施工图。

（5）施工图审查的主要内容

1）建筑物的稳定性、安全性审查，包括地基基础和主体结构体系是否安全、可靠；

2）是否符合消防、节能、环保、抗震、卫生、人防等有关强制性标准、规范；

3）施工图是否达到规定的深度要求；

4）是否损害公众利益；

5）勘察设计企业和注册执业人员以及相关人员是否按规定在施工图上加盖相应的图章和签字；

6）法规、规章规定必须审查的其他内容。

（6）施工图审查有关各方的职责

1）国务院建设主管部门负责规定审查机构的条件、施工图审查工作的管理办法，并对全国的施工图审查工作实施指导、监管。省、自治区、直辖市人民政府建设主管部门负责认定本行政区域内的审查机构、对施工图审查工作实施监督管理，并接受国务院建设主管部门的指导和监督。市、县人民政府建设主管部门负责对本行政区域内的施工图审查工作实施日常监督管理，并接受省、自治区、直辖市人民政府建设主管部门的指导和监督。

2）勘察、设计单位必须按照工程建设强制性标准进行勘察、设计，并对勘察、设计质量负责。审查机构按照有关规定对勘察成果、施工图设计文件进行审查，但并不改变勘察、设计单位的质量责任。

3）建设工程经施工图设计文件审查后因勘察设计原因发生工程质量问题，审查机构承担审查失职的责任。

（7）施工图审查管理

1）施工图审查的时限

施工图审查原则上不超过下列时限：

一级以上建筑工程、大型市政工程为15个工作日；二级及以下建筑工程、中型及以下市政工程为10个工作日。

工程勘察文件，甲级项目为7个工作日，乙级及以下项目为5个工作日。

2）审查合格的处理

审查合格的，审查机构应当向建设单位出具审查合格书，并将经审查机构盖章的全套施工图交还建设单位。审查合格书应当有各专业的审查人员签字，经法定代表人签发，并加盖审查机构公章。审查机构应当在5个工作日内将审查情况报工程所在地县级以上地方人民政府建设主管部门备案。

3）施工图审查不合格的处理

审查不合格的，审查机构应当将施工图退建设单位并书面说明不合格原因。同时，应当将审查中发现的建设单位、勘察设计企业和注册执业人员违反法律、法规和工程建设强制性标准的问题，报工程所在地县级以上地方人民政府建设主管部门。

施工图退还建设单位后，建设单位应当要求原勘察设计企业进行修改，并将修改后的施工图报原审查机构审查。任何单位或者个人不得擅自修改审查合格的施工图。

在实际施工图审查中，还要服从当地建管部门的管理要求，如增加建设单位营业执照；勘察、设计合同或委托协议书（复印件各一份）；勘察、设计单位相关资质证明（复印件各一份）；装修工程涉及使用功能更改、外观改变的，应附规划部门审批文件，涉及结构体系和荷载改变的，应由原设计单位或经设计单位书面同意由具有与建设项目相应资质的设计单位进行结构安全复核；公共（居住）建筑围护结构节能设计报审表、绿色建筑设计表、绿色建筑自评表、节能评估意见书；审查机构确认与审查工作相关的其他资料（如复杂环境中周边建筑物、市政设施等资料）等。

为提升营商环境，精简审批环节，逐步取消施工图设计文件审查是渐行的趋势，实行工程勘察设计文件质量告知承诺制和设计人员终身负责制。所谓"告知承诺制"是指政府部门公开条件、标准，告知行政相对人具体的要求，相对人做出相应承诺切实按照要求执行，审批部门依据承诺书直接做出行政许可，之后在约定的时间内进行核验或抽查，如果未能达标则撤销行政许可，列入"黑名单"给予处罚。告知承诺制其中的核心在于将责任从行政者转移到承诺人，要以自己的诚信作为担保。

8. 工程施工及竣工阶段

（1）工程施工阶段，全过程工程咨询单位应督促设计单位派驻现场设计代表，勘察设计现场技术服务是设计工作的组成部分，设计的现场技术服务是勘察、设计单位的关键性服务，发挥着对设计成果的补充完善作用。

（2）全过程工程咨询单位负责组织、协调并监督勘察、设计单位及时解决现场发生的问题，勘察、设计单位要及时参与工程的分部、专项及竣工验收工作，以完成工程的整体验收。

（3）施工单位提出分部、专项验收申请后，全过程工程咨询单位应组织勘察设计及相关单位进行验收工作，参与验收的各相关单位应对工程实体检查验收，验收后应明确验收结果，并形成验收报告。

（4）分部、专项验收是工程竣工验收的组成部分之一。

分部验收一般包括：地基与基础验收、主体工程结构验收、钢结构施工验收及幕墙工程施工验收等。

专项验收一般包括：电梯、消防、人防、环保、规划等方面的验收。

（5）单位工程完工后，工程承包人应组织相关人员进行项目自检工作，并向全过程工程咨询单位提交工程验收报告，全过程工程咨询单位收到工程验收报告后，应审查验收条件，若项目满足单位工程验收的要求，全过程工程咨询单位应组织相关单位进行工程验收工作，验收后各相关单位应明确验收意见，并形成验收报告，如果存在施工质量问题，则应对项目进行整改，整改完毕后重新进行工程验收。

学习笔记

7.2　工　作　流　程

1. 工程设计负责人在项目总负责人的协调下组织工作，定期汇报工程设计进度及情况，对需要其他咨询服务团队配合协调解决的事项应作特别阐述，并做好沟通交流工作，以便及时解决相关问题。

2. 工程设计团队按照总体进度计划完成合格的设计产品，并在策划、报批、设计、施工、验收等工程建设的各个环节力求提供专业性设计咨询服务。

3. 工程设计工作流程图详见图 7-1。

```
┌─────────────────────────┐
│   规划条件及相关批复文件    │
└─────────────────────────┘
            │
┌─────────────────────────┐
│        设计任务书         │
└─────────────────────────┘
            │
┌─────────────────────────┐
│        方案设计          │
└─────────────────────────┘
            │
┌─────────────────────────┐
│        初步设计          │
└─────────────────────────┘
            │
┌─────────────────────────┐
│        施工图设计         │
└─────────────────────────┘
            │
┌─────────────────────────┐
│       施工期设计服务       │
└─────────────────────────┘
            │
┌─────────────────────────┐
│      项目竣工设计服务      │
└─────────────────────────┘
            │
┌─────────────────────────┐
│        项目回访          │
└─────────────────────────┘
```

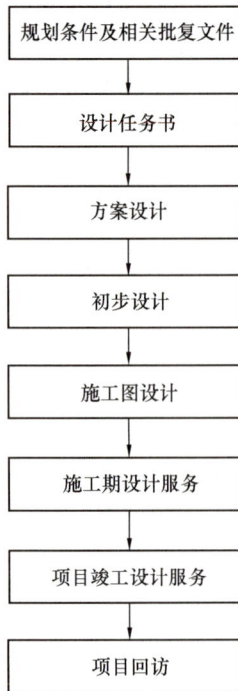

图 7-1　工程设计工作流程图

学习笔记

7.3　实　施　要　求

7.3.1　沟通要求

1. 工程设计负责人在全过程工程咨询项目总师的协调下组织开展工程设计工作，并定期汇报工程设计进度及情况。

2. 工程设计团队应做好与前期咨询服务团队的沟通工作

在前期决策阶段，配合项目前期咨询服务团队完成编制项目建议书、可行性研究报告、项目评估报告等前期决策性评估资料。

3. 工程设计团队应做好与造价咨询团队的沟通工作

根据全过程工程咨询合同要求及设计深度的要求，配合造价咨询团队完成项目前期阶段的投资估算，初步设计阶段的设计概算，施工图设计阶段的预算，确定最终的工程决算，并作为全过程工程咨询项目各方认可的结算依据。

4. 工程设计负责人应时刻保持与发包人的沟通联络

应充分了解发包人的建设意图和想法，在满足国家规范标准及法律法规的前提下，发挥设计团队的设计和沟通能力，通过现场调研、与业主反复的沟通和修改等形式，提交满足业主需求的设计方案，并与业主充分沟通后完成设计任务书的编制。设计前期将工程设计工作流程、实施计划、需发包人出面协调的相关事项等以会议、电话、传真、电子邮件等形式进行汇报。在设计各阶段中，应充分听取发包人及其他各方意见，对工程设计进行深化、细化。同时，应在工程设计各阶段，协助并配合业主提供需向政府主管部门及行业职能部门提供的各类报规报建资料。

5. 工程设计团队应做好与工程勘察团队的沟通工作

根据工程设计各阶段要求，对工程勘察团队的工作提出要求和说明，对于场地特殊的复杂地基和重要复杂建筑，应与勘察团队提前沟通确认现场勘察方案是否可行，是否达到设计深度要求；及时督促工程勘察团队提供工程设计及结构专业分析计算所需的勘察资料，并及时反馈勘察团队的意见。确保工程设计的有序进行。

6. 工程设计团队应做好与施工单位的联络工作

在按期完成工程设计的前期下，保证设计图纸深度要求；同时，配合施工单位完成工程各专业设计交底和图纸会审工作；对现场需要特别注意的事项应提前说明，对可能涉及设计变更的部位应提前作出说明和交代，必要时以书面联系函、各方协调会等多种形式进行协调处理。在施工期间，对于实际施工中的图纸疑问和错漏碰缺问题，设计人员应第一时间作出回复和解答。定期参加工地会议，参与工程验收，并及时向业主和监理方汇报现场情况；针对现场施工质量问题，站在设计师角度，及时提出切实可行的解决方案，保证工程进度。

7.3.2　过程要求

1. 工程设计应建立完善的质量管理体系：

（1）设计管理应纳入全过程工程咨询服务机构的质量管理体系；

（2）严格贯彻落实 ISO 9001 质量管理体系；

（3）建立以项目咨询总师为核心，工程设计负责人及专业工程设计负责人的三级技术管理工作机制，对各阶段设计成果进行内部技术评审，认真履行校审制度，层层把关，确保设计成果质量。

（4）与发包人和相关职能部门充分沟通，做好现场调研工作，使设计能与职能部门的要求和实际相符，协助业主在合理的情况下节省投资、缩短工期，按期完成工程设计合同内容。

2. 工程设计的关键是工程设计各阶段的质量控制、投资控制、进度控制，应实现质量目标、限额目标、进度目标。

3. 项目前期应结合项目特点，充分汲取各方意见完善设计任务书，设计任务书应对项目投资规模、工程内容、经济技术指标、质量要求、建设进度等做出相应规定，并及时提交经发包人确认后的设计任务书给设计实施部门，为后续的工程设计提供依据和指导。

4. 在方案设计阶段，应认真落实设计任务书要点，设计团队内部应就项目情况定期开展设计讨论会，努力实现发包人建设意图，按期提交方案设计成果。

对方案设计应组织技术力量进行审查，确定设计方案是否满足国家标准、法律法规要求及业主要求；针对设计方案提出的修改意见，设计团队应及时落实调整，并将审查通过后的设计方案向当地规划部门报审。

5. 在初步设计阶段，应以方案设计为基础进行深化，在方案设计通过发包人及相关部门的审批后，就可以开展初步设计。

初步设计阶段应定期组织设计工作会，对设计质量进行优化和反复比对分析，尽可能周全地考虑项目需求，对涉及新技术、新工艺、新材料、新产品方面，要求设计部门在设计汇报中书面提出，并组织有关专家论证；分析初步设计对质量目标控制的风险，并提出风险管理的对策与建议；此外，对项目概算应从实际出发，通过限额设计，控制总概算不超过可研批复估算的10%。成果应通过初步设计审查的要求，审查合格后需上报当地建设行政主管部门审查，工程设计负责人应对初步设计审查进行跟踪和回复。

6. 在施工图设计阶段，应以方案设计、初步设计为基础进行深化，在初步设计审查合格后，根据设计合同、业主要求、工期安排等，按时组织设计人员开展施工图设计。

施工图设计阶段应定期组织安排各专业设计工作会，对设计成果进行最后的优化和比对分析，对专业间的错漏碰缺进行及时更正，完善施工图设计内容，满足施工图的深度要求。同时，对设计实施中遇到的需各方协调处理的事项应及时向项目咨询总师汇报，及时解决问题。应对施工图设计成果进行图纸审查，并针对审查的反馈意见及时完成修改，审查合格后的施工图文件需到当地建设行政主管部门进行备案，工程设计负责人应对施工图审查及备案结果进行反馈，为后续内部归档作准备。

7. 在后期施工服务阶段，应全力配合完成设计交底、图纸会审、设计变更、工地服务、分部分项工程验收、竣工验收等。

督促设计部门配合施工单位，处理施工中遇到的主要技术问题。工程设计负责人应加强现场设计变更管理，对设计变更应做到逐一审查，确认有必要后方可同意；对需要设计负责人签字认可的工程联系函、工程洽商等，应及时做好各方沟通工作，经各方论证可行、同意后方可签字；服务阶段的资料应及时留存，后续应对相关资料登记备案、整理归档。

7.3.3　成果文件编制要求

1. 工程设计编制的设计任务书应遵循任务书的主要模块，根据业主的意图，结合不同内容的具体要求和特点，针对性采用定位、定性、定量等不同方法进行研究编制。任务书的内容不仅要符合工程建设强制性标准、国家规定的建设工程勘察设计深度要求，而且应注重项目对市场、经济、环境等的综合影响，最大空间的表达设计理念。

2. 工程方案设计阶段编制的方案设计应根据项目建议书、可行性研究等批复文件、用地红线图、政府立项批文、设计任务书、国家现行相关标准及法律法规进行，方案设计的内容应条目清晰、项目齐全，体现设计理念，实现业主意图。方案设计成果应包含：各专业方案设计说明书、方案设计图纸、投资估算、效果图等，编制深度及具体内容应按照现行的《建筑工程设计文件编制深度规定》执行。方案设计成果将作为后续深化设计和下一阶段招投标的依据。

3. 工程设计阶段编制的初步设计应在方案设计编制依据的基础上，根据设计合同、经批准的方案设计、生产工艺资料、场地自然条件及施工条件、国家现行相关标准及法律法规进行，初步设计应结合各专业的特别编写，初步设计成果应包含：设计总说明书、各专业初步设计说明书、初步设计图纸、初步设计概算书、各专业必要的计算书等。提交的初步设计成果文件应符合已审定的方案设计内容，能够作为施工图设计和前期施工准备的依据，并能作为确定项目投资审批的依据，编制深度及具体内容应严格按照现行的《建筑工程设计文件编制深度规定》执行。

4. 工程设计阶段编制的施工图设计应在方案设计、初步设计编制依据的基础上，根据经批准的初步设计及审查意见、主管部门对于初步设计的批复意见、工程勘察资料、设计合同、国家现行相关标准及法律法规进行，施工图设计应将设计师的意图和全部设计结果表达出来，设计成果能直接用于施工，并作为后续工程预算编制的依据。施工图设计成果应包含：各专业施工图设计图纸（含目录、说明、材料表、封面等）、各专业计算书、合同要求的施工预算书等。提交的施工图设计成果文件应满足施工招标、安装、材料订货、加工和施工预算的要求，编制深度及具体内容应严格按照现行的《建筑工程设计文件编制深度规定》执行。

5. 工程设计各阶段的成果文件均需满足国家和地方相关工程设计文件编制深度规定；工程设计成果文件必须按照国家工程建设标准强制性条文及其他相关法律法规和技术标准的要求。

7.3.4　绩效评价

以评价表等形式对工程设计工作进行绩效评价。

工程设计的主要评价指标包括：人员投入与成果文件质量是否符合合同的约定、工期是否符合进度要求、设计文件是否达到深度要求、发包人满意度等。

学习笔记

学习情境 8 招标采购咨询服务

学习情境描述

基于招标采购咨询服务工作原则及工作内容，按照招标采购咨询服务工作流程及实施要求，合理确定建设项目招标采购进度计划，编制招标采购咨询服务工作过程的成果文件。

Part5

学习目标

1. 掌握"1＋X"模式下招标采购咨询服务的工作内容；
2. 掌握招标采购咨询服务的工作流程；
3. 熟悉招标采购咨询服务的实施要求；
4. 能合理确定建设项目招标采购进度计划；
5. 能查阅相关资料，编制完成《建设项目招标采购策划》。

任务书

小组合作，编制完成《×××××校区建设项目招标采购策划》。具体要求如下：

1. 工程背景：自行设计；其中单项工程不少于 6 项，且必须包括办公楼、教学楼、宿舍楼（公寓）。
2. 服务模式："1＋X"模式；其中，招标采购为专项服务必选项。
3. 服务范围、服务内容：自行设定。

工作计划

学生根据工作任务划分填写表 8-1。

学生工作任务分工表　　　　　　　　　　　　　　　　　表 8-1

班别：　　　　　　　　　　　　　　指导老师：

组号：　　　　　　　　　　　　　　组　　长：

序号	工作内容	负责人（学号/名字）
1		
2		
3		
4		
5		
6		
7		
8		

工作准备

1. 各组派代表阐述工作计划。
2. 各组对其他组的工作计划提出自己不同的看法。
3. 教师结合大家完成的情况进行点评，选出最佳方案。

工作实施

各组按计划完成工作任务。

引导问题

1. 请简述招标采购工作原则。
2. 请简述"1+X"模式招标采购阶段全过程工程咨询业务内容。
3. 请简述招标文件审核的主要内容。
4. 请简述招标文件的主要内容。

评价反馈

学生进行自评，评价自己是否能完成招标采购咨询服务的相关知识学习、是否能合作完成《建设项目招标采购策划》的编制任务、编制质量如何等（表8-2）。

各组代表展示作品，介绍任务的完成过程。作品展示前应准备阐述材料，并完成评价（表8-3）。

学习过程评价表 表8-2

班级/组号：　　　　　　学号/姓名：

序号	任务	分值	自评	互评	师评
1	工作效率：任务是否按计划时间完成	5			
2	工作质量：内容合理、文稿通顺、格式符合规定	10			
3	学习情况：相关知识学习完成情况	10			
4	引导问题：掌握情况	15			
5	文献索引：查阅、甄别、整理、引用资料能力	10			
6	工作态度：态度端正，无无故缺勤、迟到、早退	5			
7	创新意识：积极参与小组讨论，思路拓展情况	15			
8	语言表达：过程汇报、结果展示、汇报参与情况	10			
9	合作能力：小组成员合作交流、协调工作情况	10			
10	职业素养：自律、严谨、敬业、社会责任等	10			
	合　计	100			

学习总评表 表8-3

总评	自评（20%）＋互评（20%）＋师评（60%）	综合得分	教师（签名）：

8.1　工 作 内 容

8.1.1　招标采购阶段工程咨询服务综述

1. 招标采购阶段概述

建设项目的招标采购阶段，是在前期阶段形成的咨询成果（如可行性研究报告、投资人需求书、相关专项研究报告、不同深度的勘察设计文件、造价文件等）基础上进行招标策划，并通过招标采购活动，选择具有相应能力和资质的中标人，通过合约进一步确定建设产品的功能、规模、标准、投资、完成时间等，并将招标人和中标人的责权利予以明确。

招标采购阶段是实现投资人建设目标的准备阶段，该阶段确定的中标人是将前期阶段的咨询服务成果建成优质建筑产品的实施者。根据现行的《中华人民共和国招标投标法》《中华人民共和国招标投标法实施条例》招标采购活动包括招标、投标、开标、评标、定标、中标、投诉与处理等一系列流程。

2. 招标采购工作原则

项目招标采购是在众多的供应商中选择最佳供应商的有效方法之一。通过招标程序，招标项目可以最大限度地吸引并扩大投标方之间的竞争，从而使招标人有可能以更低的价格采购到所需要的物资和服务，从而更充分地获得市场利益。招标采购方式通常用于比较重大的建设工程项目、新项目寻找长期物资供应商、政府采购或采购批量比较大等场合。

项目招标采购应当遵循公开、公平、公正和诚实信用的原则，即招标投标活动应遵循的基本原则："三公"（公开、公平、公正）原则和诚实信用原则。

（1）公开原则。公开原则就是要求项目招标应具有很高的透明度，体现在招标信息、招标程序公开及发布招标通告、公开开标、公开中标结果等方面，使每一个投标人获得同等的信息，知悉招标活动的一切条件和要求。

（2）公平原则。公平原则就是要求给予所有投标人平等的机会，使其享有同等的权利，并履行相应的义务，不歧视任何一方。

（3）公正原则。公正原则是指招标人或招标代理机构在招标过程中，严格按照法律、法规和规章以及招标主体的规定公正对待所有投标人，评委在评标时应按事先规定和公布的评标标准公正对待所有投标人，招标人严格按照事先制定的定标原则择优确定中标人。

（4）诚实信用原则。招标投标当事人应以诚实、守信的态度行使权利，履行义务，以维持双方的利益平衡。在当事人之间的利益关系中，诚信原则要求尊重他人利益，以对待自己事务的态度对待他人事务，保证彼此都能得到自己应得的利益。在当事人与社会的利益关系中，诚信原则要求当事人不得通过自己的活动损害第三人和社会利益，必须在法律范围内以符合其社会经济目的的方式行使自己的权利。

3. 招标采购工作方式

项目采购的方式有多种，可以根据项目采购的对象、项目的特点和要求等选择确定。

《政府采购法》中规定，政府采购采用的方式有：公开招标、邀请招标、竞争性谈判、单一来源采购、询价和其他采购方式。公开招标应作为政府采购的主要方式。

2000 年 1 月 1 日起施行的《招标投标法》规定的招标采购分为公开招标和邀请招标

两种方式。

《招标投标法》规定，下列建设工程项目的勘察、设计、施工监理以及与工程建设有关的重要设备、材料等的采购，必须进行招标采购：

（1）大型基础设施、公用事业等关系社会公共利益、公众安全的项目；

（2）全部或者部分使用国有资金投资或者国家融资的项目；

（3）使用国际组织或者外国政府贷款、援助资金的项目。

世界银行贷款项目中的工程和货物的采购，按照其采购指南的要求，可以采用国际竞争性招标、有限国际招标、国内竞争性招标、询价采购、直接签订合同和自营工程等采购方式。其中，国际竞争性招标和国内竞争性招标都属于公开招标，而有些国际招标则相当于邀请招标，直接签订合同则是针对单一来源的采购。

8.1.2 招标采购阶段工程咨询服务工作内容

1. "1＋X"模式下招标采购阶段全过程工程咨询业务内容

从全过程工程咨询单位的角度出发，在建设项目招标采购阶段，全过程工程咨询单位在"1＋X"模式下的主要业务内容见表8-4。

"1＋X"模式下招标采购阶段全过程工程咨询主要业务内容　　　表8-4

"1＋X"模式	工作内容
"1"招标采购项目管理业务	① 协助招标人制定招标采购管理制度； ② 招标采购策划； ③ 招标采购过程管理； ④ 合同管理； ⑤ 招标采购项目后评估
"X"招标采购代理业务	① 招标或资格预审公告的编制及发布； ② 资格预审及招标文件编制及发布； ③ 勘察现场（根据实际情况决定）； ④ 招标答疑； ⑤ 开标、评标、定标； ⑥ 中标； ⑦ 投诉质疑处理； ⑧ 发中标通知书； ⑨ 签订合约

2. 工程招标投标管理

（1）全过程工程咨询单位应组织建立招标采购管理制度，确定招标采购流程和实施方式，规定管理与控制的程序和方法。

（2）全过程工程咨询单位在招标采购阶段需要管理的内容有：

1）开展招标策划工作；

2）协助落实招标采购条件；

3）组织编制或审核招标采购计划；

4）组织潜在投标单位的现场勘察；

5）组织编制招标采购前期准备文件；

6）监督和管理招标采购实施过程；

7）参与合同谈判和签订工作。

（3）招标投标工作应符合有关合同、设计文件所规定的技术，质量和服务标准，符合进度、安全、环境和成本管理要求。全过程工程咨询单位应确保实施过程符合法律法规及地方管理规定等要求。

（4）全过程工程咨询单位依据有关法律法规、项目可行性研究报告、全过程工程咨询合同及有关文件等组织招标策划，招标策划应包括下列内容：招标采购模式及合同模式的选择，标段划分，总承包与专业分包之间、各专业分包之间、各标段之间的界面划分，拟采用的合同范本等。

（5）招标的策划应考虑项目的类型、规模及复杂程度、进度要求、投资人的参与程度、市场竞争状况、相关风险等因素。

（6）招标策划应在项目招标采购阶段开始之前完成。对于投资规模大、建设期长、对社会经济影响深远的项目，宜从项目决策阶段开始。

（7）招标策划应遵循有利于充分竞争、控制造价、满足项目建设进度要求以及招标投标工作顺利有序的原则进行。

（8）招标策划应经过相关部门审核，并经投资人批准后实施。必要时，招标策划应按规定进行变更。

（9）按照国家现行的有关规定和标准、规范、示范文本等编制招标文件时，应结合招标项目的特点和需要。招标文件应当包括招标项目的技术要求、对投标人资格审查的标准、投标报价的要求和评标标准等所有实质性要求和条件以及拟签订合同的主要条款。

（10）全过程工程咨询单位按照《中华人民共和国招标投标法》和《中华人民共和国招标投标法实施条例》等法律法规规定的程序，遵循公开、公平、公正和诚实守信的原则，完成项目的招标过程管理。

（11）全过程工程咨询单位应针对项目的需要，组织专业咨询工程师在开标后、评标前，对投标报价进行分析，对需要清标的项目编制清标报告成果文件。清标报告应包括清标报告封面、清标报告的签署页、清标报告编制说明、清标报告正文及相关附件。清标报告正文宜阐述清标的内容、清标的范围、清标的方法、清标的结果和主要问题等。

（12）全过程工程咨询单位需根据项目实际情况，依据现行的合同示范文本，科学合理地拟订项目合同条款。

3. 招标文件审核的主要内容

（1）招标范围是否准确；

（2）投标人的资格要求是否符合相关法规规定、项目本身的特点和需求；

（3）技术与质量标准、技术要求、进度要求是否满足项目要求；

（4）招标投标活动的进度安排是否满足整体项目进度计划要求；

（5）所附的合同条款是否满足投资人和项目的目标要求；

（6）评标方法是否符合科学、公平、合理的要求，是否符合项目性质；

（7）审核招标文件条款的合规性，是否有不合理或倾向性的内容。

4. 全过程工程咨询单位进行施工招标投标有关的主要项目管理任务

（1）与施工招标投标工作有关的投资控制

1）审核概算和施工图预算；

2）审核招标文件和合同文件中有关投资的条款；

3）审核和分析各投标单位的投标报价；

4）定期向业主提交投资控制报告；

5）参加评标及合同谈判。

（2）与施工招标投标工作有关的进度控制

1）编制施工总进度规划，并在招标文件中明确工期总目标；

2）审核招标文件和合同文件中有关进度的条款；

3）审核和分析各投标单位的进度计划；

4）定期向业主提交进度控制报告；

5）参加评标及合同谈判。

（3）与施工招标投标工作有关的合同管理

1）合理划分子项目，明确各子项目的范围；

2）确定项目的合同结构；

3）策划各子项目的发包方式；

4）起草、修改施工承包合同以及甲供材料和设备的采购合同；

5）参与合同谈判工作。

（4）与施工招标投标工作有关的信息管理

1）起草和修改各类招标文件；

2）在投资控制软件、进度控制软件内建立项目的结构和各子项目的编码，为计算机辅助进度控制和投资控制奠定基础；

3）招标投标过程中各种信息的收集、分类与存档。

（5）与施工招标投标工作有关的组织与协调

1）组织对投标单位的资格预审；

2）组织发放招标文件，组织投标答疑；

3）组织对投标文件的预审和评标；

4）组织和协调参与招标投标工作的各单位之间的关系；

5）组织各种评标会议；

6）协助业主向政府主管部门办理各项审批事项；

7）组织合同谈判。

（6）与施工招标投标工作有关的风险管理

1）制定风险管理策略；

2）在合同中采取有利的反索赔方案；

3）制定合理的工程保险投保方案。

5. 工程招标投标的实施

（1）招标备案提供的材料清单

1）申请表；

2）立项批文；

3）规划许可文件；

4）施工图设计审查文件；

5）代理合同；

6）项目代理机构人员表。

（2）信息发布

提供以上材料，经建设行政主管部门审批核准，发出招标公告，接受投标单位的报名。同时，招标代理机构编制招标文件，招标文件经建设单位和建设行政主管部门审批核准后，形成正式的招标文件。

招标文件的主要内容见表 8-5。

招标文件的主要内容

表 8-5

序号	内容	备注
1	建设单位和工程名称	
2	建设资金来源	
3	投标资格要求	
4	业绩要求	
5	发标和踏勘时间	
6	招标答疑和回复时间	
7	投标文件数量	
8	投标保证金额	
9	履约担保金额	
10	投标有效期	
11	投标文件递交地点	
12	投标文件提交时间	
13	投标文件截止时间	
14	开标	
15	评标办法	
16	合同主要条款	
17	其他	

投标报名实施网上报名或现场发放纸质文件，开标时投标人不足三家时不得开标，招标人应当重新招标。

（3）资格预审

国企投资项目或经行政主管部门批准的特殊项目可以进行预审。

深基坑建筑、超高层建筑、城市轨道交通、大型桥梁、污水处理、地下公共设施等工程和技术复杂或有特别要求的项目可进行资格预审。实行资格预审的，必须使用《标准施工招标资格预审文件》。

（4）招标文件的审核

达到公开招标限额标准的招标文件，需到项目所在地行政主管监督部门备案，且招标过程受其监督。发售招标文件、招标资格预审文件时间不得少于 5 个工作日；发售招标资格预审文件之日起至递交招标资格预审材料截止时间不得少于 10 日；发售招标文件之日起至开标之日止不得少于 20 日；中标候选人、评标被废除的投标人及废标原因、中标人应在招标投标网及其相关的交易中心、网站上公示（公告），时间不少于 3 日；招标人和中标人应当自中标通知书发出之日起 30 日内签订合同。

（5）补充通知或招标答疑及预算的审核

招标控制价不得上调或下浮，并报造价管理部门备案。

（6）开标、评标、定标

公示、发出中标通知书、IC 卡解锁。

（7）招标资料备案

按照《招标投标法》的时间规定要求：招标文件发放期不得少于 5 日，从发出招标文件到开标不得少于 20 日。

信息发布、IC 卡报名、开标、评标依托各级公共资源交易中心平台（评标专家从省综合专家库中随机抽取）。

（8）中标候选人公示

项目经评标后，必须对招标结果进行公示。依法必须进行招标的项目，招标人应当自收到评标报告之日起 3 日内公示中标候选人，公示期不得少于 3 日。

（9）中标通知书

所谓中标通知书，是指招标人在确定中标人后向中标人发出其中标的书面通知。中标通知书的内容应当简明扼要，只要告知招标项目已经由其中标，并确定签订合同的时间、地点即可，中标通知书主要内容应包括：

1）中标工程名称；

2）中标价格；

3）工程范围；

4）工期；

5）开工及竣工日期；

6）质量等级等。

对所有未中标的投标人也应当同时给予通知。投标人提交投标保证金的，招标人还应退还这些投标人的投标保证金。

学习笔记

8.2　工　作　流　程

1. 招标采购阶段工作流程

招标采购阶段工作流程如图 8-1 所示。

2. 招标文件编制与审核程序

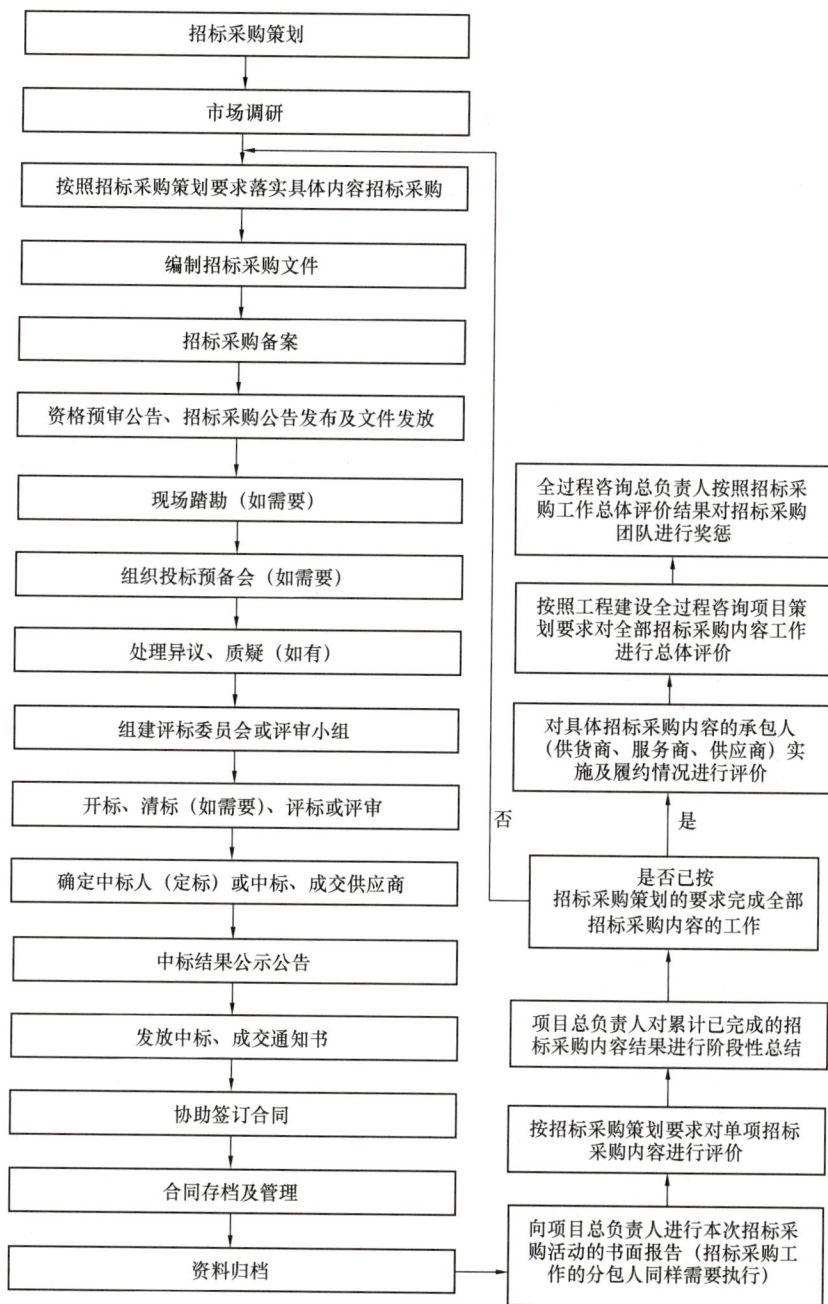

```
┌──────────────────────────┐
│       招标采购策划        │
└──────────────────────────┘
            │
┌──────────────────────────┐
│        市场调研          │
└──────────────────────────┘
            │
┌──────────────────────────┐
│ 按照招标采购策划要求落实具体内容招标采购 │
└──────────────────────────┘
            │
┌──────────────────────────┐
│      编制招标采购文件      │
└──────────────────────────┘
            │
┌──────────────────────────┐
│       招标采购备案        │
└──────────────────────────┘
            │
┌──────────────────────────┐
│ 资格预审公告、招标采购公告发布及文件发放 │
└──────────────────────────┘
            │
┌──────────────────────────┐
│    现场踏勘（如需要）     │
└──────────────────────────┘
            │
┌──────────────────────────┐
│  组织投标预备会（如需要）  │
└──────────────────────────┘
            │
┌──────────────────────────┐
│  处理异议、质疑（如有）   │
└──────────────────────────┘
            │
┌──────────────────────────┐
│  组建评标委员会或评审小组  │
└──────────────────────────┘
            │
┌──────────────────────────┐
│ 开标、清标（如需要）、评标或评审 │
└──────────────────────────┘
            │
┌──────────────────────────┐
│ 确定中标人（定标）或中标、成交供应商 │
└──────────────────────────┘
            │
┌──────────────────────────┐
│     中标结果公示公告      │
└──────────────────────────┘
            │
┌──────────────────────────┐
│   发放中标、成交通知书    │
└──────────────────────────┘
            │
┌──────────────────────────┐
│       协助签订合同        │
└──────────────────────────┘
            │
┌──────────────────────────┐
│     合同存档及管理        │
└──────────────────────────┘
            │
┌──────────────────────────┐
│        资料归档          │
└──────────────────────────┘
```

右侧流程：

全过程咨询总负责人按照招标采购工作总体评价结果对招标采购团队进行奖惩

按照工程建设全过程咨询项目策划要求对全部招标采购内容工作进行总体评价

对具体招标采购内容的承包人（供货商、服务商、供应商）实施及履约情况进行评价

否　　　　　　是

是否已按招标采购策划的要求完成全部招标采购内容的工作

项目总负责人对累计已完成的招标采购内容结果进行阶段性总结

按招标采购策划要求对单项招标采购内容进行评价

向项目总负责人进行本次招标采购活动的书面报告（招标采购工作的分包人同样需要执行）

图 8-1　招标采购阶段工作流程

招标文件编制与审核程序如图 8-2 所示。

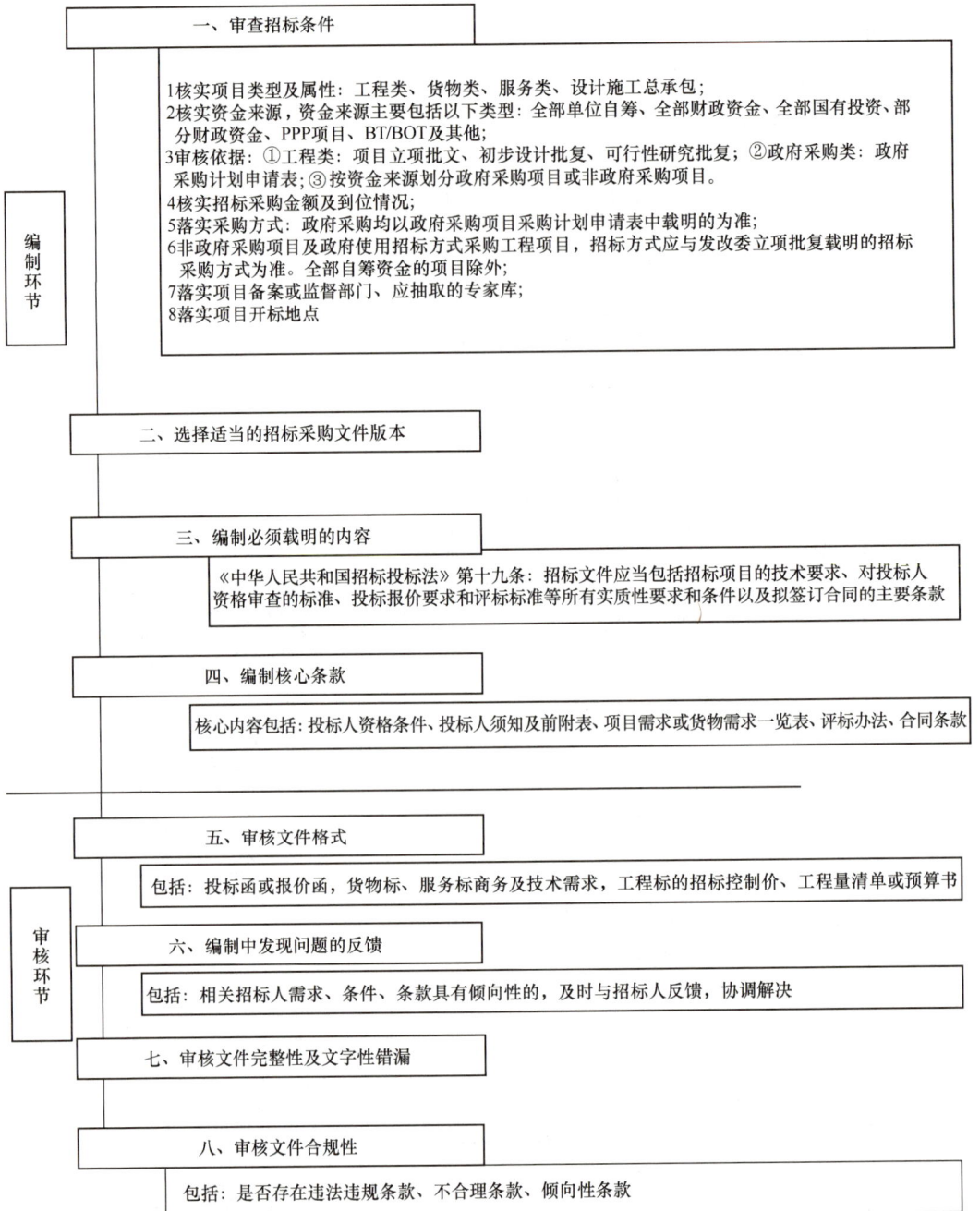

一、审查招标条件

1 核实项目类型及属性：工程类、货物类、服务类、设计施工总承包；
2 核实资金来源，资金来源主要包括以下类型：全部单位自筹、全部财政资金、全部国有投资、部分财政资金、PPP项目、BT/BOT及其他；
3 审核依据：①工程类：项目立项批文、初步设计批复、可行性研究批复；②政府采购类：政府采购计划申请表；③按资金来源划分政府采购项目或非政府采购项目。
4 核实招标采购金额及到位情况；
5 落实采购方式：政府采购均以政府采购项目采购计划申请表中载明的为准；
6 非政府采购项目及政府使用招标方式采购工程项目，招标方式应与发改委立项批复载明的招标采购方式为准。全部自筹资金的项目除外；
7 落实项目备案或监督部门、应抽取的专家库；
8 落实项目开标地点

编制环节

二、选择适当的招标采购文件版本

三、编制必须载明的内容

《中华人民共和国招标投标法》第十九条：招标文件应当包括招标项目的技术要求、对投标人资格审查的标准、投标报价要求和评标标准等所有实质性要求和条件以及拟签订合同的主要条款

四、编制核心条款

核心内容包括：投标人资格条件、投标人须知及前附表、项目需求或货物需求一览表、评标办法、合同条款

五、审核文件格式

包括：投标函或报价函，货物标、服务标商务及技术需求，工程标的招标控制价、工程量清单或预算书

审核环节

六、编制中发现问题的反馈

包括：相关招标人需求、条件、条款具有倾向性的，及时与招标人反馈，协调解决

七、审核文件完整性及文字性错漏

八、审核文件合规性

包括：是否存在违法违规条款、不合理条款、倾向性条款

图 8-2　招标文件编制与审核程序

8.3　实　施　要　求

8.3.1　沟通要求

1. 沟通方式包括但不限于：书面交底，例会或临时会议，口头或书面报告，数据电文或纸质文件通知。咨询人及相关方有义务对具体招标采购活动中获悉的国家机密、商业秘密、个人隐私、招标采购活动中依法不应当泄露的其他内容保密。

2. 招标采购负责人根据项目策划要求组织招标采购内部会议，提出深度及时限明确的资料清单需求，确定具体工作分工。

3. 招标采购负责人及团队确保有效地与项目总负责人及其管理团队进行沟通、协商、确认具体的临时工作指令、确认招标采购工作内容、进度的变更，实时汇报招标采购工作情况，根据项目现状向项目总负责人申请并落实相关招标采购工作的调整、优化、提升质量工作。

4. 与其他工作团队的沟通与联系

编制施工招标文件时，按项目策划团队确定的工作要求和工作时限向工程设计服务工作团队索取完备的设计成果文件及配套技术文件，向造价咨询服务工作团队获取具体招标采购内容必需的造价咨询成果文件；将招标采购工作计划开展现状、工作进度、招标采购内容累计签约合同数量及累计合同金额、承包人或供应商基本资料及进场时间向项目管理工作团队进行反馈；向负责具体招标采购工作的分包人、第三方提出工作进度、采购内容、过程管控的具体要求，适时下发工作指令、管理指令，并对分包人、第三方的工作进行管控。

8.3.2　过程要求

除行政监督主管部门或财政部门另有规定外，工程建设全过程咨询项目招标采购内容涉及的有关工作环节、实施过程应当遵守的规定原则上与独立招标采购项目相同。

咨询人对招标采购工作进行分包的，咨询人应当对分包人是否切实执行各项规定进行监管。包括但不限于：要求分包人将招标采购过程文件报送咨询人审核通过后才能进入下一工作环节；进行公告发布、文件发放、召开投标预备会（如有）、资格预审会议（如有）、开标评标会议或其他评审会议、确定中标人、组建评标委员会流程时，分包人应当提前报告咨询人对流程进行监管。

项目的工程总承包单位、施工总承包单位将中标范围内的专用设备、专业工程、专业技术服务内容分包给有相应资质的单位实施或完成的，项目的工程总承包单位、施工总承包单位应当执行上述工作要求。

8.3.3　成果文件编制要求

工程建设全过程咨询项目实施过程中，招标采购负责人及其工作团队负责对招标采购过程文件与归档成果文件进行管理。

工程建设全过程咨询项目结束后或合同履行完毕后，应将全部招标采购内容的归档成果文件移交给项目管理团队。

咨询人应当以书面方式要求招标采购工作的分包人或第三方按照咨询人的档案工作要求及管理要求完成阶段性的过程文件归档及保存工作。

8.3.4　绩效评价

1. 开展招标采购工作绩效评价的时间节点

招标采购负责人及其工作团队、招标采购分包人应当按照全过程工程咨询策划规定的时间节点，接受针对招标采购工作的内部绩效评价。

招标采购负责人及其工作团队、招标采购分包人有义务按全过程工程咨询合同约定的时间节点接受由行政主管监督部门或发包人组织的第三方外部绩效评价。

2. 招标采购工作的绩效评价指标

（1）进度指标。主要包括：单个招标采购实施进度延误情况、总体招标采购进度延误情况、由招标采购进度延误原因导致的项目实施总进度计划的延误情况、一次性招标采购成功率等。

（2）招标采购中标成交金额节约指标。

（3）文件资料合规性指标。主要包括：过程文件的时效性、完整性、法律法规符合性、不同文件针对同一条款内容前后印证、与全过程工程咨询项目策划内容的一致性。

（4）招标采购负责人、招标采购工作团队行为合规性指标。主要包括以下工作行为的合规性指标：招标采购公告发布、文件发放、组织踏勘、澄清修改、保证金收退、异议或质疑处理、评标委员会或评审小组组建、资格审查行为、开标前准备、投标文件及样品接收、开标、评标、定标、中标候选人公示、公告发布、中标、成交通知书发放、合同签订、项目归档、对内及对外沟通。

（5）具体招标采购内容的承包人（供货商、服务商、供应商）实施效果指标。招标采购团队应当参加具体招标采购内容的履约验收或竣工验收，通过对验收结果的评价固化投标人或供应商的基本资格条件，不断优化招标采购文件中的评分办法与评标标准，为在全过程工程咨询服务项目如何择优选择承包人（供货商、服务商、供应商）积累必要的经验。

3. 招标采购工作的绩效评价方式

全过程工程咨询发包人、项目咨询总师可以使用正面评价指标、负面评价指标、定性或细化量化评价指标的方式，对招标采购工作绩效进行评价。

4. 招标采购工作责任和处理原则

项目咨询总师应当按照管理目标责任书的奖惩规定，以评定的招标采购工作绩效为依据，对招标采购负责人、招标采购工作团队或承担招标采购工作的分包人进行考核评价，或下达整改、暂停招标采购工作、恢复招标采购工作等管理指令。

学习笔记

学习情境 9　工程造价咨询服务

学习情境描述

基于工程造价咨询服务工作内容，按照工程造价咨询服务工作流程及实施要求，合理确定建设项目工程造价，编制工程造价咨询服务工作过程的成果文件。

学习目标

1. 掌握"1+X"模式下工程造价咨询服务的工作内容；
2. 掌握工程造价咨询服务的工作流程；
3. 掌握工程造价咨询服务的实施要求；
4. 能根据建设项目具体情况审核招标控制价；
5. 能查阅相关资料，编制完成《招标控制价审核报告》。

任务书

小组合作，完成招标控制价的审核工作，并编制完成《××××校区建设项目招标控制价审核报告》。具体要求如下：

1. 工程背景：自行设计；
2. 服务模式："1+X"模式；其中，造价咨询为专项服务必选项；
3. 服务范围、服务内容：自行设定。

工作计划

学生根据工作任务划分填写表 9-1。

学生工作任务分工表　　　　　　　　　　　　　　　表 9-1

班别： 组号：		指导老师： 组　　长：
序号	工作内容	负责人（学号/姓名）
1		
2		
3		
4		
5		
6		
7		
8		

工作准备

1. 各组派代表阐述工作计划；
2. 各组对其他组的工作计划提出自己不同的看法；
3. 教师结合大家完成的情况进行点评，选出最佳方案。

工作实施

各组按计划完成工作任务。

引导问题

1. 请简述我国现行建设项目总投资构成。
2. 请简述"1＋X"模式下工程造价咨询业务内容。
3. 请简述投资估算的内容。
4. 请简述招标工程量清单组成内容。
5. 施工阶段较为常用的调整价格方式是造价信息调整价格差额，请简述材料、工程设备价格变化的价款调整三种情形。

评价反馈

学生进行自评，评价自己是否能完成工程造价咨询服务的相关知识学习、是否能合作完成《建设项目招标控制价审核报告》的编制任务、编制质量如何等（表9-2）。

各组代表展示作品，介绍任务的完成过程。作品展示前应准备阐述材料，并完成评价（表9-3）。

学习过程评价表　　　　　　　　　　　　　　　　　　　　　　　表 9-2

序号	任务	分值	自评	互评	师评
1	工作效率：任务是否按计划时间完成	5			
2	工作质量：内容合理、文稿通顺、格式符合规定	10			
3	学习情况：相关知识学习完成情况	10			
4	引导问题：掌握情况	15			
5	文献索引：查阅、甄别、整理、引用资料能力	10			
6	工作态度：态度端正，无无故缺勤、迟到、早退	5			
7	创新意识：积极参与小组讨论，思路拓展情况	15			
8	语言表达：过程汇报、结果展示、汇报参与情况	10			
9	合作能力：小组成员合作交流、协调工作情况	10			
10	职业素养：自律、严谨、敬业、社会责任等	10			
	合计	100			

（班级/组号：　　　　　　　　　学号/姓名：　　　　　　　）

学习总评表　　　　　　　　　　　　　　　　　　　　　　　表 9-3

总评	自评(20%)＋互评(20%)＋师评(60%)	综合得分	教师(签名)：

9.1　工　作　内　容

9.1.1　工程造价咨询服务综述

1. 全过程工程造价咨询

全过程工程造价咨询是指受委托方的委托，运用工程造价管理的知识和技术，为建设项目决策、勘察设计、招标采购、工程施工、竣工验收等各阶段工程计价和工程造价管理提供服务。建设项目工程造价管理在全过程工程咨询服务工作中占较重要的地位，工程造价管理工作的好坏直接影响其建设项目的经济利益。

造价咨询以工程造价管理为核心、合同管理为手段，对建设项目各个阶段、各个环节进行计价，协助发包人进行建设投资的合理筹措与投入，控制投资风险，实现造价控制目标。造价咨询工作服务于项目整个过程，咨询人（工程咨询单位）应树立以工程成本动态控制、价值创造为核心的咨询服务理念，发挥造价管控在项目管理中的核心作用。工程造价咨询活动及咨询成果文件的管理除应符合本章节要求外，还应符合国家现行有关标准的规定。

我国在 1990 年成立了中国建设工程造价管理协会，协会编制了《建设项目全过程造价咨询规程》CECA/GC4-2017、《建设工程造价咨询规范》GB/T 51095—2015、《建设工程造价咨询合同（示范文本）》GF-2015-0212、《建设工程工程量清单计价规范》GB 50500—2013 等工程造价管理方面的规程、规范，为政府出台工程造价管理政策提供依据。

在全过程工程造价咨询服务过程中，工程造价咨询服务企业应注意质量、工期与造价的关系，这三者之间是相互约束的关系，但也存在统一的关系。例如，增加赶工费用，可以缩短工期，工程项目可以提早投入使用，缩短投资回收期；适当提高质量标准，包括设备造型等，工程造价提高了，但可以降低项目运行期间的运营费用。所以，全过程造价咨询服务工作过程中，不能片面考虑工程造价的高低问题，质量、工期与造价是一个不可分割的整体，只有综合考虑这三者的平衡关系，才能为委托方合理确定造价。

2. 团队建设

工程建设全过程咨询服务内容若包含造价咨询工作内容，则工程咨询单位或其分包的咨询单位应具有相应的专业能力，其委派的团队成员应具备与项目匹配的专业水准与实施经验。

造价咨询负责人需具有一级造价工程师职业资格。造价咨询负责人根据工作的需要组建造价咨询服务工作团队，团队成员的职业资格要求必须符合国家相关规定。

3. 我国现行建设项目总投资构成

从投资者（业主）角度分析，工程造价是指建设工程项目全部开支的固定资产投资费用，包括实际开支和预期开支。据此理解，工程造价就是建设工程项目的固定资产总投资。投资者对投资项目进行一系列的建设活动，包括投资决策、设计、发承包交易、施工、竣工验收等，以实现投资项目的预期效益，在上述活动中，该工程项目从建设前期到竣工验收全过程所花费的全部费用，即构成工程造价。

我国现行建设项目总投资构成的内容如图 9-1 所示。

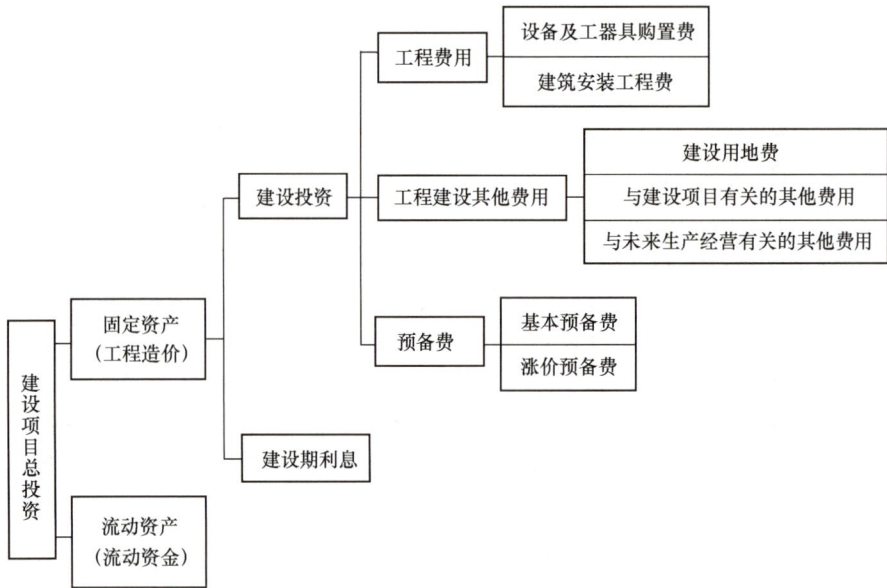

图 9-1　建设项目总投资构成

9.1.2　工程造价咨询服务工作内容

1. "1＋X"模式下工程造价咨询业务内容

从全过程工程咨询单位的角度出发，全过程工程咨询单位在"1＋X"模式下的工程造价咨询主要业务内容见表 9-4。

"1＋X"模式下工程造价咨询主要业务内容　　　　　　　　　　表 9-4

"1＋X"模式	工作内容
"1"工程造价咨询项目管理业务	① 协助业主制定投资管理制度； ② 审核投资估算、设计概算，优化设计咨询，协助业主履行报批手续； ③ 审核招标工程量清单、招标控制价； ④ 合同管理咨询； ⑤ 审核竣工结算
"X"工程造价咨询业务	① 编制投资估算； ② 编制设计概算； ③ 编制施工图预算； ④ 编制招标工程量清单； ⑤ 编制招标控制价； ⑥ 施工过程计量与计价、签证索赔处理、合同价格调整； ⑦ 竣工结算

2. 投资估算的编制

项目策划、项目建议书、可行性研究三个阶段都是通过投资估算反映建设工程项目的工程造价，投资估算主要包括工程项目建设投资和流动资金。

（1）投资估算的编制方法

投资估算是指在建设工程项目的决策阶段，依据现有的资料和相关规定，遵循一定的规律和方法，对建设工程项目的投资额进行的预先测算。项目建议书阶段的投资估算是项目投资主管部门审批项目建议书的重要依据；可行性研究阶段编制的投资估算，是研究和分析工程项目投资经济效果的基础。此外，投资估算是工程项目的资金筹措依据，也是有效控制设计概算的基础。

项目建议书阶段，编制投资估算可采用生产能力指数法、比例估算法、系数估算法、指标估算法、混合法。

可行性研究阶段，编制投资估算宜采用指标估算法。

（2）投资估算的内容

投资估算的编制应综合考虑工程项目的实施进度估算出工程项目的总投资，编制深度要满足项目策划、项目建议书、可行性研究三个阶段对其进行经济评价的要求。

建设工程项目投资估算内容如图9-2所示。

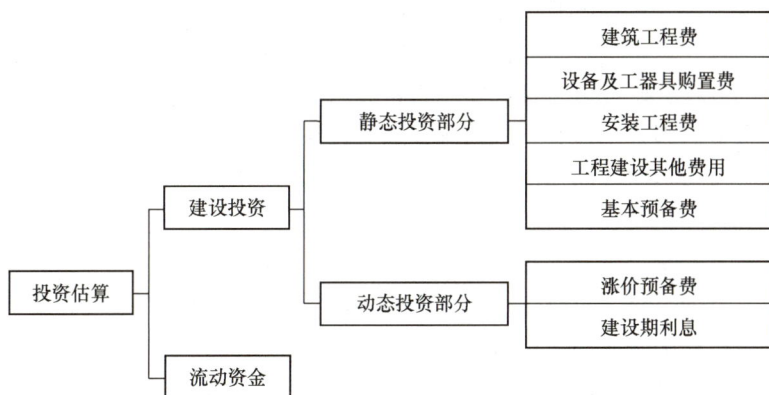

图9-2 建设工程项目投资估算内容

其中，建筑工程费是指建造永久性建筑物和构筑物的工程造价，如办公楼、住宅楼、试验楼、图书馆、仓库、电站、厂房、设备基础等工程的费用。

计算设备及工器具购置费时，对于价值高的设备按单台（或按套）估算费用，价值较小的设备按类估算，如果有进口设备和国内设备的，应分别估算相应的设备购置费。设备及工器具购置费包括设备的购置费、工器具购置费、现场制作非标准设备费、生产用家具购置费和相应的运杂费。

安装工程费的计算需要注意的是，需要安装的设备才能估算安装工程费用，不需要安装的设备不产生安装工程费，不可进行估算。安装工程费的估算，包括各种机电装配、安装工程费用，以及附属于被安装设备的管线敷设工程费用；如果待安装的设备在安装过程有相连的工作台、梯子，其装设工程费用也一并估算在内；此外，安装设备的绝缘、保湿、防腐等工程费用、单体试运转和联动无负荷试运转等费用也应进行估算。

3. 设计概算的编制与审查

设计概算可分为建设项目总概算、单项工程综合概算、单位工程概算三级，各级概算由单个到综合，局部到总体，逐个编制，层层汇总。

设计概算的主要工作包括建设项目设计概算的编制、审核和调整。

（1）设计概算内容

1）建设工程项目总概算及单项工程综合概算；

2）工程建设其他费、预备费、流动资金；

3）单位工程概算。

（2）设计概算的编制方法

设计概算的编制方法一般先编制单位工程的设计概算，再层层汇总，如下式：

建设项目总概算＝∑单项工程设计概算＋工程建设其他费用＋预备费＋固定资产方向调节税＋建设期贷款利息＋铺底流动资金

单项工程设计概算＝∑单位工程设计概算

由上式可看出，单位工程设计概算是编制设计概算的基础，单位工程设计概算的编制方法一般有概算指标法、概算定额法，具体工程项目选用哪种编制方法取决于对概算精确程度的要求、设计深度、资料完备程度。

当设计深度不足，只能提供建筑、结构方案，对建设规模、建设地点、单项工程组成、工艺流程和主要设备选型只有概略内容时，可以采用已完工的类似工程的预算数据为基础，经过详细分析、研究，合理确定调整系数后进行编制拟建工程项目的设计概算；如无类似工程的资料，则采用概算指标编制；当设计深度可以提供建筑、结构形式以及施工技术要求，并有管道走向线路简图、详细设备清单等资料时，则可按概算定额和费用定额进行编制拟建工程项目的设计概算。

（3）设计概算的审查内容

进行设计概算的审核，可以促进概算编制单位严格执行国家有关概算编制规定和费用标准，从而提高概算的编制质量；有助于促进设计的技术先进性与合理性方案，使建设工程项目的工程造价更趋于合理、完整，不至于出现错项、漏项的情况。

审查设计概算要从概算编制依据、编制深度和概算主要内容三个方面着手：

1）审查设计概算文件是否齐全；

2）审查概算项目是否有多算、重算、漏算；

3）审核工程造价指标；

4）审查其他费用是否符合相关计价规定。

4. 设计方案比选优化

设计方案的比选和优化往往会用到价值工程原理，对于工程方案（项目）而言，价值工程中所描述的"价值"是指工程方案所具有的功能与获得该功能的全部费用的比值，而不是工程方案的使用价值，也不是工程方案的经济价值，而是工程方案的比较价值，是作为评价工程方案（项目）有效程度的一种最佳方案。

（1）设计方案优化的内容

1）各专业之间协调；

2）各设计阶段协调；

3）外部环境因素协调。

（2）优化设计方案的有效途径

1）通过设计竞标比选、优化设计方案。通过公开招标的形式，吸引更多的设计单位参与投标，可以获得更多的设计方案，在经济、适用、美观的原则下，满足技术先进、功能全面、结构合理、安全适用、满足建筑节能及环境等要求，综合评定各设计方案优劣，从中选择最优的设计方案，或将各方案的可取之处重新组合，提出最佳方案。

2）应对设计过程进行优化，而不是对设计结果。进行工程设计时，要充分考虑工程造价影响因素，强调技术与经济的统一，这个环节需要全过程造价咨询服务的项目工程师参与，及时协助工程设计人员对设计方案进行经济分析和技术论证，从而有效控制工程造价。

比选设计方案、优化设计的实施是动态的过程，它贯穿于整个设计阶段，同时它又不单单只有一个价格目标，建设工程项目管理的五大目标均对设计形成约束，包括造价、质量、安全、进度、环保目标，各目标之间既相互关联又相互制约，全过程造价咨询服务时要全面考虑，统筹兼顾，提出合理的技术经济优化方案建议。

一般而言，设计单位对设计优化意见更容易接受，而且可对基础类型以及其他结构问题进行细致深入的技术、成本等方面的专题分析；另外，设计单位可对设计上的每一个技术细节进行成本控制，还不耽误项目的总体进度。

3）多方协调，团队合力提高设计质量，降低工程造价，节约投资成本。要想实现设计方案优化，首先要优化各参与方的人员管理方案，搭建一个各专业技术人员能够充分发挥自己专业特长的平台。一是根据设计人员的专业、职业技能特点来进行设计任务分工，加强不同专业设计之间的沟通与协同，对各个设计成果进行有效整合；二是设计人员之外的各参与方，应当适时介入，如全过程造价咨询服务、监理服务、特殊材料或新材料供应商、熟悉新工艺新措施的专家等。各参与方从自己的专业角度参与建设工程项目的设计优化，提出合理化建议，包括施工图纸、施工方案、交叉施工方案、工程造价方案、特殊材料或新材料采用方案等，加强对设计方案的统筹控制，提高整体设计水平。

5. 招标工程量清单的编制

在招标中，招标工程量清单是招标文件的组成部分，一般成册装订发放。

招标工程量清单可由招标人自行编制，也可由招标人委托工程造价咨询人编制。当招标人自行编制时，应具备规定的能力条件，当委托咨询企业编制时，受委托的咨询企业应具有相应资质。

工程量清单应以单位工程或单项工程为单位编制，其中根据图纸计算工程量进行列项的每一项清单，都必须载明五要素，如图 9-3 所示。五要素的编制应该执行《建设工程工程量清单计价规范》GB 50500—2013、《房屋建筑与装饰工程工程量计算规范》GB 50854～

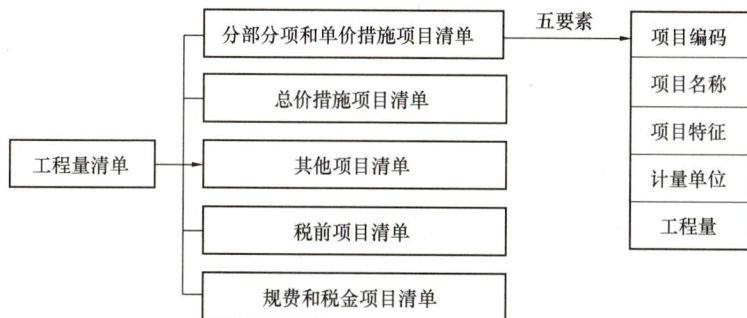

图 9-3　招标工程量清单组成内容

50862—2013 及其相应的地方建设行政主管部门颁布的实施细则相关规定。

（1）招标工程量清单的编制依据

1）现行的国标清单规范、当地发布的相应版本清单实施细则；

2）当地现行的计价文件规定；

3）招标文件；

4）施工图及技术标准；

5）常规施工方案等。

（2）招标工程量清单编制注意事项

1）计算规范中没有的清单项目，应按补充清单项目进行列项，其项目特征描述以满足计价为原则，计量单位根据工程实际情况取定；

2）《承包人提供的主要材料和设备一览表》作为项目实施过程中材料和设备价格风险调整依据；

3）根据工程具体情况，如有必要约定哪些项目是该工程的主要清单项目，则应根据该工程的招标文件要求进行设置。

6. 招标控制价的编制

（1）招标控制价编制依据

1）建设行政主管部门颁发的计价定额及有关规定。

2）当地建设行政主管部门发布的《建设工程造价信息》。

3）招标文件及工程量清单。

4）施工设计图纸和补充资料。

5）现行的各类标准、规范及技术资料。

6）常规施工组织设计。

（2）招标控制价内容以报表的形式体现

招标控制价的报表内容需响应招标工程量清单的要求。

（3）施工方案对招标控制价的影响

建设工程项目的施工方案与招标控制价相互依存，互为条件。施工方案是确定招标控制价的基础，招标控制价是施工方案价值化的体现。实际工作过程中，造价咨询服务企业根据常规施工方案进行计价，此时，须将计价过程考虑到的常规施工方案内容写入招标控制价的编制说明里，例如土方的施工方案、土方平衡方案、采用的模板类型、混凝土施工方式等。

（4）招标控制价编制需要注意的其他问题

1）措施项目费用分为单价措施和总价措施，分别以不同的报表列示。

2）总承包服务费根据具体项目的具体情况按相关规定计算。

3）不可竞争费的计算应按规定确定。

7. 工程价款支付

施工阶段的工程价款支付从预付款开始到完工支付，发生的次数少则几次，多则几十次，支付时间跨度少则一年以内，多则三五年，整个过程发生的设计变更、工程索赔、合同增减工作量等不确定因素给工程价款支付形成诸多干扰。正确地支付工程价款，不仅可以有效控制合同价格合理性的实现，还可以有效控制可能发生的新增工程费用。因此，认真审核每一次工程价款的申请是建设工程项目全过程造价咨询服务的重点工作之一。

通常情况下，工程价款支付的风险有工程量高估冒算、重复计算工程量、虚高申报工程索赔费用、工程量计算故意出错、套价就高不就低等，这些因素都会造成工程价款支付与工程实际进度产生偏差，全过程造价咨询服务过程对上述风险因素要及时甄别，妥当处理。

8. 施工合同价款调整

（1）合同价款调整事项

施工阶段如影响合同价款调整的事项发生，业主、施工方应当本着公平公正原则，按照合同约定调整合同价款。可调整合同价款的事项见表 9-5。

合同价款调整事项　　　　　　　　　　表 9-5

序号	内容	备注
1	法律法规变化	
2	工程变更	
3	项目特征不符	
4	工程量清单缺项	
5	工程量偏差	
6	计日工	
7	物价变化	
8	暂估价	
9	不可抗力	
10	提前竣工（赶工补偿）	
11	误期赔偿	
12	索赔	
13	现场签证	
14	暂列金额	
15	发承包双方约定的其他调整事项	

（2）变更

变更是施工阶段常见的现象，也是容易给业主和施工方带来造价争议的事件。变更事件一般包括：

1）增加或减少合同中任何工作，或追加额外的工作；

2）取消合同中某些工作，但转由他人实施的工作除外；

3）改变合同中某些工作的质量标准或其他特性；

4）改变工程的基线、标高、位置和尺寸；

5）改变工程的时间安排或实施顺序。

施工阶段的变更有可能是由实际施工过程引发，也有可能来自设计变化；有可能来自业主或者设计方主动发出，也有可能是施工方提出建议后业主认可，因而变更的书面记录文件形式多样，有设计变更单、工程联系函、洽商单、工程签证单、会议纪要、图纸会审记录等，就同一变更事项，可能涉及多种形式的文件交叉混用，全过程造价咨询服务过程中要注意审核变更文件载明的事实和相关信息的真实性。

（3）价格调整

建设工程项目的工期往往较长，施工阶段经常出现价格调整的事项。施工过程中，人工、材料、设备和机械台班的价格由于市场价格变化或者法律变化引起价格波动，进而引发工程造价相应调整，为了避免因价格波动引起工程结算争议，全过程造价咨询服务过程要注意价格波动的条件与前提，以及施工合同专用条款约定的调整方式。

1）采用价格指数调整价格差额

因人、材、机价格波动引起合同价格变化时，根据约定的数据，按规定公式计算调整合同总价。

$$\Delta P = P_0 \left[A + \left(B_1 \times \frac{F_{t1}}{F_{01}} + B_2 \times \frac{F_{t2}}{F_{02}} + B_3 \times \frac{F_{t3}}{F_{03}} + \cdots + B_n \times \frac{F_{tn}}{F_{0n}} \right) - 1 \right]$$

式中　　　　　　　　ΔP——需调整的价格差额；

P_0——约定的付款证书中承包人应得到的已完成工程量的金额；

A——定值权重（即不调部分的权重）；

B_1，B_2，B_3……B_n——各可调因子的变值权重（即可调部分的权重），为各可调因子在签约合同价中所占的比例；

F_{t1}，F_{t2}，F_{t3}……F_{tn}——各可调因子的现行价格指数，指约定的付款证书相关周期最后一天的前42天的各可调因子的价格指数；

F_{01}，F_{02}，F_{03}……F_{0n}——各可调因子的基本价格指数，指基准日期的各可调因子的价格指数。

式中的基本价格指数及其来源、各可调因子、定值和变值权重等数值，应当在招标投标阶段的投标报价时约定，反映在投标函附录中，如果是非招标方式确定施工方，则业主、施工方应在施工合同的专用条款中直接约定前述数值。

2）采用造价信息调整价格差额

施工阶段较为常用的调整价格方式是造价信息调整价格差额，其中材料、工程设备价格变化的价款调整具体包括三种情形，如图9-4所示。

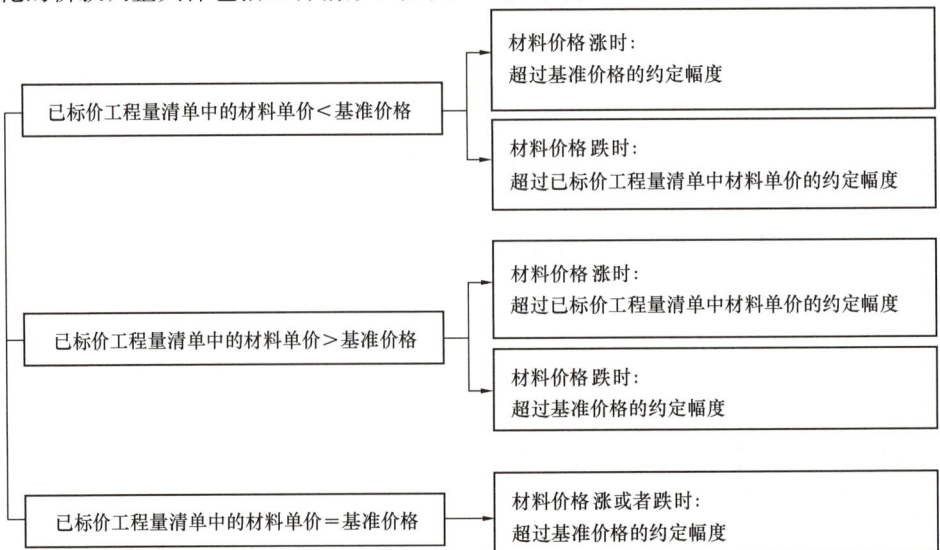

图9-4　材料价格变化的价款调整情形

价格波动的风险范围须在合同专用条款中约定幅度，约定幅度一般为 5%。

人工费的调整，不需约定波动幅度，而是直接按照工程所在地工程造价管理部门的人工费调整文件执行。但是，如果中标人人工费或者人工单价的报价高于发布价格，则不再调整。

9. 竣工结算的编制

竣工结算是以合同条件约定，以及国家有关法律、法规和标准的规定为依据，最终确定的建设工程项目的总造价，包括经确认的合同外签证、索赔等合同价款的调整。竣工结算包括内容如图 9-5 所示。

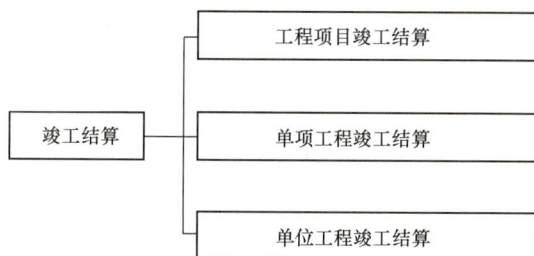

图 9-5　竣工结算图

（1）竣工结算的编制依据

竣工结算编制的依据包括：

1）业主与施工方签订的施工合同；

2）引起合同价格变化的相关规定；

3）建设行政主管部门颁发的建设工程计价规范、计价定额、计价文件等计价依据；

4）竣工图、经批准的施工过程相关资料；

5）其他相关资料。

（2）竣工结算的编制内容及方法

1）分部分项工程项目、单价措施项目的工程量，应按施工合同约定的工程量计算方式和相应的计算规则计算工程量；

2）工程计价采用的计价办法应按施工合同约定；

3）设计变更、现场签证、索赔等涉及合同价款调整的项目按合同约定的处理原则、程序和计算方法进行计算；

4）汇总计算计算工程费用，初步确定工程项目结算价格；

5）编写工程结算编制说明；

6）形成成果文件，包括工程结算书、原始凭证资料等成册装订。

（3）竣工结算的审核定稿

竣工结算的审查应采用全面审查法，即须将整个建设工程项目重头捋一遍，不能采用重点审查、类比审核或抽样审查等方法。

此外，在施工过程中会因为一些特殊原因造成工程停工、返工事件，这些原因有些是由施工方造成的，有些与施工方无关，对于非施工方原因使工程量增加，施工方可以根据合同向责任方提出赔偿要求。进行结算造价审核时对于承包商的索赔诉求，要逐一理清事件的责任方，分清责任，弄清楚合同约定的风险分担范围，合理确定索赔费用。

学习笔记

9.2 工 作 流 程

9.2.1 建设工程项目各阶段的工程造价管理

建设工程具有周期长、生产要素价格变化频繁、产品单件性及固定性等特征，使得建设工程的造价复杂多变，全过程工程咨询应把对工程造价的管理贯穿于工程建设的决策和实施阶段，而不使其相互脱节。

建设项目全过程工程咨询服务对工程造价进行"全过程和全覆盖"的管理和控制。通常，按工程建设阶段从前期项目决策到建设实施划分为几个阶段，每个阶段都以一个或数个交付成果文件作为其反映完成投资人的管理要求。建设工程项目各阶段工程造价管理内容如图9-6所示。

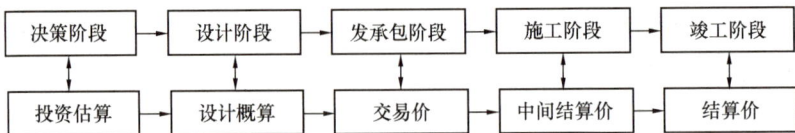

```
┌─────────┐    ┌─────────┐    ┌─────────┐    ┌─────────┐    ┌─────────┐
│ 决策阶段 │ →  │ 设计阶段 │ →  │发承包阶段│ →  │ 施工阶段 │ →  │ 竣工阶段 │
└────┬────┘    └────┬────┘    └────┬────┘    └────┬────┘    └────┬────┘
     ↕              ↕              ↕              ↕              ↕
┌─────────┐    ┌─────────┐    ┌─────────┐    ┌─────────┐    ┌─────────┐
│ 投资估算 │ →  │ 设计概算 │ →  │  交易价  │ →  │中间结算价│ →  │  结算价  │
└─────────┘    └─────────┘    └─────────┘    └─────────┘    └─────────┘
```

图 9-6　建设工程项目各阶段的工程造价管理

其各阶段需要完成的主要工作任务包括：

（1）决策阶段。投资估算的编制与审核、决策阶段方案经济比选及建设项目经济评价。

（2）设计阶段。设计概算的编制与审核、优化设计的造价咨询及施工图预算的编制与审核。

（3）发承包阶段。工程量清单的编制与审核、最高投标限价的编制与审核及清标。

（4）施工阶段。项目资金使用计划的编制，工程计量与工程款审核，询价与核价，工程变更、工程索赔和工程签证审核，合同期中结算、终止结算审核，工程造价动态管理。

（5）竣工阶段。竣工结算编制、竣工结算审核、竣工决算编制及缺陷责任期修复费用监控。

工程造价全过程管理需要把决策、设计、承发包，实施与竣工等各阶段工程造价管理进行有效结合，并应重视投资决策的方案比选和设计阶段优化计的造价管理，不应只关注施工过程中的造价控制，应把握好工程结算和决算阶段的造价管理。只有在各阶段全面有效地做好工程造价的管理和控制工作，才能真正实现对工程造价管理全生命周期控制，取得造价管理的最佳效果，实现项目投资的效益最大化。

9.2.2   工程造价咨询服务工作流程

1. 前期决策阶段

（1）编制项目投资估算。投资估算编审应内容全面、费用构成完整、计算合理，编制深度满足项目决策的不同阶段对经济评价的要求。

（2）进行经济评价。经济评价是在项目方案设计的基础上，依据现行标准，对拟建项目的经济合理性和财务可行性进行分析论证，并进行全面评价。

2. 勘察设计阶段

（1）编制设计概算。编审设计概算时，应延续已批准的项目投资估算范围、工程内容和工程标准，并将设计概算控制在已经批准的投资估算范围内。如发现投资估算存在偏差，应提出相应的比较分析意见和建议。

（2）设计方案经济比选与优化。在项目初步设计阶段可采用合理有效的经济评价指标体系和分析方法对单项工程或单位工程设计进行多方案经济比选，编制优化设计的方案经济比选报告。设计方案优化应结合建设项目的使用功能、建设规模、建设标准、设计寿命、项目性质等要素，运用价值工程、全生命周期成本等方法进行分析，提出优选方案及改进建议。

（3）编制施工图预算。施工图预算应控制在已批准的设计概算范围内，需调整概算的应告知委托人并报原审批部门核准。施工图预算编审报告应将施工图预算与对应设计概算的分项费用进行比较和分析。

3. 项目准备阶段

（1）编制工程量清单。工程量清单的编制范围及内容、主要设备的型号、规格、品牌等要求应与招标文件保持一致。编审工程量清单时，应重点关注界面划分，是否有漏项等。

（2）编制最高投标限价。施工总承包项目，其工程量应依据招标文件发布的工程量清单确定，单价应采用综合单价。工程总承包（EPC）的项目，原则上实行固定总价合同。招标控制价已进行财政投资评审的，合同价不应超过经评审的招标控制价；招标前未进行财政投资评审的，完成施工图审查后 30 日内编制完成施工图预算，按财政投资评审要求送财政部门进行工程施工图预算评审。

（3）清标。可针对项目的需要，在开标后、评标前，对投标报价等进行清标分析，编制清标报告。清标报告应包括错漏项分析，综合单价、取费标准合理性分析，不可竞争费用正确性分析，不平衡报价分析，算术性错误的复核及修正建议等。

4. 项目实施阶段

（1）工程计量与工程款审核。应根据合同中有关工程计量周期及合同价款支付时点的约定，审核工程计量报告与合同价款支付申请，确定本期应付合同价款金额，并向委托人提交合同价款支付审核意见。建立工程款支付台账，内容应包括工程款的支付情况及产生较大或重大偏差的原因分析等。

（2）工程变更、签证及索赔的处理。应在工程变更、工程签证确认前，对工程变更、工程签证可能引起的费用变化提出建议。收到工程索赔费用申请报告后，应在合同约定的时间内予以审核，并出具工程索赔费用审核报告或要求申请人进一步补充索赔理由和依据。对工程变更和工程签证的审核应重点关注工程变更和工程签证的必要性和合理性；方案的合法性、合规性、有效性、可行性和经济性。对工程索赔的审核应重点关注索赔事项的时效性、程序的有效性和相关手续的完整性；索赔理由的真实性和正当性；索赔资料的全面性和完整性；索赔依据的关联性；索赔工期和索赔费用计算的准确性。

（3）工程造价动态管理。应根据项目需求与发包人商议确定编制周期，编制周期通常以季度、半年度、年度为单位。工程咨询单位应与项目各参与方保持联系与沟通，动态掌握影响项目工程造价变化的信息情况和政策性调整。对可能发生的重大工程变更应及时做出对工程造价影响的预测，并应将可能导致工程造价发生重大变化的情况及时告知发包人。

5. 竣工验收阶段

（1）审核竣工结算。工程竣工验收后，承包人应按照约定的条件向发包人提出竣工结算报告及完整的结算资料，由工程咨询单位审核、发包人审查后，三方共同签署确认。

（2）编制竣工决算。竣工决算应综合反映项目从筹建开始至项目竣工交付使用为止的全部建设费用、投资效果以及新增资产价值，一般由造价人员和会计人员配合完成。

6. 运维评价阶段

（1）项目后评价。根据项目投资估算、初步设计概算、施工图预算、竣工结算、竣工决算分析本工程项目建设投资，对项目进行全面系统地分析评价，提出项目后评价报告。

（2）缺陷责任期修复费用管控。依据合同约定，在项目缺陷责任期内，对承包人未能及时履行保修而发包人另行委托其他单位修复的工程，按修复施工当时、当地建设市场价格予以审核。

学习笔记

9.3　实　施　要　求

9.3.1　沟通要求

（1）造价咨询负责人在项目总负责人的总体协调下开展工作，定期汇报造价咨询工作情况。

（2）造价咨询工作服务于项目整个过程，在服务过程中，造价团队需配合工程建设全过程咨询服务其他团队的工作有：

1）配合前期咨询服务团队完成项目报审工作；

2）配合工程设计服务团队，完成项目的估算及概预算；配合招标代理服务团队，提供标的物的最高投标限价；

3）配合项目管理团队，在项目的实施过程中对可能引起工程造价变化的事项提供相关建议并核算费用给发包人作参考等。

（3）造价团队如需要其他服务团队配合提供资料，应注明所需提供资料的详细内容与资料的深度要求及其时间要求。

9.3.2　过程要求

（1）造价咨询负责人应关注各阶段工程造价的关系，以初步设计概算不突破投资估算，施工图预算和结算不突破初步设计概算为原则对工程造价实施全方位控制。若发生偏离，造价咨询负责人应及时向项目总负责人反馈并建议采取相应的控制措施。

（2）造价咨询负责人组织造价咨询服务工作团队召开内部会议，商讨工作内容及工作分工，将造价咨询服务的具体工作分解落实到团队成员的工作任务中。

（3）造价咨询负责人应根据项目情况，编制造价咨询工作大纲。应拟定项目风险管理方案，提出或分析主要风险因素，提出风险回避、风险分散、风险转移的措施。

9.3.3　成果文件编制要求

（1）各类咨询成果均应以文档形式体现，成果文件应包括封面、签署页、目录、报告书或编审说明、汇总表、单项工程计算表等。

（2）报告书或编审说明应阐述咨询项目概况、编审范围、编审依据、编审方法、主要技术经济指标、有关参数和率值选定，以及特殊问题的说明等。

9.3.4　造价咨询质量管理

工程咨询单位应针对全过程造价咨询业务特点，建立完善的内部质量管理体系，并通过流程控制、企业标准等措施保证咨询成果文件质量。应建立三级复核质量控制制度，各级复核必须由不同人员完成，不能由同一人员同时完成不同的复核工作。

9.3.5　绩效评价

造价咨询服务结束后，可对造价咨询工作及成果进行绩效评价。主要评价指标包括但不限于：人员投入与成果文件质量是否合同的约定或项目实际需要；总投资是否控制在合同约定范围内，是否符合进度要求、发包人（业主）的满意度等。

学习笔记

学习情境 10　工 程 监 理 服 务

学习情境描述

基于工程监理服务的工作内容，按照工程监理服务工作流程及实施要求，编制工程监理服务工作过程的成果文件。

学习目标

1. 掌握"1＋X"模式下工程监理服务的工作内容；
2. 掌握工程监理服务的工作流程；
3. 熟悉工程监理服务的实施要求；
4. 能查阅相关资料，编制完成《建设项目监理例会会议纪要》。

任务书

小组合作，编制完成《××××校区建设项目监理例会会议纪要》或《××××校区建设项目监理月报》。具体要求如下：

1. 工程背景：自行设计；其中单项工程不少于 6 项，且必须包括办公楼、教学楼、宿舍楼（公寓）。
2. 服务模式："1＋X"模式；其中，工程监理为专项服务必选项。
3. 服务范围、服务内容：自行设定。

工作计划

学生根据工作任务划分填写表 10-1。

学生工作任务分工表　　　　　　　　　　　　表 10-1

| 班别：　　　　　　　　　　　　　　　　　　　指导老师： |||
| 组号：　　　　　　　　　　　　　　　　　　　组　　长： |||
序号	工作内容	负责人(学号/姓名)
1		
2		
3		
4		
5		
6		
7		
8		

工作准备

1. 各组派代表阐述工作计划；
2. 各组对其他组的工作计划提出自己的意见与建议；
3. 教师结合大家完成的情况进行点评，选出最佳方案。

工作实施

各组按计划完成工作任务。

引导问题

1. 请简述"1＋X"模式下工程监理服务主要工作内容。
2. 请简述设计阶段监理工作的主要任务。
3. 请简述施工准备阶段监理的主要任务。
4. 请简述合同管理方面监理的主要任务。

评价反馈

学生进行自评，评价自己是否能完成工程监理服务的相关知识学习、是否能合作完成《建设项目监理例会会议纪要》或《建设项目监理月报》的编制任务、编制质量如何等（表10-2）。

各组代表展示作品，介绍任务的完成过程。作品展示前应准备阐述材料，并完成评价（表10-3）。

学习过程评价表　　　　　　　　　　　　　　表 10-2

班级/组号：　　　　　　　　　　　　　学号/姓名：

序号	任务	分值	自评	互评	师评
1	工作效率：任务是否按计划时间完成	5			
2	工作质量：内容合理、文稿通顺、格式符合规定	10			
3	学习情况：相关知识学习完成情况	10			
4	引导问题：掌握情况	15			
5	文献索引：查阅、甄别、整理、引用资料能力	10			
6	工作态度：态度端正，无无故缺勤、迟到、早退	5			
7	创新意识：积极参与小组讨论，思路拓展情况	15			
8	语言表达：过程汇报、结果展示、汇报参与情况	10			
9	合作能力：小组成员合作交流、协调工作情况	10			
10	职业素养：自律、严谨、敬业、社会责任等	10			
	合计	100			

学习总评表　　　　　　　　　　　　　　表 10-3

总评	自评(20%)＋互评(20%)＋师评(60%)	综合得分		教师(签名)：

10.1　工　作　内　容

10.1.1　工程监理服务综述

1. 工程监理服务的相关概念

工程项目建设的实施阶段，应理解为形成工程实体的阶段，形成工程实体一般要经过工程设计和工程施工，即：勘察-设计和施工两个阶段。勘察阶段为设计提供建筑地基基础设计的依据；设计阶段为实现工程实体的施工提供依据；最终，施工阶段形成工程实体。全过程工程咨询企业受业主委托，对工程实体形成的各阶段进行监督和管理。

原建设部在 1989 年发布了《建设监理试行规定》，规定要求所有建筑工程，必须实行政府监理。监理公司对形成工程实体的施工阶段进行管理和控制，并贯穿施工的全过程。2013 年版《建设工程监理规范》GB/T 50319—2013 对监理单位的服务范围进行了拓展，建设单位可委托监理单位提供勘察、设计、保修等阶段的相关服务，增加了安全生产管理的监理工作。

国家建立实施强制性工程监理的制度已有多年，监理公司对提高工程施工质量、控制投资、工期目标控制及安全生产管理发挥了重要作用。国家推行全过程工程咨询使工程监理的外延进一步扩大，以往单一的工程监理已不适应社会发展的需要，工程监理公司将朝着全过程工程咨询管理公司方向发展，全过程工程咨询单位实施对工程实体的监督和管理，仍是今后一个阶段的控制重点。

优良的工程质量，适中的工程进度，合理的工程造价，没有重大安全隐患，是全过程工程咨询实施阶段控制的核心和管理目标。达到这些目标需要参建各方的努力，需要全过程工程咨询管理单位项目团队做大量的管理和协调工作；确保工程质量、进度、投资和安全目标的实现，是全过程工程咨询单位项目成员努力工作的方向。

工程实施阶段的分部工程验收应由总监理工程师组织，施工单位项目负责人和项目技术负责人等参加验收，分部工程应采取阶段性验收。通常来讲，建筑工程一般包含十个分部工程：①地基与基础；②主体结构；③建筑装饰装修；④建筑屋面；⑤建筑给水排水及供暖；⑥通风与空调；⑦建筑电气；⑧智能建筑；⑨建筑节能；⑩电梯。

地基与基础、主体结构、建筑节能分部工程的验收，建设、设计及监理单位项目负责人和施工单位技术、质量部门负责人参加，质量监督部门对验收程序合法性进行监督。

对用于工程上的工程材料、构配件、设备的质量控制是全过程工程咨询单位重要工作内容。材料进场必须有出厂合格证、生产许可证、质量保证书和使用说明书。工程材料进场后，用于工程施工前，施工单位应填报《工程材料、构配件、设备报审表》，项目监理机构应审查施工单位报送的用于工程的材料、构配件、设备的质量证明文件，包括进场材料出厂合格证、材质证明、试验报告等，并应按有关规定、建设工程监理合同约定，对用于工程的材料进行见证取样、平行检验。

全过程工程咨询项目的管理者在管理过程中需要主持或参加各种项目会议，会议对工程的管理和协调具有重要意义。例如，第一次工地会议、工程监理例会、图纸会审会议、专项方案论证会、现场问题协调会、分部工程验收会、工程竣工验收会等。

建筑工程实施过程中产生大量的工程文件和资料，这些文件和资料由参建单位按城建档案管理要求进行收集、整理、归档，归档文件的内容应真实、准确、完整，客观地反映工程情况，并与工程进展同步。

工程竣工后，工程档案资料经城建档案馆审查合格后向建设单位移交。工程档案的编制数量应满足合同的要求。原则上，一套应由建设单位保管；另一套（原件）移交当地城建档案管理机构保存。

2. 团队建设

监理单位实施监理时，应在施工现场派驻项目监理机构。项目监理机构的监理人员应由总监理工程师、专业监理工程师和监理员三个层次组成，必要时可配备总监理工程师代表。

工程咨询单位或经发包人认可的其他监理单位在建设工程监理合同签订后，应及时将法人公司确认的项目监理机构、总监理工程师及各专业监理人员的任命文件书面通知发包人。项目监理机构应在合同约定的范围内开展监理工作，履行监理职责。

10.1.2 工程监理服务工作内容

1. "1+X" 模式下工程监理服务工作内容

从全过程工程咨询单位的角度出发，全过程工程咨询单位在 "1+X" 模式下的工程监理服务主要工作内容见表10-4。

"1+X" 模式下工程监理服务主要工作内容　　　　　　　　表10-4

"1+X"模式	主要工作内容
"1"工程监理服务项目管理业务	① 协助发包人制定工程实施管理制度； ② 合同管理咨询； ③ 协调监理服务单位进行进度、质量、投资、安全控制； ④ 协助发包人组织竣工验收
"X"工程监理服务业务	① 进度控制； ② 质量控制； ③ 投资控制； ④ 履行安全生产监理法定职责； ⑤ 合同管理； ⑥ 信息管理； ⑦ 协调工程建设相关方关系

2. 材料、设备采购过程中监理的主要任务

对于由业主负责采购的材料和设备物资，监理工程师应负责制定计划，监督合同的执行。具体内容包括：

（1）制订（或参与制订）材料和设备供应计划及相应的资金需求计划；

（2）通过材料和设备的质量、价格、供货期和售后服务等条件的分析和比选，协助业主确定材料和设备等物资的供应单位；

（3）起草并参与材料和设备的订货合同；

（4）监督合同的实施。

3. 施工准备阶段监理的主要任务

（1）审查施工单位提交的施工组织设计中的质量安全技术措施、专项施工方案与工程建设强制性标准的符合性；

（2）参与设计单位向施工单位的设计交底；

（3）检查施工单位工程质量、安全生产管理制度及组织机构和人员资格；

（4）检查施工单位专职安全生产管理人员的配备情况；

（5）审核分包单位资质条件；

（6）检查施工单位的试验室；

（7）查验施工单位的施工测量放线成果；

（8）审查工程开工条件，签发开工令。

4. 工程施工阶段监理的主要任务

（1）施工阶段的质量控制

1）核验施工测量放线，验收隐蔽工程、分部分项工程，签署分项、分部工程和单位工程质量评定表；

2）进行巡视、旁站和平行检验，对发现的质量问题应及时通知施工单位整改并做监理记录；

3）审查施工单位报送的工程材料、构配件、设备的质量证明资料，抽检进场的工程材料、构配件的质量；

4）审查施工单位提交的采用新材料、新工艺、新技术、新设备的论证材料及相关验收标准；

5）检查施工单位的测量、检测仪器设备及度量衡定期检验的证明文件；

6）监督施工单位对各类土木和混凝土试件按规定进行检查和抽查；

7）监督施工单位认真处理施工中发生的一般质量事故，并认真做好记录；

8）对较大和重大质量事故以及其他紧急情况报告业主。

（2）施工阶段的进度控制

1）监督施工单位严格按照施工合同规定的工期组织施工；

2）审查施工单位提交的施工进度计划，核查施工单位对施工进度计划的调整；

3）建立工程进度台账，核对工程形象进度，按月、季和年度向业主报告工程执行情况、工程进度以及存在的问题。

（3）施工阶段的投资控制

1）审核施工单位提交的工程款支付申请，签发或出具工程款支付证书，并报业主审核、批准；

2）建立计量支付签证台账，定期与施工单位核对清算；

3）审查施工单位提交的工程变更申请，协调处理施工费用索赔、合同争议等事项；

4）审查施工单位提交的竣工结算申请。

（4）施工阶段的安全生产管理

1）依照法律法规和工程建设强制性标准，对施工单位安全生产管理进行监督；

2）编制安全生产事故的监理应急预案，并参加业主组织的应急预案的演练；

3）审查施工单位的工程项目安全生产规章制度、组织机构的建立及专职安全生产管理人员的配备情况；

4）督促施工单位进行安全自查工作，巡视检查施工现场安全生产情况，对实施监理过程中发现存在安全事故隐患的，应签发监理工程师通知单，要求施工单位整改；情况严重的，总监理工程师应及时下达工程暂停指令，要求施工单位暂时停止施工并及时报告业主。施工单位拒不整改或者不停止施工的，应通过业主及时向有关主管部门报告。

5. 竣工验收阶段监理的主要任务

（1）督促和检查施工单位及时整理竣工文件和验收资料，并提出意见；

（2）审查施工单位提交的竣工验收申请，编写工程质量评估报告；

（3）组织工程预验收，参加业主组织的竣工验收，并签署竣工验收意见；

（4）编制、整理工程监理归档文件并提交给业主。

6. 合同管理方面监理的主要任务

（1）拟订合同结构和合同管理制度，包括合同草案的拟订、会签、协商、修改、审批、签署和保管等工作制度及流程；

（2）协助业主拟订工程的各类合同条款，并参与各类合同的商谈；

（3）合同执行情况的分析和跟踪管理；

（4）协助业主处理与工程有关的索赔事宜及合同争议事宜。

学习笔记

10.2 工 作 流 程

10.2.1 施工阶段工程管理流程

施工阶段工程管理流程如图 10-1 所示。

```
签定施工总承包合同、接受施工任务
```

施工准备阶段的工作:
1. 成立项目经理部,委派项目经理
2. 明确项目经理部组织机构及人员的职务及岗位责任
3. 准备施工设施及设备
4. 参与设计交底
5. 熟悉施工图纸,施工图会审
6. 分析研究施工合同及分包合同,制定施工风险措施
7. 编制项目施工组织设计及施工方案
8. 与业主代表、桩基施工方验桩及标高
9. 施工现场周围环境的调查

建立、完善、落实技术管理及质量保证体系

施工现场的安全防护、消防、环境卫生设施、文明施工

参加第一次工地会议,施工管理交底

检查工程开工准备条件,报验工程开工

按照施工图纸、规范、管理程序及施工组织设计等施工

质量控制
- 选择分包商、供应商
- 施工并确认隐、预检工程
- 施工并确认检验批、分项分部工程
- 采购并确认进场材料、构配件、设备
- 记录、整理、汇总工程质量报表
- 参加工程质量事故的调查处理

进度控制
- 制定工程总进度计划
- 制定工程年季月度工程进度计划
- 加强对进度计划的动态控制
- 对年季月度进度计划进行修改

成本控制
- 确定完成的工程量
- 申请付款凭证

项目经理组织项目管理人员对竣工工程进行预验

1. 参与对地基基础、主体工程、装饰装修工程、屋面工程、水暖及燃气工程、通风与空调工程、建筑电气工程、智能建筑工程、电梯工程、室外工程分部工程及所属分项、检验批工程的验收及试运行
2. 记录、整理、汇总施工技术资料

项目部参加监理部组织的竣工预检

合同管理
- 处理索赔事件
- 核定、会签工程变更文件
- 收集与施工业务有关的合同
- 对合同进行分析研究并跟踪管理

1. 项目部对预验结果需要整改处进行整改,再由监理人员进行验收
2. 项目部对质量保证资料进行验收

正式验收合格,建设、设计、承包、监理单位在竣工文件上签字

参加建设单位组织竣工验收仪式

信息管理
- 施工例会,各种专业会议、专题会议
- 利用施工日志、会议纪要交流信息
- 沟通参加建设各方之间的关系

工程移交建设单位,建设、监理、承包单位办理交接手续,工程进入保修期

项目部解散

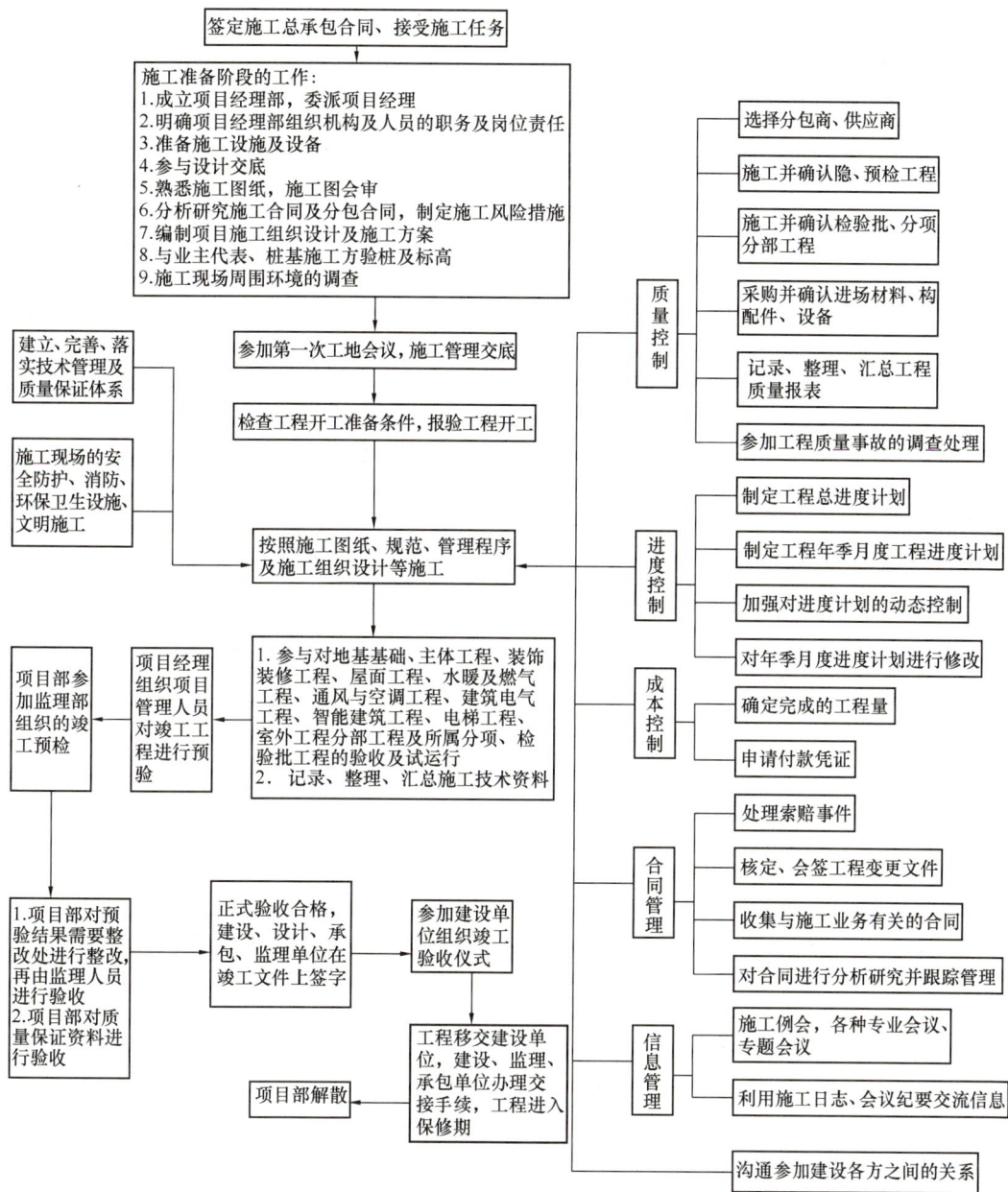

图 10-1　施工阶段工程管理流程

10.2.2　工程监理工作流程

1. 工程监理工作程序的一般要求

(1) 制定监理工作总程序,并根据专业工程特点按工作内容分别制定具体的监理工作程序。

(2) 制定监理工作程序应体现事前控制和主动控制的要求。

(3) 在制定监理工作程序中应明确工作内容、行为主体、工作时限。

(4) 当涉及建设单位和承包单位的工作时,监理工作程序应符合委托监理合同和施工

合同的规定。

2. 工程监理工作流程

工程监理工作流程如图 10-2 所示。

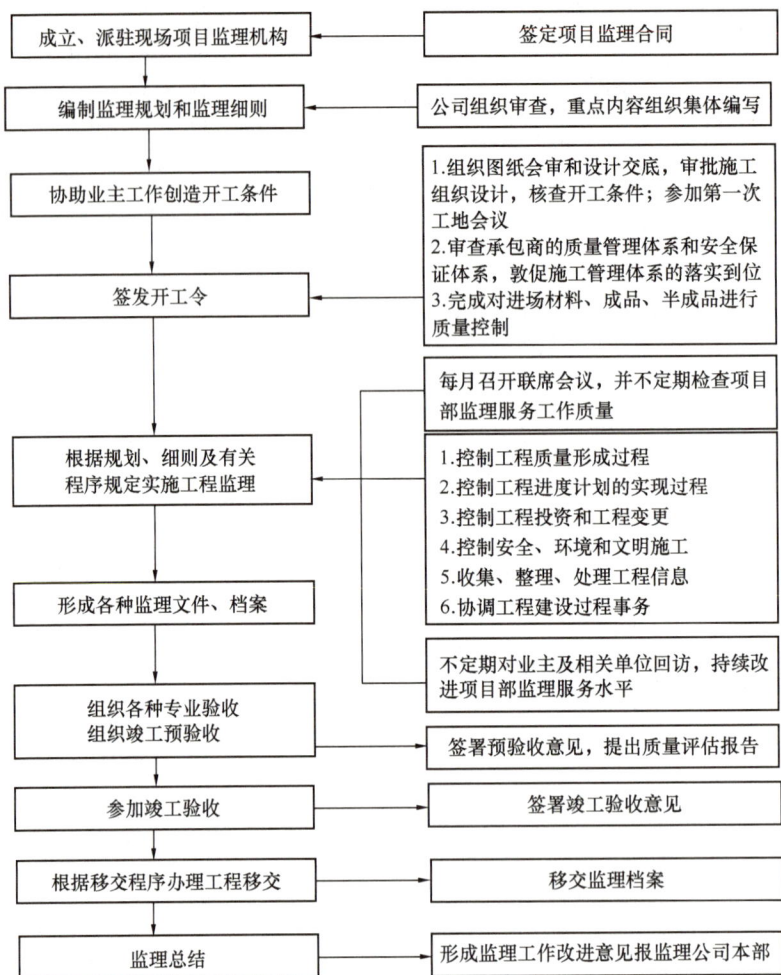

图 10-2　工程监理工作流程

学习笔记

10.3 实 施 要 求

10.3.1 沟通要求

（1）项目监理机构应建立与项目相关方沟通管理机制，健全项目协调制度，确保组织内部与外部各个层面的交流与合作。

（2）项目监理机构应将沟通管理纳入日常管理计划。

（3）项目各相关方应通过制度建设、完善程序，实现相互之间沟通的零距离和运行的有效性。

10.3.2 过程要求

1. 目标、流程和制度管理

项目监理机构应识别全过程工程项目需求和项目范围，根据自身项目管理能力、相关方约定及项目目标之间的内在联系，确定工程建设全过程咨询项目管理目标。项目监理机构应遵循计划、实施、检查、处置的动态管理原则，确定项目管理流程，建立项目管理制度，实施项目系统管理。

项目流程管理应包括启动、策划、实施、监控和收尾过程。

工程咨询单位或经发包人认可的监理单位要建立健全的质量安全管理体系。项目监理机构应建立质量安全生产管理的监理工作制度，落实项目总监理工程师负责制。

2. 监理规划与监理实施细则

项目监理机构根据规范及合同约定的要求，编制监理规划与监理实施细则。

监理规划应明确项目监理机构的工作目标，确定具体的监理工作制度、内容、程序、方法和措施，并应具有指导性和针对性。

监理实施细则应符合监理规划的要求，应结合工程特点，具有可操作性。

3. 质量控制

项目监理机构应按照国家、地方及行业有关法律、法规、标准及规范要求开展质量控制工作。

监理机构应遵循质量的事前、事中、事后控制的原则开展质量控制工作。

项目监理机构应督促承包单位建立完善的质量管理体系、技术管理体系以及相应的管理制度，创造良好的工序活动环境条件，提高过程的工作质量。

项目监理机构应对工程项目的人、机、料、法、环等因素进行全面的质量控制，建立质量控制台账，监督承包单位落实质量控制工作。

4. 进度控制

项目监理机构应根据项目的监理范围对相关方的进度管理体系进行控制，相关方的进度计划体系主要包括监理机构的进度计划、发包人进度计划、勘察设计单位进度计划、承包单位的进度计划、工程咨询单位的进度计划。

项目监理机构与相关方协商确定项目进度里程碑计划，里程碑计划由相关方根据各自合同工期要求，结合项目特点编制，编制完成后报项目监理机构审核，项目监理机构审核后报工程咨询单位审批实施。

相关方应编制网络进度计划确定关键节点和关键线路，并根据项目需要编制横道图进度计划。

项目监理机构定期对项目进度进行跟踪、检查并掌握实际进度情况；发现进度严重滞后于计划进度且影响合同工期时，分析产生进度偏差的主要原因；确定相应的纠偏措施或调整方法。监理机构应定期向工程咨询单位报送进度实施情况报告。

5. 投资控制

项目监理机构应审核工程变更资料。

项目监理机构应按规定的程序进行工程计量和付款签证。项目监理机构应对实际完成量与计划完成量进行比较分析，发现偏差的，提出调整建议，并向工程咨询单位报告。

项目监理机构应按规定的程序进行竣工结算审核。

6. 合同管理

项目监理机构应依据合同的约定进行施工合同管理，处理工程变更、索赔及施工合同争议等事宜。

项目监理机构应协助发包人按合同约定处理与合同终止有关的事宜。

项目监理机构在合同争议处理过程中，对未达到合同约定的暂停履行合同条件的，应要求合同双方继续履行合同。

7. 信息管理

项目监理机构应及时、准确、完整地收集、整理、编制、传递监理文件资料。

项目监理机构应及时整理、分类汇总监理文件资料，按规定组卷监理档案。

项目监理机构应根据工程特点和有关规定，合理确定监理档案保存期限，并向有关部门移交监理档案。

8. 安全管理

项目监理机构应根据法律法规、工程建设强制性标准，履行建设工程安全生产管理的监理职责；并应将安全生产管理的监理工作内容、方法和措施纳入监理规划及监理实施细则。

监理机构应与工程咨询单位、承包方共同制订文明施工管理办法，并根据办法的要求对工程文明施工实施控制。

9. 设备采购与设备监造

项目监理机构应根据工程建设全过程咨询合同或建设工程监理合同约定的设备采购与设备监造工作内容，配备监理人员，明确岗位职责。

项目监理机构应编制设备采购与设备监造工作计划，协助发包人编制设备采购与设备监造方案。

项目监理机构需检查设备制造单位的质量管理体系，审查设备制造单位报送的设备制造生产计划和工艺方案。审查设备制造的检验计划和检验要求，确认各阶段的检验时间、内容、方法、标准以及检测手段、检测设备和仪器等；项目监理机构应对设备制造过程进行监督和检查，对主要及关键零部件的制造工序应进行抽检。

10.3.3　成果文件编制要求

1. 项目监理机构应根据建设工程监理合同约定的服务内容，按照不同阶段向工程咨询单位报送监理成果文件。

2. 监理成果文件的内容必须真实、准确，与工程实际相符。成果文件资料应字迹清楚、图样清晰、图标整洁，签字盖章手续完备，并且要求是原件。成果文件资料应及时收集、整理，移交的档案资料要求完整、准确、系统。

10.3.4　绩效评价

全过程工程咨询单位应根据法律法规、规范以及合同的要求对监理机构进行质量、安全、进度等方面的绩效评估，并根据评估的结果要求项目监理机构进行持续改进。

项目监理机构应定期根据法律法规、规范以及合同的要求对工程总承包单位或施工单位进行质量、安全、进度等方面的绩效评估，并根据评估的结果要求承包方进行持续改进。监理机构应把工程总承包单位的评估结果书面汇报全过程工程咨询单位，并提出处理意见。

监理业务属分包的，全过程工程咨询单位根据项目的具体情况，设立对工程监理单位的管理部门。全过程工程咨询单位应并应制订监理项目机构管理办法，每季度应对项目监理机构进行绩效评估。

学习笔记

学习情境 11　BIM 咨询应用服务

学习情境描述

　　基于 BIM 咨询应用服务的工作内容，按照 BIM 咨询应用服务工作流程及实施要求，编制 BIM 咨询应用服务工作过程的成果文件。

学习目标

　　1. 掌握"1＋X"模式下 BIM 咨询应用服务的工作内容；
　　2. 掌握 BIM 咨询应用服务的工作流程；
　　3. 熟悉 BIM 咨询应用服务的实施要求；
　　4. 能查阅相关资料，编制完成《建设项目 BIM 技术应用碰撞检查报告》。

任务书

　　小组合作，编制完成《××××校区建设项目 BIM 技术应用碰撞检查报告》。具体要求如下：

Part8

　　1. 工程背景：自行设计；其中该校区建设项目的单项工程不少于 6 项，且必须包括办公楼、教学楼、宿舍楼（公寓）；
　　2. 服务模式："1＋X"模式；其中，BIM 咨询为专项服务必选项；
　　3. 服务范围、服务内容：自行设定。

工作计划

　　学生根据工作任务划分填写表 11-1。

学生工作任务分工表　　　　　　　　　　　表 11-1

班别：　　　　　　　　　　　　　　　　　　　　　　　　指导老师：
组号：　　　　　　　　　　　　　　　　　　　　　　　　组　长：

序号	工作内容	负责人(学号/姓名)
1		
2		
3		
4		
5		
6		
7		
8		

工作准备

1. 各组派代表阐述工作计划；
2. 各组对其他组的工作计划提出自己不同的意见和建议；
3. 教师结合大家完成的情况进行点评，选出最佳方案。

工作实施

各组按计划完成工作任务。

引导问题

1. 请简述"1＋X"模式下 BIM 咨询应用服务内容。
2. 在建设 BIM 项目管理平台过程中，项目总负责人的工作职责主要有哪些？
3. 请简述 BIM 成果交付形式。

评价反馈

学生进行自评，评价自己是否能完成 BIM 咨询应用服务的相关知识学习；是否能合作完成《建设项目 BIM 技术应用碰撞检查报告》的编制任务、编制质量如何等（表 11-2）。

各组代表展示作品，介绍任务的完成过程。作品展示前应准备阐述材料，并完成评价（表 11-3）。

学习过程评价表　　　　　　　　　　　表 11-2

班级/组号：　　　　　　　　　　　　　　　　学号/姓名：

序号	任务	分值	自评	互评	师评
1	工作效率：任务是否按计划时间完成	5			
2	工作质量：内容合理、文稿通顺、格式符合规定	10			
3	学习情况：相关知识学习完成情况	10			
4	引导问题：掌握情况	15			
5	文献索引：查阅、甄别、整理、引用资料能力	10			
6	工作态度：态度端正，无无故缺勤、迟到、早退	5			
7	创新意识：积极参与小组讨论，思路拓展情况	15			
8	语言表达：过程汇报、结果展示、汇报参与情况	10			
9	合作能力：小组成员合作交流、协调工作情况	10			
10	职业素养：自律、严谨、敬业、社会责任等	10			
	合计	100			

学习总评表　　　　　　　　　　　表 11-3

总评	自评(20%)＋互评(20%)＋师评(60%)	综合得分	教师(签名)：

11.1　工　作　内　容

11.1.1　BIM 咨询应用服务综述

1. 借助 BIM 技术实现信息整合与共享

在建设项目咨询服务过程中，全过程工程咨询单位一方面通过协调管理打破过程中的信息与资源壁垒，提高沟通效率，保证项目顺利运营，达成建设项目边际效益最大化的目标；另一方面开展全过程工程咨询服务过程中，应具备完善的管理手段、引入新技术来促进工程创新。

在项目全过程工程咨询服务过程中，引入 BIM、大数据和虚拟现实等技术，有效提高设计、施工效率与精细化管理水平，提升工程设施安全性、耐久性、可建设性和维护便利性，降低全生命周期运维成本，提高投资效益。项目全过程咨询服务过程中，需借助于 BIM 技术，以 BIM 协同管理平台作为信息管理平台、以 BIM 模型作为信息管理有效载体，开展项目全生命周期信息集成管理，即利用建筑业相关的信息技术手段，在建设项目全生命周期的不同阶段将项目利益相关者所需的或所产生的数据信息进行传递与共享，以打破由于建设项目分阶段管理而形成的信息孤岛，实现建设项目及其信息的集成、集约、集中管理。

BIM 技术可有效避免分段式管理带来的信息流失、信息孤岛的问题，实现从零散数据调用过渡到全生命周期信息管理。同时，BIM 信息数据作为各阶段决策管理的重要依据，在项目全过程工程咨询过程中一环扣一环，项目数据信息逐渐在 BIM 平台上集成，为开展项目运维、项目绩效评价提供数据支撑，BIM 实现了从决策、勘察设计、招标采购、施工、竣工一直到运维的全过程服务，并将多方的利益高度串联起来，减少信息流失与资源浪费。

2. 借助 BIM 技术实现项目集成与协调

传统的建设模式是将建设工程项目中的设计、施工、监理等阶段分隔开来，各单位分别负责不同环节和不同专业的工作。这不仅增加了成本，也分割了建设工程的内在联系。在这个过程中由于缺少全产业链的整体把控，信息流被切断，很容易导致建筑项目管理过程中各种问题的出现以及由此带来的安全和质量隐患，使得投资人难以得到完整的建筑产品和服务。BIM 的核心在于将原来分工造成的信息孤岛及碎片高效地整合在一起，其运作主要利用建筑物构件以特定的信息标准表达。

全过程工程咨询作为一种新的、独立的集成化的咨询业务模式。BIM 技术以其集成化多专业协同的特性，成为开展全生命周期咨询、实现集成与协同的最佳工具手段。BIM 信息化技术与云技术相结合，可以有效地将信息在云端进行无缝传递，打通各部门之间的横向联系，通过借助移动设备设置客户端，可以实时查看项目所需要的信息，真正实现项目合作的可移动办公，提高项目的完成精度。借助以 BIM 模型为中心的项目管理平台，将项目各参与方集成在同一项目管理平台上，总咨询师可准确有效识别项目各参与方的利益诉求与锁定项目管理过程关键要点，实现快速反馈与决策，提高项目管理效率与咨询服务质量。

项目全过程工程咨询服务过程中对信息的需求，以 BIM 模型作为涵盖项目全生命周期数据信息的收集、存储、分析的基本载体。BIM 技术以参数化数据为载体将模型信息高效准确地输入模型构件中，实现了信息处理的时效性。相比传统二维模型构件，三维模型可将全生命周期内所有工程项目信息集成在统一的数据库中，信息的集中有利于项目各参与方之间能够实时传递和共享项目信息。

3. BIM 协同管理平台

构建基于 BIM 技术的项目管理系统平台的整体架构是由 BIM 数据集成子系统和 BIM 施工管理子系统构成，通过 BIM 施工项目系统管理平台所依据的系统软件体系，实现 BIM 施工项目管理系统的主要功能，针对其在模型管理、进度管理、质量安全管理、成本管理、物料管理等方面的应用，大大提高了整个施工过程中的资源利用率，降低发生事故风险的概率，节约了成本。

通过系统接口高度集成，建立项目数据信息与 BIM 模型的双向链接，实现基于 BIM 技术的工程项目管理，在系统平台上，通过 BIM 的数据集成子系统与施工管理子系统之间进行无缝集成，BIM 模型和数据之间建立双向的链接，有着明了的业务逻辑和精准的交换关系，能够实现对业务管理实时监控。为实现上述业务管理，实现监控分析的基本功能，在该系统平台中初步设计了八项主要的功能模块，分别是：BIM 模型管理、BIM 进度管理、质量安全管理，BIM 成本管理、BIM 物料管理、BIM 数据库、BIM 监控管理、施工日志管理。

基于大数据技术和云计算技术为应用环境，以 BIM 模型的创建、管理、共享为基本内容的 BIM 协同管理和共享应用平台，可以将土建、安装、造价 BIM 模型上传到系统服务器，系统自动对模型中的工程成本数据进行解析，形成一个多维度的结构化企业级项目基础数据库，实现 BIM 图形数据、报表数据共享，提升项目和企业协同能力。可进行账号管理，组织架构、工程管理、权限分配、角色设置等管理，储存空间可以积累和管理企业指标，企业价格信息、BIM 数据库等资源；可以通过平台客户端对模型信息进行插入、抽取、调用、管理、分享，具备多用户同时操作同一模型的互操作性；云平台数据库：支持将系统数据库安装在企业服务器上（私有云服务器模式），教学模型数据存储在企业自身的服务器上，保证模型信息的安全管理，并可通过积累模型打造用户自己的基于 BIM 应用的建设工程云数据中心。

在建设 BIM 项目管理平台过程中，项目总负责人的工作职责包括：

（1）确定平台选建标准：软硬件及协同平台采购应满足平台易用性、稳定性、安全性、符合度强的标准；

（2）明确项目 BIM 团队建设及各参与方协作方式；

（3）根据投资人需求与项目实际情况建设企业 BIM 云数据中心，提升项目数据处理效率。

11.1.2 团队建设

如合同约定的工程建设全过程咨询服务包括 BIM 咨询服务，则 BIM 咨询负责人由全过程工程咨询服务机构委派。若无合同约定，经过与发包人协商可由咨询单位委派 BIM 咨询负责人，BIM 咨询负责人对 BIM 相关活动负责。BIM 咨询负责人根据工作的需求组建 BIM 咨询工作团队，BIM 咨询内部管理制度、工作内容、工作进度计划等必须符合工程建设全过程咨询服务项目总体管控的要求，BIM 咨询工作团队相关人员职业资格须符合国家要求及行业要求。

11.1.3　工作内容

1. "1+X"模式下 BIM 咨询应用服务内容

从全过程工程咨询单位的角度出发，全过程工程咨询单位在"1+X"模式下的 BIM 咨询应用服务主要业务内容见表 11-4。

"1+X"模式下 BIM 咨询应用服务主要业务内容 表 11-4

"1+X"模式	工作内容
"1"——BIM 应用咨询服务项目管理业务	① 编写 BIM 管理规划； ② 针对项目的特点和要求审核 BIM 实施方案并监督其落实； ③ 协助业主完成 BIM 成果的收集； ④ 根据项目总实施进度，审查各阶段 BIM 实施进度计划，监督项目实施过程按照 BIM 实施计划执行； ⑤ BIM 管理方在项目实施阶段对各参与方已整合完成的模型成果和应用成果进行质量审核，协助 BIM 咨询方、设计单位、施工单位的 BIM 实施及应用
"X"——BIM 应用咨询服务业务	① 编写 BIM 实施方案、BIM 成果交付标准、BIM 进度计划； ② 搭建 BIM 信息化管理平台； ③ BIM 模型建立与维护； ④ 3D 可视化漫游； ⑤ 模拟施工场地布置； ⑥ 无人机航拍； ⑦ 图纸内审、碰撞检测、净高分析； ⑧ 管线综合、机电深化出图； ⑨ 室内精装建模； ⑩ BIM 辅助工程量分析； ⑪ 4D 进度模拟； ⑫ BIM 质量安全管理； ⑬ VR 虚拟样板间； ⑭ BIM 变更管理； ⑮ BIM 竣工模型建立； ⑯ BIM 管控培训

2. 工作任务

（1）工程建设全过程咨询 BIM 咨询服务工作团队主要负责开展及执行项目 BIM 咨询服务，并配合工程建设全过程咨询服务其他阶段的团队及项目各阶段相关参与方开展工作，基于工程项目全生命周期，运用建运一体集成化管理模式，将传统管理模式下相对分离的项目策划决策阶段、设计阶段、建设实施阶段等在管理目标、管理组织和管理手段等方面进行有机集成。

（2）通过 BIM 技术提供重点部位、关键区域的可视化设计方案比选、优化等工作；进行各阶段设计图纸的 BIM 模型搭建，检查设计的错漏碰缺等问题；指导项目相关参与方基于 BIM 技术开展协同办公；与各专业建立设计协同，多系统综合与协调；搭建 BIM 协同管理平台；工程变更的模型调整；建立完善的竣工模型，为项目提供合理化建议及技术支持等。

（3）利用BIM技术在工程建设全过程管理中以完善的管理手段落实复杂技术，提高建设工程的集成化程度，让建设工程的各参与方都能够共享信息，真正让BIM应用在建筑的全生命周期内发挥最大效应。

学习笔记

11.2　BIM的工作流程

1. 项目决策阶段

BIM咨询服务工作团队将项目初期资料整合至初期的建筑信息模型文件中，为后续设计以及审批提供符合规定的数据基础。同时，BIM咨询服务团队运用BIM技术验证项目可行性研究报告提出的各项指标，进一步推敲、优化方案，搭建方案设计阶段建筑信息模型，为初步设计阶段的BIM相关工作提供数据基础。

2. 项目设计阶段

在项目设计阶段BIM咨询服务团队的主要内容是通过搭建各专业BIM模型，基于BIM模型进行专业分析和价值工程论证。在建筑信息模型的基础上，组织专家会议，优化设计成果，进行特殊设计方案的专项论证，提高项目设计方案质量水平。

3. 项目招标阶段

在项目招标阶段BIM咨询服务团队根据BIM模型辅助编制招标规划及工程量清单，帮助招标方或招标代理方把控工程量清单的完整性、工程量清单的准确性与合同清单价格的合理性。

4. 项目施工阶段

在项目施工阶段，通过基于 BIM 的信息化平台整合相应资源，实现施工阶段资源的有效配置、数字化进度管理、质量管理、成本管理、变更管理以及控制，进一步提高项目建设管理的智能化水平和精细化水平。

5. 项目竣工阶段

在项目竣工阶段 BIM 咨询服务团队通过完整的、有数据支撑的、可视化竣工 BIM 模型与现场实际建成的建筑进行对比，帮助发包人及相关参与验收方提高竣工验收的工作质量和效率。

学习笔记

11.3　实 施 要 求

11.3.1　沟通要求

BIM 咨询服务负责人在项目总负责人的总协调下开展 BIM 咨询工作，BIM 咨询负责任人定期向项目总负责人汇报 BIM 咨询工作情况，便于项目总负责人了解 BIM 咨询服务的总体进展，为 BIM 咨询服务工作中需协调的事项提供帮助。

BIM 咨询服务负责人组织 BIM 咨询团队根据工作任务组织会议，会议研讨工作分工以及工作内容，编制 BIM 咨询服务详细工作计划，将 BIM 咨询服务的具体工作落实到 BIM 咨询团队的每一个人的工作任务中，相应的具体工作责任人根据其负责的工作内容提出需要其他相关服务团队配合提供的资料并注明要求。需其他团队配合的事宜应汇总至 BIM 咨询负责人，由 BIM 咨询服务负责人与其他工程建设全过程咨询服务团队负责人沟通联系。

11.3.2 过程要求

1. 统一规划、分步实施

在策划项目实施方案时，充分考虑到项目建设过程的复杂性和重要性，建议对项目建设、运维的全过程采取"统一规划、分步实施"的策略来实施，使方案具有高度的稳妥性和可拓展性。

2. 多方协作，总控整合

针对项目参与方众多的特点，鼓励相关方积极应用 BIM 技术进行深化设计和可视化模拟，由 BIM 各专业工程师协助业主对模型进行总控整合与数据版本更新，确保项目数据管理平台上的 BIM 模型数据完整性和统一性。

3. 重点突出，兼顾实效

根据工程项目的特点和 BIM 应用的价值，明确项目 BIM 技术实施重点，注重实际应用的效果和实施成本的权衡，避免因过分追求 BIM 技术应用导致项目工期和管理成本控制难度增加现象的发生。

11.3.3 模型相关标准

BIM 咨询团队制定 BIM 标准是 BIM 技术服务过程中的重要质量保证措施。BIM 标准由一系列技术标准组成，并且包括这些标准在执行时所需要的记录、反馈及要求。

从项目全过程工程咨询的视角对 BIM 整体应用进行系统性分析研究，以项目全过程 BIM 实施标准的建立为目标，从 BIM 应用过程的资源、行为、交付三个基本维度，给出项目全过程咨询服务的具体实施标准，BIM 标准主要包括三大类：BIM 模型标准、BIM 数据分析标准和 BIM 成果交付标准。

11.3.4 成果提交

1. 一般规定

BIM 模型交付物应满足使用需求且充分表达专业交付信息集合。

BIM 模型交付物内对象构件的交付有效性均应设置共享数据或出版数据。

BIM 模型交付物以通用的数据格式传递工程模型信息，保障信息安全的前提下，便于即时阅读和修改。

2. BIM 成果交付形式

（1）模型文件：模型成果主要包括建筑、结构、机电等专业所构建的模型文件以及各专业整合后的整合模型。

（2）文档格式：在 BIM 技术应用过程中所产生的各种分析报告等由 Word、Excel、PowerPoint 等办公软件生成的相应格式的文件，在交付时统一转换为 pdf 文档。

（3）图形文件：主要是按照施工项目要求，针对指定位置经 Autodesk NavisWorks、Lumion 等软件进行渲染生成的图片。

（4）动画文件：BIM 技术应用过程中基于 Autodesk NavisWorks、Lumion 等软件按照施工项目要求进行漫游、模拟，通过软件录制生成的 mp4、avi 格式视频文件。

11.3.5 绩效评价

BIM 咨询制定相关评价制度，制定相对内容的评价和评分表，了解项目相关方的评价和意见，积极改善 BIM 咨询服务，其中，评价分为过程评价和后评价。

过程评价主要是对各阶段内容和成果进行评价，包括项目决策阶段可行性研究报告各项指标完成情况评价、招标阶段 BIM 对于造价工程量运用情况的评价、实施阶段 BIM 技术应用对项目影响的评价。

BIM 咨询阶段的后评价工作主要是评价 BIM 技术在项目中的应用覆盖率以及 BIM 技术给项目带来的效益情况、BIM 技术对项目管理的影响程度、BIM 团队的服务状况。通过这些评价内容，及时进行改善，更好地为业主服务。

学习笔记

学习情境 12　项目决策阶段工程咨询成果文件

12.1　前期阶段咨询成果文件一览表

前期阶段咨询成果文件一览表见表12-1。

前期阶段咨询成果文件一览表

表 12-1

序号	咨询成果文件名称	批复/核准/备案文件	批复/核准/备案部门
1	项目建议书	建议书立项批复	投资主管部门
2	项目选址意见书	项目选址意见书	城市规划行政部门
3	环境影响评价报告	环评批复	环境保护行政部门
4	社会稳定风险分析报告	社会稳定批复	投资主管部门
5	职业健康风险评估报告	批复	卫生健康主管部门
6	交通评估	批复	交通运输主管部门
7	节能评估	节能评估批复	投资主管部门
8	水土保持方案评价	水土保持批复	水行政主管部门
9	地质灾害评估	地灾批复	自然资源主管部门
10	压覆矿产资源评估	压覆矿批复	自然资源主管部门
11	排污口论证	批复	水行政主管部门
12	占用林地	批复	林业主管部门
13	可行性研究报告	可研批复	投资主管部门
14	项目申请报告	备案	投资主管部门
15	资金申请报告	资金申请报告批复	投资主管部门
16	建设用地规划许可证	建设用地规划许可证	城市规划行政部门
17	初步设计评审报告	批复	投资主管部门
18	PPP项目物有所值评价报告	审查意见	财政主管部门
19	PPP项目财政承受能力论证报告	审查意见	财政主管部门
20	PPP项目实施方案	批复	县及县级以上人民政府

Part9

学习笔记

12.2 建设工程项目投资估算表

建设工程项目投资估算表详见表12-2～表12-5。

建设工程投资估算总表 表12-2

序号	工程或费用名称	估算造价(万元)					备注
		建筑工程	设备购置	安装工程	其他费用	合计	
一	工程费用	60443.25	12537.67	4816.14		77797.06	
二	工程建设其他费用				42262.03	42262.03	含土地及拆迁补偿费用
三	预备费				12005.91	12005.91	＜一＋二＞×10％
四	贷款利息					2147.04	建设期按3年，年利率按4％(政府专项债券)
五	总投资	60443.25	12537.67	4816.14	54267.94	134212.04	一＋二＋三＋四

工程费用表 表12-3

序号	工程或费用名称	估算造价(万元)					技术经济指标			备注
		建筑工程费	设备购置费	安装工程费	其他费用	合计	单位	数量	指标	
一	工程费用	60443.25	12537.67	4816.14	0.00	77797.06				
1	教室	3219.00	372.96	159.84		3751.80	m²	11100.00	3380.00	
1.1	建筑工程	1776.00				1776.00	m²	11100.00	1600.00	
1.2	装饰工程	1443.00				1443.00	m²	11100.00	1300.00	
1.3	安装工程		372.96	159.84		532.80	m²	11100.00	480.00	

序号	工程或费用名称	估算造价(万元)					技术经济指标			备注
		建筑工程费	设备购置费	安装工程费	其他费用	合计	单位	数量	指标	
1.3.1	电气照明工程		124.32	53.28		177.60	m²	11100.00	160.00	
1.3.2	给水排水工程		93.24	39.96		133.20	m²	11100.00	120.00	
1.3.3	通风工程		62.16	26.64		88.80	m²	11100.00	80.00	
1.3.4	智能工程		93.24	39.96		133.20	m²	11100.00	120.00	
2	实验实习用房	2780.70	627.90	269.10		3677.70	m²	8970.00	4100.00	
2.1	建筑工程	1614.60				1614.60	m²	8970.00	1800.00	
2.2	装饰工程	1166.10				1166.10	m²	8970.00	1300.00	
2.3	安装工程		627.90	269.10		897.00	m²	8970.00	1000.00	
2.3.1	电气照明工程		100.46	43.06		143.52	m²	8970.00	160.00	
2.3.2	给水排水工程		87.91	37.67		125.58	m²	8970.00	140.00	
2.3.3	通风空调工程		345.35	148.01		493.35	m²	8970.00	550.00	
2.3.4	智能工程		94.19	40.37		134.55	m²	8970.00	150.00	
3	图书馆	3244.80	596.23	255.53		4096.56	m²	10140.00	4040.00	
3.1	建筑工程	1825.20				1825.20	m²	10140.00	1800.00	
3.2	装饰工程	1419.60				1419.60	m²	10140.00	1400.00	
3.3	安装工程		596.23	255.53		851.76	m²	10140.00	840.00	
3.3.1	电气照明工程		106.47	45.63		152.10	m²	10140.00	150.00	
3.3.2	给水排水工程		85.18	36.50		121.68	m²	10140.00	120.00	
3.3.3	通风空调工程		319.41	136.89		456.30	m²	10140.00	450.00	
3.3.4	智能工程		85.18	36.50		121.68	m²	10140.00	120.00	
4	室内体育用房	17172.00	2003.40	858.60		20034.00	m²	57240.00	3500.00	
4.1	建筑工程	10303.20				10303.20	m²	57240.00	1800.00	
4.2	装饰工程	6868.80				6868.80	m²	57240.00	1200.00	
4.3	安装工程		2003.40	858.60		2862.00	m²	57240.00	500.00	
4.3.1	电气照明工程		641.09	274.75		915.84	m²	57240.00	160.00	
4.3.2	给水排水工程		480.82	206.06		686.88	m²	57240.00	120.00	
4.3.3	通风工程		400.68	171.72		572.40	m²	57240.00	100.00	
4.3.4	智能工程		480.82	206.06		686.88	m²	57240.00	120.00	
5	校行政办公用房	1305.00	264.92	113.54		1683.45	m²	4350.00	3870.00	
5.1	建筑工程	696.00				696.00	m²	4350.00	1600.00	
5.2	装饰工程	609.00				609.00	m²	4350.00	1400.00	
5.3	安装工程		264.92	113.54		378.45	m²	4350.00	870.00	
5.3.1	电气照明工程		45.68	19.58		65.25	m²	4350.00	150.00	
5.3.2	给水排水工程		36.54	15.66		52.20	m²	4350.00	120.00	

序号	工程或费用名称	估算造价(万元)					技术经济指标			备注
		建筑工程费	设备购置费	安装工程费	其他费用	合计	单位	数量	指标	
5.3.3	通风空调工程		146.16	62.64		208.80	m²	4350.00	480.00	
5.3.4	智能工程		36.54	15.66		52.20	m²	4350.00	120.00	
6	院系及教师办公用房	2097.90	456.88	195.80		2750.58	m²	7770.00	3540.00	
6.1	建筑工程	1165.50				1165.50	m²	7770.00	1500.00	
6.2	装饰工程	932.40				932.40	m²	7770.00	1200.00	
6.3	安装工程		456.88	195.80		652.68	m²	7770.00	840.00	
6.3.1	电气照明工程		81.59	34.97		116.55	m²	7770.00	150.00	
6.3.2	给水排水工程		65.27	27.97		93.24	m²	7770.00	120.00	
6.3.3	通风空调工程		244.76	104.90		349.65	m²	7770.00	450.00	
6.3.4	智能工程		65.27	27.97		93.24	m²	7770.00	120.00	
7	师生活动用房	630.00	129.15	55.35		814.50	m²	2250.00	3620.00	
7.1	建筑工程	360.00				360.00	m²	2250.00	1600.00	
7.2	装饰工程	270.00				270.00	m²	2250.00	1200.00	
7.3	安装工程		129.15	55.35		184.50	m²	2250.00	820.00	
7.3.1	电气照明工程		23.63	10.13		33.75	m²	2250.00	150.00	
7.3.2	给水排水工程		18.90	8.10		27.00	m²	2250.00	120.00	
7.3.3	通风空调工程		70.88	30.38		101.25	m²	2250.00	450.00	
7.3.4	智能工程		15.75	6.75		22.50	m²	2250.00	100.00	
8	会堂	540.00	137.34	58.86		736.20	m²	1800.00	4090.00	
8.1	建筑工程	288.00				288.00	m²	1800.00	1600.00	
8.2	装饰工程	252.00				252.00	m²	1800.00	1400.00	
8.3	安装工程		137.34	58.86		196.20	m²	1800.00	1090.00	
8.3.1	电气照明工程		25.20	10.80		36.00	m²	1800.00	200.00	
8.3.2	给水排水工程		18.90	8.10		27.00	m²	1800.00	150.00	
8.3.3	通风空调工程		70.56	30.24		100.80	m²	1800.00	560.00	
8.3.4	智能工程		22.68	9.72		32.40	m²	1800.00	180.00	
9	学生宿舍(公寓)	16200.00	2310.00	990.00		19500.00	m²	60000.00	3250.00	
9.1	建筑工程	9000.00				9000.00	m²	60000.00	1500.00	
9.2	装饰工程	7200.00				7200.00	m²	60000.00	1200.00	
9.3	安装工程		2310.00	990.00		3300.00	m²	60000.00	550.00	
9.3.1	电气照明工程		756.00	324.00		1080.00	m²	60000.00	180.00	
9.3.2	给水排水工程		672.00	288.00		960.00	m²	60000.00	160.00	
9.3.3	通风工程		336.00	144.00		480.00	m²	60000.00	80.00	
9.3.4	智能工程		546.00	234.00		780.00	m²	60000.00	130.00	

续表

序号	工程或费用名称	估算造价(万元)					技术经济指标			备注
		建筑工程费	设备购置费	安装工程费	其他费用	合计	单位	数量	指标	
10	食堂	2065.50	396.27	169.83		2631.60	m²	7650.00	3440.00	
10.1	建筑工程	1147.50				1147.50	m²	7650.00	1500.00	
10.2	装饰工程	918.00				918.00	m²	7650.00	1200.00	
10.3	安装工程		396.27	169.83		566.10	m²	7650.00	740.00	
10.3.1	电气照明工程		96.39	41.31		137.70	m²	7650.00	180.00	
10.3.2	给水排水工程		107.10	45.90		153.00	m²	7650.00	200.00	
10.3.3	通风空调工程		128.52	55.08		183.60	m²	7650.00	240.00	
10.3.4	智能工程		64.26	27.54		91.80	m²	7650.00	120.00	
11	单身教师宿舍(公寓)	812.00	162.40	69.60		1044.00	m²	2900.00	3600.00	
11.1	建筑工程	464.00				464.00	m²	2900.00	1600.00	
11.2	装饰工程	348.00				348.00	m²	2900.00	1200.00	
11.3	安装工程		162.40	69.60		232.00	m²	2900.00	800.00	
11.3.1	电气照明工程		40.60	17.40		58.00	m²	2900.00	200.00	
11.3.2	给水排水工程		36.54	15.66		52.20	m²	2900.00	180.00	
11.3.3	通风空调工程		60.90	26.10		87.00	m²	2900.00	300.00	
11.3.4	智能工程		24.36	10.44		34.80	m²	2900.00	120.00	
12	后勤及附属用房	2124.00	200.72	86.02		2410.74	m²	10620.00	2270.00	
12.1	建筑工程	1274.40				1274.40	m²	10620.00	1200.00	
12.2	装饰工程	849.60				849.60	m²	10620.00	800.00	
12.3	安装工程		200.72	86.02		286.74	m²	10620.00	270.00	
12.3.1	电气工程		111.51	47.79		159.30	m²	10620.00	150.00	
12.3.2	给水排水工程		89.21	38.23		127.44	m²	10620.00	120.00	
13	室外工程	5176.62	4879.51	1534.07		11590.20	m²	382424.58	303.07	
13.1	总平水电		3369.51	1444.07		4813.58	m²	137530.90	350.00	
13.2	场地平整	902.61				902.61	m²	112826.83	80.00	
13.3	停车位	76.50				76.50	个	306.00	2500.00	
13.4	绿化工程	1448.50				1448.50	m²	96566.85	150.00	
13.5	广场铺装	780.00				780.00	m²	6500.00	1200.00	
13.6	道路工程	960.00				960.00	m²	24000.00	400.00	
13.7	桥梁工程	84.00				84.00	m	240.00	3500.00	
13.8	热水系统		210.00	90.00		300.00	项	1.00	3000000.00	
13.9	挡土墙	400.00				400.00	项	1.00	4000000.00	
13.10	边坡支护	250.00				250.00	项	1.00	2500000.00	
13.11	主校门	50.00				50.00	项	1.00	500000.00	

续表

序号	工程或费用名称	估算造价（万元）					技术经济指标			备注
		建筑工程费	设备购置费	安装工程费	其他费用	合计	单位	数量	指标	
13.12	围墙	225.00				225.00	m²	5000.00	450.00	
13.13	体育及健身器材		1000.00			1000.00	项	1.00	10000000.00	
13.14	公共广播及监控系统		300.00			300.00	项	1.00	3000000.00	
14	人防工程	1941.66				1941.66	m³	5547.60	3500.00	
15	土方工程	1134.07				1134.07	m²	75604.76	150.00	
	合计	60443.25	12537.67	4816.14	0.00	77797.06		572762.18	46503.07	

工程建设其他费用表　　　　　　　　　　　　表 12-4

序号	费用名称	计算公式或依据	金额（万元）	备注
一	工程费用	详见工程费用投资估算表	77797.06	
二	工程建设其他费用	（一）＋（二）＋（三）＋（四）＋（五）＋（六）＋（七）＋（八）＋（九）＋（十）＋（十一）	42262.03	
（一）	建设管理费	〈1〉＋〈2〉＋〈3〉＋〈4〉＋〈5〉	2449.09	
1	项目建设管理费	940＋（总投资－100000）×0.4％＝1340	1020.01	财建〔2016〕504 号
2	施工图设计文件审查费	勘察设计费×3％×0.7	44.29	桂价费字〔2006〕191 号 桂价费字〔2011〕55 号
3	招标代理服务费	〈3.1〉＋〈3.2〉	70.40	发改价格〔2015〕299 号 桂价费字〔2003〕7 号 发改办价格〔2003〕857 号 桂价费字〔2011〕55 号
3.1	施工招标	0.63＋1.764＋1.7325＋8.82＋6.3＋12.6＋（建安费－50000）×0.221/1000	35.22	
3.2	货物招标	0.945＋2.772＋2.52＋12.6＋7.875＋（设备购置费－10000）×0.315/1000	27.51	
3.3	服务招标	0.945＋2.016＋1.4175＋（工程监理费＋勘察设计费－1000）×1.575/1000	7.67	
4	全过程工程造价咨询费	7.8＋60＋（建安费－10000）×4.8/1000	333.05	
5	工程监理费	793.12＋（工程费用－60000）×（1004.64－793.12)/(80000－60000)	981.34	桂价费〔2007〕159 号 发改价格〔2007〕670 号 桂价费〔2011〕55 号
（二）	建设用地费	土地费用按 28600 万元计，拆迁补偿费用按 4000 万元计	32600.00	《中华人民共和国土地管理法》及结合当地征地补偿价格

续表

序号	费用名称	计算公式或依据	金额（万元）	备注
（三）	建设项目前期工作咨询费	〈1〉＋〈2〉＋〈3〉＋〈4〉＋〈5〉＋〈6〉	182.16	
1	项目建议书编制费	［44＋（80－44）/（500000－100000）×（总投资－100000）］×1×0.8	37.65	
2	可行性研究报告编制费	［88＋（160－88）/（500000－100000）×（总投资－100000）］×1×0.8	75.30	
3	可行性研究报告评估费	［16＋（20－16）/（500000－100000）×（总投资－100000）］×1×0.8	13.07	
4	初步设计文件评估咨询费	［16＋（20－16）/（500000－100000）×（总投资－100000）］×1×0.8	13.07	
5	节能评估费	［16＋（20－16）/（500000－100000）×（总投资－100000）］×1×0.8	13.07	
6	绿建咨询费	30	30.00	参粤建节协〔2013〕09号二星
（四）	勘察设计费	〈1〉＋〈2〉	2108.97	
1	工程勘察费	工程费用×0.5%	388.99	
2	工程设计费	［1363.7＋（1764.09－1363.7）/（80000－60000）×（工程费用－60000）］×1×1×1	1719.99	
（五）	编制及评估环境影响报告书（含大纲）	〈1〉＋〈2〉	31.50	
1	编制环境影响报告书（含大纲）	［21＋（45－21）/（500000－100000）×（总投资－100000）］×1×0.8	18.43	计价格〔2002〕125号 发改价格〔2015〕299号
2	评估环境影响报告书（含大纲）	［16＋（20－16）/（500000－100000）×（总投资－100000）］×1×0.8	13.07	
（六）	场地准备及临时设施费	工程费用×2%	1555.94	
（七）	工程保险费	工程费用×0.6%	466.78	
（八）	特种设备检验检测费	无	0.00	桂价费〔2007〕301号 桂价费〔2010〕95号
（九）	城市基础配套费	总投资×1.5%	2010.00	桂政办〔1986〕64号 桂价房字〔1997〕078号 桂财综〔2007〕54号
（十）	高可靠性供电费用和临时接电费用	10×147/10000	0.15	桂价费〔2004〕70号 桂价费〔2007〕572号 桂价费〔2009〕19号 桂政发〔2016〕20号
（十一）	其他费用	〈1〉＋〈2〉＋〈3〉＋〈4〉＋〈5〉	857.44	
1	地质灾害危险评价费	总用地面积×0.7元/10000	20.60	国务院令2003年第394号 发改办价格〔2006〕745号
2	水土保持设施补偿费和水土流失防治费	总用地面积×2元/10000	58.86	桂价费〔2017〕37号
3	工程检验试验费	工程费用×1%	777.97	

表 12-5

借款还本付息（单利）计划表

序号	项目	合计	建设期 1	建设期 2	建设期 3	运营期 4	5	6	7	8	9	10	11	12	13	14	15	16	17	18	19	20	21	22	23	24	25	26	27	28	29	30
1	期初借款余额				35000	35000	35000	35000	35000	35000	35000	35000	35000	35000	35000	35000	35000	35000	35000	35000	35000	35000	35000	35000	35000	35000	35000	35000	35000	35000	35000	35000
2	当期还本付息	74947.04	233.33	709.33	1204	1400	1400	1400	1400	1400	1400	1400	1400	1400	1400	1400	1400	1400	1400	1400	1400	1400	1400	1400	1400	1400	1400	1400	1400	1400	1400	36400
3	到期还本	35000.00	0.00	0.00	0	0	0	0	0	0	0	0	0	0	0	0	0	0	0	0	0	0	0	0	0	0	0	0	0	0	0	35000
3.1	付息（按利率4.0%）	39947.04	233.33	709.33	1204	1400	1400	1400	1400	1400	1400	1400	1400	1400	1400	1400	1400	1400	1400	1400	1400	1400	1400	1400	1400	1400	1400	1400	1400	1400	1400	1400
3.2	期末借款余额	583333.33	11666.67	23333.33	35000	35000	35000	35000	35000	35000	35000	35000	35000	35000	35000	35000	35000	35000	35000	35000	35000	35000	35000	35000	35000	35000	35000	35000	35000	35000	35000	0

12.3　部 分 成 果 文 件

部分项目成果文件以二维码形式展现，读者可以扫描下方二维码阅读。

项目建议书	项目建议书的批复	环境影响评估报告表	环境影响评估报告表的批复

水土保持方案的批复	可行性研究报告	项目申请报告

学习笔记

学习情境 13　项目设计阶段工程咨询成果文件

13.1　设计阶段咨询成果文件一览表

设计阶段咨询成果文件一览表见表 13-1；设计阶段管理咨询成果文件一览表见表 13-2。

设计阶段咨询成果文件一览表　　　　　　　　　　　　　　　表 13-1

序号	咨询成果文件名称	备注
1	设计调研报告	
2	设计单位考察意见书	
3	设计合同审查意见单	
4	方案任务书审核意见单	
5	方案设计审查意见书	
6	方案估算审核意见单	
7	初步设计审查意见书	
8	概算审核意见单	
9	施工图审查意见书	
10	施工图预算审核意见单	
11	设计咨询报告	
12	设计服务评价表	

设计阶段管理咨询成果文件一览表　　　　　　　　　　　　　表 13-2

序号	管理咨询任务名称	备注
1	设计单位资质	
2	项目人员投入名单	
3	设计出图计划表	
4	设计出图交底讨论会	
5	设计质量目标	
6	设计安全保证措施	
7	现场设计配合流程	是否满足足够专业人员常驻现场，能否及时解决施工过程中出现的设计方面问题，发生问题后解决的流程如何推进
8	设计概算控制目标	
9	沟通机制	例如设计咨询组出书面意见，设计单位在几个工作日内出具书面回复等

13.2　方案设计要求分析

方案设计要求分析见表 13-3。

方案设计要求分析　　　　　　　　　　　　　表 13-3

序号	关注维度	填写内容说明	方案设计要求
		项目背景	
1	项目的预期交付时间节点与开发节奏	指交付使用的时间要求、是否分期开发与交付	本项目计划分 2 期开发，其中Ⅰ期要求 2020 年 12 月开工建设，2 期为远期（5 年）规划内容
2	项目建设过程中供需关系、管理关系与组织构架	指定项目总负责人、过程中的需求、主要来源、需求确认的责任人、各项工作执行人的名录与组织构架等	本项目由××××公司作为项目建设单位；××××公司作为设计单位；××××公司作为全过程工程咨询单位
3	项目运营模式	指项目是否为自建、代建、收购等开发模式，运营是否按自用、自营、出租、出售等模式，物业是否按园区行政管理或外部物业单位管理等	本项目为自建项目，未来按自营模式，物业/安保为外聘一级物业/安保公司管理
4	产权意向	指出售、出租、自用、自营等产权意向，未明确、待定、存在变化的，按各种可能性中要求最高的执行	本项目定位为自用园区，不做全部或局部对外出租、出售

续表

序号	关注维度	填写内容说明	方案设计要求
		规划要求	
5	技术经济指标	规划条件及土地出让合同中的相关技术经济指标参数。如用地面积、建筑面积、开发容积率、绿化率、限高等	土地办理转性中，暂未取得先关文件
6	对各项规划指标是否突破指标的要求	是否需要突破规划条件，前期需与政府方面沟通	不突破
7	规划总图布局	对城市区域空间关系的作用、开口位置与数量的理想化要求、与城市道路的关系、对环境条件的利用要求等	项目落成后将成为××××市××××区唯一公立中医医院；吸引南、北、西，三个方向人流在此交汇。建议总图设计在石柱岭二路方向退让出一定距离减弱对道路空间的压抑感。本项目需克服地势高差的不利条件，有效解决交通流线的组织问题
8	决策层面对本项目强调的特殊要求	如特别指定需要设计特定功能、建筑形态要求、期望目标等	根据决策层要求，一期建设应与二期建设同步构思，从整体进行规划，做好功能衔接上的设计预留
9	评奖评杯目标	指是否需参评中国绿色建筑、LEED 等绿建评估认证，并需明确是否做到设计认证、预认证或实施认证；是否需要参评鲁班奖等工程建设目标	(1) 项目按绿建二星级标准设计； (2) 一期、二期建成后，需达到满足三级甲等医院评定标准
10	指定本项目须应用的标准化模块	如标准化办公单元、标准化工程做法等	本项目暂无此要求
11	指定本项目须参与的研发工作	如智慧医院的研发、新研发产品/体系的应用	本项目暂无此要求
12	指定本项目可评估应用的新技术	如要求评估市场某项新技术或新科技产品的适用性后应用	本项目暂无此要求
		品质定位	
13	大型功能指定	对建设项目中大型功能区配置的指定性意见。例如，园区是否需设置独立访客中心、是否设集中服务的餐厅等	(1) 满足院感控制要求； (2) 医院门诊区与养护院消防疏散、使用管理上均满足独立分开
14	立面形象	立面材质及色彩要求、是否设屋顶或立面 Logo、是否做建筑立面泛光	(1) 建筑效果选用具有中医特色的新中式风格； (2) 中医医院立面 Logo，上、中、下三段均需体现； (3) 做立面泛光设计

序号	关注维度	填写内容说明	方案设计要求
品质定位			
15	泛光照明	明确是否做泛光，是做动态主题泛光还是氛围渲染、重点部位是否强化	做氛围渲染及中医医院 Logo 强化的立面泛光设计
16	景观布局	明确是否设集中式大绿地、大水池，主楼屋顶、裙房屋面是否设置绿化	(1) 养护院入口设集中绿地；(2) 屋面除设备布置外，尽量预留出屋顶绿化
布局定位			
17	主要室内格局形式	室内格局形式的要求，如是否设内走道、大开间办公、隔间办公室、单元式办公、集中会议室等	养护院的标准房型需与门诊病房房型有所区别，并尽量生活化、多元化，同时要求其具有可改造及有远期整容的扩展性
18	楼层净高要求	大堂高度、底层商业高度、食堂餐厅高度、办公标准层层高及净高、架空网络地板高度、对设备管线高度等的指标要求	1 层门诊大堂层高要求为 5.1m，2～3 层门诊用房层高要求 4.8m，主楼标准层高要求为 3.9m
19	配套要求	需引入哪些商业服务设施以配套医院日常运营	本项目暂无此要求
20	预留医院院名位置	立面是否预留医院招贴、LED 屏幕位置及尺寸要求、是否设室外场地地面立招	本项目暂无此要求
21	电梯参数	配置标准如每部服务面积(例如 4500m² /部)、候梯时间、电梯运行速度、载重量、品牌要求、轿厢内硬件配置等	本项目电梯均需满足医院设计要求
22	卫生间配比	配置标准、是否超配、是否设独立残卫、是否设行政卫生间等	例如，男卫按规范标配，女卫需超配 1～2 个/间；1～3 层门诊层均设母婴室、第三卫生间，4 层及以上每层加设独立医护卫生间(带淋浴)
23	服务功能配置	指定是否需设置特定功能房间如公共茶水间、ATM、自动售卖机等设备；是否设哺乳室、是否设物业人员休息间；是否设室内外吸烟处等	1～3 层门诊层靠近挂号处均设自助办理机；病房层均设公共茶水间(配设微波炉、咖啡机)，每层设医护人员休息间 1 处(3～4m²)，不设室内吸烟处

序号	关注维度	填写内容说明	方案设计要求
布局定位			
24	停车配比配置	配比或期望数据要求，对每百平方米的停车数要求、是否设机械车位、电动车充电桩、残障人停车位、孕妇车位、大巴车位、是否设独立停车楼	按规划设计条件设计
25	标识导视	医院 Logo 设于入口或立面、屋顶等部位，整体标识设计风格要求	（1）中医医院立面 Logo 在建筑的上、中、下三段均需体现； （2）项目入口及室内外标识导视需体现活力特征及简洁高效
运维管理			
26	安防运维策略	如医院是否为开放式院区，后期物管、安保、警报的大致策略与管理原则等	项目东、南两向均为住宅区，北面为绿地，均设围墙相隔。西面为石柱岭二路（市政路），设开放式广场相接，日常由物业保安进行人车分流登记及管控，病房区实行限时管控
技术要求			
27	交通组织	明确出入口数量、位置与基本内部流线组织行进方向、停车导向，人车分流、非机动车停放等原则性要求	本项目实行人车分流管控，西面道路两端各设机动车进、出口，中段为开放式广场（人行）。急诊救护车可由 24h 安保管理的紧急通道驶入
28	基本结构选型	基于结构安全性的选型比较，明确合理的结构选型原则（在成本充裕前提下允许结构形式适当灵活；成本紧张时约束可用的结构类型）	本项目不应采用安全系数低或结构成本过大的造型，在成本差异不超过 5% 的前提下，优先选用安全系数高的结构方案
29	暖通选型	指空调系统冷热源、冷媒选用要求，空调系统（全空气、空气-水、全水、制冷剂系统）选用原则，是否有条件利用冰蓄冷系统，是否配置 24h 冷却水，空调系统冷却塔拟设位置等	本项目拟采用集中式空调冷热源系统形式：冷式电驱动型冷水机组＋燃气型真空式热水机组，空调冷、热水系统，主机采用环保冷媒，冷却塔设置于屋面；新风换气系统需满足院感控制要求
30	电气系统要求	是否双路供电、是否设柴油发电机、是否设太阳能发电等	本项目需双路供电、设柴油发电机、应急电源及 UPS 不间断电源。 养护院区与门诊区需设计分开计量设备
31	给水排水要求	给水排水系统选型要求、节水节能减排措施、是否需要 24h 热水供应，是否做太阳能，明确太阳能集热板选择位置等	本项目需 24h 热水供应

序号	关注维度	填写内容说明	方案设计要求
		技术要求	
32	排烟选型	机械排烟、自然排烟的选择（关系到立面开窗数量、影响立面效果）	本项目办公室、病房采用10%可开启外窗的自然排烟方式。防烟楼梯间、前室或合用前室均设置各自独立的加压送风系统。其中防烟楼梯间按地上段、地下段分区各独立设置加压送风系统
33	智能化技术要求	对各类弱电智能化功能的指定要求或接口预留要求、特定设备用房(如是否设IOC机房)、设备基础与接口预留(如屋顶卫星天线)、无线扩展方面的要求,如照明控制方式、计量方式(与经营策略相关)等	根据具体选项内容进行成本投资校核,拟采用全Wifi覆盖(含景观室外场地、地下室停车场)、大堂、电梯厅、楼梯间前室设动作感应器及人脸识别功能,弱电控制室要求设于地面1层,全楼采用照明智能化控制系统
34	人防	指拟申报人防等级与优化方向	按规划设计要求及人防设计要求设计。拟建于二期工程
		成本目标	
35	室内配置(设计限额)	室内各部位的配置档次与定价阶位以及大开间、走道是否满设地毯、是否需做吊顶等	例如,本项目大堂按6000元/m²规格、电梯厅按2000元/m²、公共走道按1000元/m²(含无障碍防滑地胶),卫生间、茶水间接600元/m²,除医用房外,其余部分均精装交付
36	景观配置(设计限额)	景观配置价位档次、中心绿地选位与形式、景观水池、喷水池、运动场所等要求	本项目景观拟定按1200元/m²
37	智能化配置选项	明确这些项目对应的成本目标应计入成本控制的估算,使方案成本控制目标更为可靠	本项目拟采用停车场及车位引导系统、防盗报警系统、出入口速通门控制系统、巡更系统、电梯五方对讲、无线对讲、公共广播、综合布线、有线电视、信息发布、不间断电等

学习笔记

13.3　设计竞争方案比选方法

1. 设计竞争方案比选方法

经过多方征集多个备选方案，通过完善的评价内容，对方案的外观、功能、技术、经济、环境等因素全面分析，建立综合评价体系，对评价方案结果进行统计，综合评价矩阵计算出各方案的一级指标权重隶属度，得到各方案的总评分集 B，计算赋分评价标注 F，由 $Z = B \times F$ 计算出各方案的最终评价分值 Z，最终由此选出最优方案。步骤如下（图 13-1）：

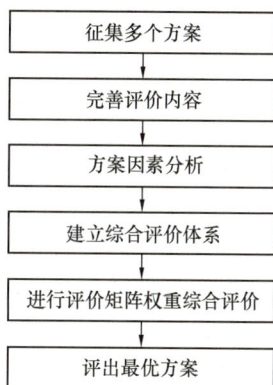

图 13-1　设计竞争方案比选步骤

2. 项目案例

项目案例：某高校学生活动中心，对征集的各方案一级指标、二级指标全面分析，建立综合评价体系（图 13-2、表 13-4、表 13-5）：

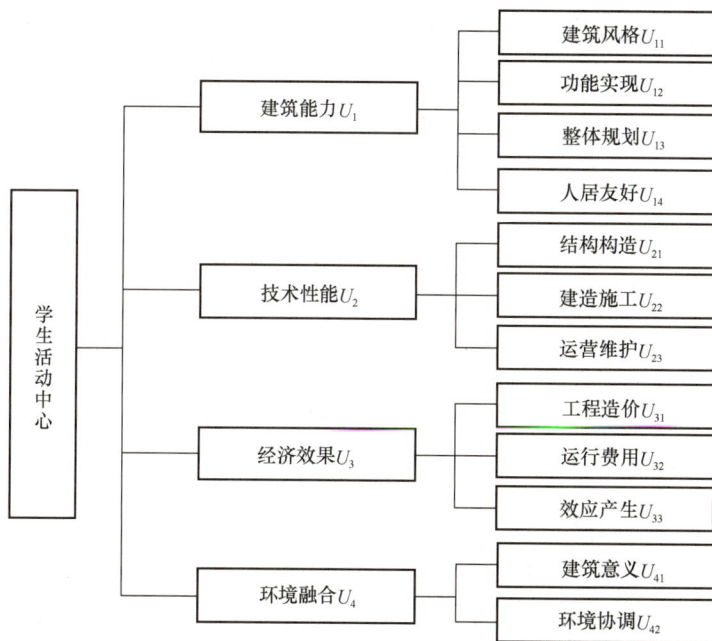

图 13-2　因素分析图

评价方案结果统计　　　　　　　　　　　　　　　　　　　　　　表 13-4

评价指标		统计结果											
		方案一				方案二				方案三			
		好	较好	一般	较差	好	较好	一般	较差	好	较好	一般	较差
建筑能力	建筑风格	7	2	1	0	7	2	1	0	5	3	2	0
	功能实现	4	2	3	1	4	2	3	1	6	3	1	0
	整体规划	5	2	2	1	3	3	2	2	7	2	1	0
	人居友好	6	2	2	0	1	2	3	4	1	5	4	0
技术性能	结构构造	5	3	2	0	3	3	2	2	4	3	2	1
	建造施工	6	1	3	0	3	1	3	3	0	2	4	4
	运营维护	6	1	2	1	3	2	2	3	0	2	5	3
经济效果	工程造价	7	2	1	0	2	2	4	2	0	1	4	5
	运行费用	3	4	2	1	3	3	3	1	0	3	4	3
	效应产生	3	5	2	0	0	3	3	4	0	4	4	2
环境融合	建筑意义	1	1	7	1	1	2	5	2	4	4	2	0
	环境协调	0	3	7	0	0	3	6	1	2	3	3	2

综合评价体系　　　　　　　　　　　　　　　　　　　　　　表 13-5

一级指标	二级指标	各指标隶属度			
权重 A	权重 A_1	好	较好	一般	较差
建筑能力 $U_1(0.48)$	建筑风格 $U_{11}(0.29)$	0.70	0.20	0.10	0.00
	功能实现 $U_{12}(0.29)$	0.40	0.20	0.30	0.10
	整体规划 $U_{13}(0.24)$	0.50	0.20	0.20	0.10
	人居友好 $U_{14}(0.18)$	0.60	0.20	0.20	0.00
技术性能 $U_2(0.12)$	结构构造 $U_{21}(0.42)$	0.50	0.30	0.20	0.00
	建造施工 $U_{22}(0.33)$	0.60	0.10	0.30	0.00
	运营维护 $U_{23}(0.25)$	0.60	0.10	0.10	0.00
经济效果 $U_3(0.22)$	工程造价 $U_{31}(0.50)$	0.70	0.20	0.10	0.00
	运行费用 $U_{32}(0.33)$	0.30	0.40	0.20	0.00
	效应产生 $U_{33}(0.17)$	0.30	0.50	0.20	0.00
环境融合 $U_4(0.18)$	建筑意义 $U_{41}(0.54)$	0.10	0.10	0.70	0.10
	环境协调 $U_{42}(0.46)$	0.00	0.30	0.70	0.00

建立评价矩阵权重综合评价：

建立各因素的评价矩阵 RK，二级指标权重隶属度，由 $BK = AK \times RK$，可逐一计算得到各级评价因素的评分集，同理可求 B_2、B_3、B_4：

$$B_1 = A_1 \times R_1 = \{0.29,\ 0.29,\ 0.24,\ 0.18\} \times \begin{bmatrix} 0.7 & 0.2 & 0.2 & 0.1 \\ 0.4 & 0.2 & 0.3 & 0.1 \\ 0.5 & 0.2 & 0.2 & 0.1 \\ 0.6 & 0.2 & 0.2 & 0.0 \end{bmatrix}$$

$$= \{0.547,\ 0.200,\ 0.200,\ 0.053\}$$

故：计算一级指标权重隶属度，综合评价矩阵 R，由 $B = A \times R$，得到方案一的总评分集：

$$B = A \times R = \{0.48, 0.12, 0.22, 0.18\} \times \begin{bmatrix} 0.547 & 0.200 & 0.200 & 0.053 \\ 0.558 & 0.184 & 0.233 & 0.025 \\ 0.500 & 0.317 & 0.150 & 0.033 \\ 0.054 & 0.192 & 0.700 & 0.054 \end{bmatrix}$$

$$= \{0.449, 0.222, 0.283, 0.045\}$$

赋分评价标注 $F = \begin{bmatrix} 100 & 80 & 60 & 40 \end{bmatrix}$，由 $Z = B \times F$ 计算方案一的最终评价分值：

$$Z_1 = B_1 \times F = \{0.449, 0.222, 0.283, 0.045\}\{100, 80, 60, 40\}^T = 81.44$$

同理可求方案二、方案三综合评价分值：

$$Z_2 = B_2 \times F = 69.8$$
$$Z_3 = B_3 \times F = 76.4$$

故，方案一为最优方案。

学习笔记

13.4　设 计 概 算

设计概算见表 13-6。

某教育中心项目总投资概算表　　　　　　　　　　　　　　　　表 13-6

序号	工程或费用名称	概算造价(万元)					技术经济指标		
		建筑工程费	设备购置费	安装工程费	其他费用	合计	单位	数量	指标
一	工程费用	15461.43	910.65	3252.52	0.00	19624.61			
(一)	教育中心项目(主楼)	14216.49	910.65	2878.49	0.00	18005.62	m²	19420.05	9271.67

序号	工程或费用名称	概算造价(万元)					技术经济指标		
		建筑工程费	设备购置费	安装工程费	其他费用	合计	单位	数量	指标
1	桩基工程	419.12				419.12	m²	19420.05	215.82
2	建筑结构工程	3860.62				3860.62	m²	19420.05	1987.95
3	外立面装饰工程	3518.36				3518.36	m²	19420.05	1811.72
4	室内装饰工程	4148.30				4148.30	m²	19420.05	2136.09
5	1800座固定座椅			360.00		360.00	张	1800	2000.00
6	400座固定座椅			72.00		72.00	张	400	1800.00
7	音乐厅钢架	2270.09				2270.09	m²	19420.05	1168.94
8	室内给水排水工程			178.08		178.08	m²	19420.05	91.70
9	室内电气工程		359.20	812.92		1172.12	m²	19420.05	603.56
10	消防工程		35.45	434.09		469.54	m²	19420.05	241.78
11	中央空调工程		259.29	760.49		1019.78	m²	19420.05	525.12
12	建筑智能化工程			178.05		178.05	m²	19420.05	91.68
13	舞台灯光音响		38.00	0.00		38.00	m²	19420.05	19.57
14	舞台机械工程		10.40	5.20		15.60	m²	19420.05	8.03
15	电梯工程		208.30	77.67		285.97	m²	19420.05	147.26
(二)	教育中心项目(总平工程)	1244.94	0.00	374.04	0.00	1618.98	m²	22582.2	716.93
1	绿化景观工程	59.68				59.68			
2	道路、广场及车位	192.49				192.49			
3	景观水池	175.83				175.83			
4	海绵城市(增量工程)	264.14				264.14			
5	总平水电工程			374.04		374.04			
6	雕塑、小品	35.00				35.00	套		
7	户外座椅	7.98				7.98	套	15.00	5320.00
8	垃圾桶	2.40				2.40	个	20.00	1200.00
9	拆除原有建筑	422.88				422.88	m²		
10	清理原场地乔木灌木等	84.55				84.55	m²	23400.00	36.13
二	工程建设其他费用				2250.73	2250.73			
1	建设管理费				785.84	785.84			
1.1	建设单位管理费				273.86	273.86			
1.2	施工图设计文件审查费				49.54	49.54			
1.3	招标代理服务费				35.36	35.36			
1.4	工程造价咨询费				117.60	117.60			
1.5	工程监理费				309.47	309.47			
2	建设用地费				0.00	0.00			

续表

序号	工程或费用名称	概算造价(万元)					技术经济指标		
		建筑工程费	设备购置费	安装工程费	其他费用	合计	单位	数量	指标
3	建设项目前期工作咨询费				65.57	65.57			
4	勘察设计费				990.85	990.85			
4.1	工程勘察费				98.12	98.12			
4.2	工程设计费				892.73	892.73			
4.2.1	基本设计费				756.55	756.55			
4.2.2	其他设计费				136.18	136.18			
4.2.2.1	施工图预算编制费				75.66	75.66			
4.2.2.2	竣工图编制费				60.52	60.52			
5	环境影响评价费				0.00	0.00			
6	场地准备及临时设施费				98.12	98.12			
7	工程保险费				58.87	58.87			
8	城市市政建设配套费				0.00	0.00			
9	绿色建筑评价费				19.07	19.07			
10	检验试验费				196.25	196.25			
11	防空地下室易地建设费				34.96	34.96			
12	白蚁防治费				0.00	0.00			
13	地质灾害危险性评价费				0.00	0.00			
14	水土保护设施补偿费及水土流失防治费				0.00	0.00			
15	特种设备检验检测费				1.20	1.20			
三	预备费用				1093.77	1093.77			
	基本预备费				1093.77	1093.77			
四	建设期利息					704.89			
五	流动资金					0.00			
六	项目总投资(一+二+三+四+五)					23674.00			

13.5　部分成果文件

部分项目成果文件以二维码形式展现，读者可以扫描下方二维码阅读。

初步设计合规
性审查表

初步设计技术
性审查表

全过程工程咨询
设计咨询报告

学习笔记

学习情境 14　发承包阶段工程咨询成果文件

14.1　发承包阶段咨询成果文件一览表

发承包阶段咨询成果文件一览表见表 14-1。

发承包阶段咨询成果文件一览表　　　　　　　　表 14-1

序号	咨询成果文件名称	说明
1	招标方案、招标采购策划文件（或策划书）	
2	【工程】工程建设报建表、设计文件（含审查意见）	
3	【工程】经审批备案的成套招标控制价、工程量清单或标底	
4	【货物】货物需求清单或需求一览表	
5	【服务】服务需求	
6	招标公告（投标邀请书）	
7	公开招标文件、邀请招标文件	
8	招标采购文件发放记录	
9	澄清或修改（一）、（二）、（三）…	
10	评审专家抽取申请表格	
11	评审专家抽取记录及抽取结果	
12	评标报告	
13	开标表格	
14	评标表格	
15	中标候选人公示	
16	中标公告	
17	中标通知书	
18	未中标通知书	
19	依法必须招标项目的招标报告	
20	与招标人书面往来函件	
21	回访表、项目实施意见表	
	以下为采用资格预审时	
22	资格预审	
23	资格预审文件	
24	资格预审文件评审表格	
25	资格审查报告	
26	资格审查结果通知书（纸质）	

14.2　工程项目招标策划书

××幼儿师范高等专科学校武鸣校区项目（一期）工程项目工程总承包

招标策划书

招标代理机构：××××公司

××幼儿师范高等专科学校武鸣校区项目（一期）工程项目工程总承包招标策划书

［××幼儿师范高等专科学校］：

　　××幼儿师范高等专科学校武鸣校区项目（一期）工程总承包（招标编号：Z×××××19××）招标准备工作已就绪，我公司计划实施该项目的工程总承包招标，现就项目实施方案具体报告如下：

一、招标已具备的基本条件

（一）招标人已依法成立，本工程招标人：××幼儿师范高等专科学校

（二）本工程的实施方案批复情况：工程实施方案已完成，并由［桂发改社会〔2018〕1525 号］号文批复了实施方案，批复概算总投资 229229 万元。

（三）建设资金落实情况：业主自筹与银行贷款，已落实。

（四）最高投标限价

本工程最高投标限价为 129078.60 万元；其中：

□ 勘察费为＿＿＿万元；（如有）

☑设计费为 1534.62 万元；

☑设备购置费为 3444.13 万元（包括电梯工程、通风空调工程、太阳能＋空气源热泵）；

☑建筑工程费为 81635.20 万元；包括主体建筑工程费为 61299.76 万元（其中图文信息中心 11387.59 万元、第一教学综合楼及第二教学综合楼 7498.47 万元、行政办公综合楼及第四教学综合楼 7677.93 万元、第三教学综合楼及实验实训综合楼 5562.00 万元、艺术楼及会堂 6599.31 万元、大学生活动中心 1135.74 万元、学生宿舍（西区）16223.04 万元、学生第一食堂及教工食堂 2248.92 万元、青年教师公寓 1740.96 万元、后勤综合楼及风雨操场 1225.80 万元）；室外工程费为 20335.44 万元；

☑安装工程费为 34333.25 万元；

☑场地准备及临时设施费为 605.46 万元；

☑暂列费用为 7525.94 万元。（如有，为不可竞争费用）【备注：暂列费用指招标人为工程总承包项目预备的用于建设期内不可预见的费用】

　　本项目是在投资主管部门批准的可行性研究报告范围内确定最高投标限价，与中标人签订工程总承包合同，中标价格为上限控制总价，上限控制总价不能突破最高投标限价，各单体的上限控制价不能超过相对应单体的招标控制价，若初步设计概算低于可行性研究报告估算，应相应下调。特殊情况，某个单体如有突破，承包方应进一步优化设计，经发包方同意，各单体之间资金方可相互进行调整。

二、招标方式和承包方式

（一）本项目的招标方式为国内公开招标，资格审查方式为资格后审方式。

（二）合同方式：固定总价合同。

三、招标组织形式

（一）本次施工招标工作委托［××××招标有限公司］代理。

（二）工作范围

1. 编制招标实施方案；

2. 编写并发布资格预审公告；编制并发放资格预审文件（采用资格预审时）；

3. 编制并发布招标公告，并根据相关法律、法规等文件要求，招标信息在以下网址发布：

本次招标公告同时在中国政府采购网 www. ccgp. gov. cn、××自治区政府采购网（www. zfcg. g*zf. gov. cn）、××招标投标公共服务平台 ztb. g*i. gov. cn、××市公共资源交易中心网 http：//www. nnggzy. net（公告发布媒体包含但不限于上述媒体）发布。

4. 编制并［发放招标文件/上传至交易平台供投标人下载（电子标时）］；

5. 协助招标人组织投标人踏勘现场（如需要）；

6. 协助招标人组织投标预备会（如需要）；

7. 编制并发放澄清、修改文件；发布澄清、修改公告（如需要）；

8. 抽取评审专家，协助招标人组建评标委员会；

9. 组织资格预审评审（采用资格预审时）、开标与评标；

10. 编写招标书面情况报告。

11. 编制并发布中标候选人公示公告。

（三）招标工作接受以下单位的监督：（略）

1. ［招标人名称，地址，联系人、联系电话］；

2. ［行政监督部门1名称，地址，联系人、联系电话］；

3. ［行政监督部门2名称，地址，联系人、联系电话］；

4. ［交易中心（项目进入交易中心时）名称，地址，联系人、联系电话］。

四、招标内容和标段划分以及工期质量要求

（一）项目名称：××幼儿师范高等专科学校武鸣校区项目（一期）工程总承包

（二）招标编号：××ZC2019-G2-22642-××ZB

（三）建设地点：××教育园区西片区发展大道与新庆南路交界处东侧

（四）招标范围：建设的单体及配套设施的设计、采购、施工。施工图设计（设计内容包括但不限于建筑、装修装饰、结构、给水排水、电气、通风、智能、总平道路及场地硬化、交通、照明、总平供配电和总平给水排水、电力管沟、通信、消防、人防、室外运动场地、海绵工程、绿建、绿化、桥梁、景观水系、大门、围墙、土石方工程、电梯、空调等工程所需全部设计）、采购（设计范围内所涉及的设备材料包含电梯、空调等）、建设红线范围内的三通一平、（设计范围内所涉及的工程内容、基坑支护、地基处理、挡土墙等）直至竣工验收合格及整体移交、工程保修期内的缺陷修复和保修工程的总承包。

（五）标段划分：无。

（六）建设规模：一期总建筑面积288630m²，其中图文信息中心34473m²、第一教

学综合楼及第二教学综合楼 35949m²、行政办公综合楼及第四教学综合楼 36729m²、第三教学综合楼及实验实训综合楼 30900m²、艺术楼及会堂 26537m²、大学生活动中心 4938m²、学生宿舍（西区）90128m²、学生第一食堂及教工食堂 12494m²、青年教师公寓 9672m²、后勤综合楼及风雨操场 6810m²，以及智能化系统、运动场、给水排水、供配电、大门、围墙、道路、绿化及景观、水体、广场等配套设施。

（七）计划工期：本项目总工期（指自签订总承包合同之日起到工程交付业主使用之日期间的工期，包括☑设计工期、采购工期、施工工期、验收工期、办理开工所需的前期手续等相关手续的工期等）为 548 天（日历天）。

（八）工程质量要求：设计要求的质量标准应符合法律法规和相关规范要求，满足相关政策、相关部门的审批、审查意见，满足本项目的设计要点和实际需求。

施工要求的质量标准：满足设计及有关规范要求，工程验收一次性达到现行国家验收规范合格标准。

五、招标计划安排

（一）招标工作将按下列时间完成：

2019 年 3 月 27 日发布招标公告；2019 年 3 月 27 日至 4 月 3 日发售招标文件，投标文件递交截止时间（开标时间）2019 年 4 月 29 日 9 时 30 分，地点为××市良庆区玉洞大道 33 号××市民中心××市公共资源交易中心开标厅（具体详见 9 楼电子显示屏安排），自招标文件出售之日起至停止出售之日止，发售时间最短不少于 5 日；自招标文件出售之日起不少于 20 天后截标、组织开标、评标，完成评标报告。

招标人在确定中标人后，在 15 日之内按项目管理权限向监督部门提交招标投标情况书面报告。

（二）踏勘及投标预备会

本项目不组织投标人踏勘现场，投标人可自行踏勘。

本项目不组织投标预备会。

（三）其他

住宿：不需要；送餐安排：交易中心安排，不需要车辆接送，不需安排交通工具。

六、对潜在投标人的资质（资格）要求：

（一）资质条件：本项目接受联合体投标。

1. 本次招标要求投标人同时具备建筑行业建筑工程设计甲级资质或工程设计综合资质和建筑工程施工总承包一级及以上资质，具有有效的安全生产许可证，并在人员、设备、资金等方面具备相应的履约能力。投标人（如为联合体投标的要求其联合体中施工单位）须符合《××自治区建筑市场诚信卡管理暂行办法》（桂建管〔2013〕17 号）和《关于加强××建筑业企业诚信信息库日常维护管理的通知》（桂建管〔2014〕25 号）的规定，已办理诚信库入库手续并处于有效状态。

2. 主要负责人员要求

（1）项目总负责人：具有一级注册建筑师或一级注册结构师执业资格或建筑工程专业的一级注册建造师执业资格，同时具有高级及以上职称。

（2）项目设计负责人：具有一级注册建筑师执业资格，同时具有高级及以上职称。

项目技术负责人：具有建筑类高级及以上职称。

（3）项目采购负责人（如有）：具有中级及以上职称。【备注：建议招标人自行确定】

（4）项目经理：具有建筑工程专业的一级注册建造师证书和高级及以上职称，具备有效的××建筑市场诚信卡和安全生产考核合格证书（B类）。本项目不接受有在建、已中标未开工或已列为其他项目中标候选人第一名的建造师作为项目经理（符合《××自治区建筑市场诚信卡管理暂行办法》第十六条第一款除外）。

（5）项目施工专职安全员：具备有效的××建筑市场诚信卡和专职安全员安全生产考核合格证书（C类）。

3. 本次招标接受联合体投标。联合体投标的，应满足下列要求：

（1）本项目接受联合体投标。由施工单位和设计单位组成的工程总承包的联合体投标。联合体成员由1家设计单位和1家施工单位组成，联合体各方均应符合"具有独立法人资格""具有独立承担民事责任的能力"的条件，其中施工单位须具备有效的安全生产许可证。

（2）联合体各方应当签订联合体协议书，其中联合体牵头人代表联合体各方成员负责投标和合同实施阶段的主办、协调工作，但联合体其他成员在投标、签约与履行合同过程中，仍负有连带的和各自的法律责任。

（3）组成联合体进行投标的设计或施工单位不得再以自己的名义单独参与同一标段的投标，也不得组成新的联合体参与同一标段的投标。

（4）联合体各方应分别在人员、设备、资金等方面具有承担本项目联合体协议书分工职责范围内的履约能力。

（5）联合体中有同类资质的企业按照联合体协议书分工承担相同工作的，应当按照资质等级较低的企业确定联合体资质等级。

（二）财务要求：财务状况报告，年份2015、2016、2017年。

（三）业绩要求：投标文件递交截止之日起前三年类似项目业绩；类似项目按项目规模设置。

（四）信誉要求：按招标文件规定。

（五）人员要求：与前述投标人资质要求一同表述。

（六）其他要求：[无]

七、招标公告、招标文件发售事项

招标文件的获取：凡通过网上报名者，请于2019年3月27日00时00分至2019年4月3日23时59分（不少于5个工作日），由潜在投标人的专职投标员凭本人的"××建筑市场诚信卡"卡号及密码或企业CA锁登录××市公共资源交易平台（http://www.nnggzy.net/g*nnhy）下载招标文件和图纸。

投标保证金：收取金额叁拾万元整（￥300000元）（不超过合同估算价2%），收取单位：××市交易中心

招标人定于投标截止时间10日前或资格预审文件提交截止时间2日前。

八、评审办法

本项目采用资格后审、综合评估法。

九、评标机构的组建方案

根据《评标委员会和评标方法暂行规定》（国家发展计划委员会等七部委 12 号令）、××自治区发展改革委员会、监察厅《关于进一步规范自治区建设项目招标投标活动的若干规定》（桂发改前期〔2007〕681 号）的要求，评审委员会由招标人代表与评审专家组成。

评标委员会成员总人数不少于 5 人，评审专家比例数量不少于 2/3。具体为：

总人数为 9 人，其中，招标人代表 2 人（其中：施工技术类：1 人，建筑类：1 人）；

专家 7 人，专家由以下专业技术人员组成：☑经济：2 人；☑建筑：2 人；☑结构：2 人；☑施工技术：1 人；□其他专业：0 人

十、开标、资格审查、评标安排

本工程拟定于 2019 年 4 月 29 日 9 时 30 分截标后在××市交易中心，具体地址：××市良庆区玉洞大道 33 号××市民中心××市公共资源交易中心开标厅（具体详见 9 楼电子显示屏安排）进行开标、评标。

整个招标评审过程须在监督人员监督下进行，严格遵守有关招投标纪律。评审会上由评审委员会对所有申请人资格进行评审，初步评审通过过后进入详细评审阶段。

整个招标评审过程须封闭保密进行。所有参加评审会的人员须各司其职，不得打听、干扰别人的工作，评审委员会成员对所有资格预审申请文件的同一内容进行评审，确保评审的工作效率与公正性。最后，评审委员会将结果形成评标报告及其附表报招标人。

14.3　全过程工程咨询服务招标文件前附表

全过程工程咨询服务招标文件前附表见表 14-2。

投标人须知前附表　　　　　　　　　　　　　　　　表 14-2

条款号	条款名称	编列内容
1.1.2	项目名称及项目招标编号	项目名称： 项目招标编号：
1.1.3	招标人	名称： 地址： 联系人： 电话： 电子邮箱：

续表

条款号	条款名称	编列内容
1.1.4	招标代理机构	名称： 地址： 联系人： 电话： 电子邮箱：
1.1.5	项目概况	建设地点：××市××××内。 建筑安装费：6637.5万元。 建设规模：项目核心区占地面积500亩，其中生活管理区占地面积10亩（包括"两个中心"），设施渔业区占地面积40亩，水产原良种保种选育区占地面积120亩，引进种及新品种性能测试区占地面积50亩，名优水产苗种培育区占地面积120亩，绿色健康养殖试验区占地面积80亩，水处理区占地面积80亩。项目建设内容主要包括综合楼、业务用房、管理用房、引种隔离检疫车间、工厂化育苗车间、育苗室、池塘、道路、给水排水系统、配电房、水泵房、围墙、绿化及景观等。 服务期限：本项目服务周期起始时间以招标人书面通知进场为准，至办理竣工结算及备案、保修期满止。 质量要求：符合国家相关规范、要求合格标准
1.2.1	资金来源及出资比例	多渠道筹措资金
1.2.2	资金落实情况	100%
1.3	招标范围	包括： ☑全过程工程项目管理（以下简称"项目管理"）：本项目全生命周期的项目策划、报建报批、勘察管理、设计管理、合同管理、投资管理、进度管理、招标采购管理、现场管理、参建单位管理、验收管理、运营保修管理以及质量、计划、安全、信息、沟通、风险、人力资源等管理与协调。 ☑前期咨询：编制可行性研究报告、编制环境影响报告书、编制水土保持方案，协助完成项目可行性研究报告的审批工作，取得批复。对项目规划方案、项目投资机会研究、投融资策划等提供咨询和建议。协助水土保持方案、环境影响评估报告、地质灾害评估报告的评审及报送。 ☑工程勘察：对本项目的地质进行详细勘察，质量符合国家规定的标准和现行技术规范、规程要求，成果报告真实反映地质情况，深度满足工程设计需要，并通过相关行政主管部门备案。 ☑设计咨询：编制方案设计，编制初步设计；对施工图设计阶段设计提供技术咨询及决策建议；组织设计单位进行现场设计技术交底和图纸会审；协助建设单位向政府职能部门报审设计文件。审核施工单位对设计文件的意见和建议，审查施工图及各项设计变更，提出合理意见与优化建议。保管所有设计文件及过程资料，项目管理期限届满或合同终止时移交给建设单位和档案管理部门。 ☑工程监理：建立项目监理规划和实施方案、进度管理、质量管理、职业健康安全与环境管理、工程变更、索赔及施工合同争议处理、信息和合同管理、协调有关单位之间的工作关系、工程验收策划与组织、分部分项工程、单位工程验收、竣工资料收集与整理、工程质量缺陷管理。 ☑造价咨询：施工图预算的编制与审核；计算及审核工程预付款和进度款、变更、签证及索赔管理、材料、设备的询价，提供核价建议、施工现场造价管理、审核及汇总分阶段工程结算、竣工结算审核、工程技术经济指标分析、竣工结算报告的编制或审核、配合完成竣工结算的政府审计、根据审计结果，对工程的最终结算价款进行审定、配合优化设计编制的造价对比成果文件。

条款号	条款名称	编列内容
1.3	招标范围	☑招标采购：项目 EPC 总承包及相关服务的招标（采购）策划、招标（采购）文件编制及备案、组织开标、评标工作、合同条款策划、招投标过程管理等。 ☑其他：(1) 协助建设单位与项目总承包企业及建筑材料、设备、构配件供应、工程检测等企业签订合同并监督实施。对项目总承包企业在项目施工过程中进行全方位监督。(2) 组织参建各方工作，保护建设单位的合法利益，尊重参建方的合法权益。(3) 组织参建各方定期参加工作例会，并做好会议纪要。对项目进行不定期进行检查，检查内容包括：进度、质量、安全等内容，对存在问题下发整改通知书，并监督整改到位。(4) 收集参建各方的工程资料，与相关部门对接，协助完成项目整体验收工作
1.4.1	投标人资质、能力和诚信要求	(1) 资质要求：须具备建筑行业（建筑工程）设计甲级及以上、房屋建筑工程监理甲级（或工程监理综合资质）、工程造价咨询甲级的其中两项及以上资质； (2) 本次招标要求投标人拟投入本项目人员的资格要求： 1) 项目总负责人 须具备一级注册建筑师或一级注册结构师或建筑工程专业一级注册建造师或房屋建筑工程专业注册监理工程师或住房城乡建设部颁发的注册造价工程师的其中一项执业资格。 2) 专业咨询负责人 ☑工程监理负责人（项目总监理工程师）：须具备房屋建筑工程专业国家注册监理工程师执业资格，具备有效的安全教育培训合格证，且诚信库的状态有效的【不接受存在以下任一种情形的项目：①在广西行政区域外有担任项目总监的在监项目；②在自治区全区范围内已经担任项目总监和（或）已列为第一中标候选人项目总监的工程个数达到 3 个的】。 ☑造价咨询负责人：须具备住房城乡建设部颁发的注册造价工程师执业资格。 3) 人员的其他要求：以上拟投入本项目人员不能为同一个人。附上近 3 个月（近 3 个月是指 2019 年 10 月～2019 年 12 月，下同）投标人为前述人员依法缴纳社会保险的证明材料或事业单位编制证明。 (3) 诚信要求（如有）：专职投标员、拟投入的总监理工程通过自治区电子招标投标系统验证，企业的广西建筑市场诚信状态处于有效状态。 (4) 其他要求：　无
1.4.3	是否接受联合体投标	☑不接受 □接受，应满足下列要求：＿＿＿＿＿
1.10.1	踏勘现场	不组织
1.11	分包	允许，分包内容要求：经招标人同意后，投标人可以将不在本企业资质范围内的业务分包给其他具有相应资质的企业。 对分包人的资质要求：工程咨询须通过全国投资项目在线审批监管平台备案；工程勘察须具备工程勘察专业类岩土工程（勘察）甲级或工程勘察综合资质；工程设计须具备建筑行业（建筑工程）设计甲级或工程设计综合资质；工程监理须具备房屋建筑工程监理甲级或工程监理综合资质；造价咨询须具备工程造价咨询甲级资质等。 注：投标人只需在投标文件中写明拟分包的内容及相应的资质。评审时，评标委员会不需对分包人的资质进行考评

续表

条款号	条款名称	编列内容
2.1.1 (7)	构成招标文件的其他材料	招标文件的澄清、修改、补充通知等内容
2.2.1	投标人对招标文件提出异议的截止时间	投标截止时间10日前。投标人不在规定期限内提出，招标人有权不予答复，或答复后投标截止时间由招标人确定是否顺延
2.2.2	投标截止时间	___年__月___日10时00分（北京时间）
2.2.3	招标文件澄清发布方式	☑在招标公告发布的同一媒介上 网站发布 □书面形式
2.2.4	投标人确认收到澄清的方式	☑不需要确认。澄清文件在本章第2.2.3款规定的网站上发布之日起，视为投标人已收到该澄清。投标人未及时关注招标人在网站上发布的澄清文件造成的损失，由投标人自行负责。 □需要确认。投标人在收到澄清文件后24小时内以书面形式通知招标人，确认已收到该澄清。 书面形式确认可通过传真或者将扫描件发送到邮箱，传真号码：_____，邮箱：_____
3.1	构成投标文件的材料	（根据项目实际情况编写，以下供参考，在方框内打"√"） 投标文件的组成部分：☑资格审查文件、☑技术文件、☑商务文件、☑资信文件 资格审查文件： （1）法定代表人身份证明（法定代表人签署投标文件时提供）或投标文件签署授权委托书（委托代理人签署投标文件时提供）； （2）投标人基本情况表； （3）咨询服务内容分包一览表（如有）； （4）投标保证金证明材料； （5）项目总负责人简历表； （6）设计咨询负责人简历表（如有）； （7）工程监理负责人简历表； （8）造价咨询负责人简历表； （9）拟投入本项目人员情况表； （10）资格审查需要提交的其他材料（如有）：近三年完成的类似项目情况表（如有）、正在实施和新承接的项目情况表（如有）、企业信誉实力一览表（如有）、企业近三年财务情况表（如有，对于从取得营业执照时间起到投标截止时间为止不足要求年数的企业，只需提交企业取得营业执照年份至所要求最近年份经审计的财务报表）等。（详见第三章评分办法） 技术文件： （1）全过程咨询服务大纲； ① 项目管理服务目标及控制措施； ② 各专业咨询服务目标及控制措施，例如： ☑工程监理方案 ☑设计咨询方案 ☑造价咨询方案 ③ 全过程工程咨询关键点、难点分析。 （2）全过程工程咨询组织机构 ① 全过程工程咨询资源投入及人员分工；

续表

条款号	条 款 名 称	编 列 内 容
3.1	构成投标文件的材料	② 项目总负责人简历表； ③ 设计咨询负责人简历表（如有）； ④ 工程监理负责人简历表； ⑤ 造价咨询负责人简历表。 （3）技术文件需要提交的其他材料。 商务文件： ① 投标函； ② 报价分析表； ③ 商务文件需要提交的其他材料。 资信文件： 详见第三章评分办法
3.2.2	投标报价	（1）本项目投标报价方式选择：（在方框内打"√"） 投标采用□投标总价报价☑投标费率 的方式进行报价。 投标人应结合自身因素进行竞争性报价，但不得超出招标控制价或最高投标费率，否则报价无效，做否决投标处理。 □投标总价报价方式 招标控制价：＿＿＿＿＿＿＿。 ☑费率报价方式 最高投标费率：6.93% 暂定工程投资额：11173.87 万元，以该暂定工程投资额为计费基数乘以中标的费率进行进度款拨付，实际的全过程咨询服务费＝审定的建安工程费×中标费率。 （2）投标报价的其他要求：投标人应结合自身因素进行竞争性报价，但不得超出投标费率范围，如报价低于最高投标费率80%时必须提供项目成本分析，做书面说明并提供相关证明材料。相关证明材料为：①行政机构税务部门开具的拟派项目人员的《依法缴纳个人所得税或依法免缴个人所得税的凭证（与本次投标拟派项目人员所提供社保同月份）》；②2016—2018 年度经第三方具备审计资质的机构出具的审计报告【包括其固定资产成本及折旧、管理成本、人工费成本（如人员工资、奖金、福利及差旅等费用）、税收等所有成本及利润】复印件，并提供原件现场核查。 如评委认定其资料不能详尽合理说明其成本的，则视为低于供应商成本价报价，报价无效
3.3.1	投标有效期	投标截止之日起☑60 天 □90 天 □120 天（日历天）
3.4.1	投标担保	投标担保的提交方式：本项目不收取投标保证金
3.6.2	投标文件副本份数	肆 份
3.6.3	装订要求	按照投标人须知第 3.1 项规定的投标文件组成内容，投标文件应按以下要求装订： □不分册装订 ☑分册装订，共分4 册，分别为：资格审查文件、技术文件、商务文件、资信文件。 投标文件每册装订应牢固、不易拆散和换页，不得采用活页装订

条款号	条 款 名 称	编 列 内 容
3.6.4	技术文件是否采用"暗标"评审方式	☑不采用 □采用，技术文件暗标编制及装订要求：＿＿＿＿＿＿＿
3.6.5	签字和（或）盖章要求	投标文件正本与副本均应由投标人在招标文件规定的相关位置加盖投标人法人单位公章，且经法定代表人签字（或盖章）或其委托代理人本人签字，否则作否决投标处理
4.1.1	包装、密封	投标人应将所有投标文件的资格审查文件、商务文件、技术文件、资信文件分别密封在四个密封袋内，密封袋上清楚地标明"资格审查文件"或"商务文件"或"技术文件"或"资信文件"。 提交投标文件时应为1个密封袋。 投标文件密封袋的封口处应加贴封条并加盖投标人法人单位公章以示密封
4.1.2	封套上应载明的信息	项目招标编号： 招标人的地址： 招标人名称： ＿＿＿（项目名称）＿＿＿投标文件 投标人地址： 投标人名称： 在＿＿年＿月＿日＿时＿分前不得开启
4.2.1	递交投标文件地点	××自治区公共资源交易中心（××市青秀区怡宾路6号）
4.2.3	是否退还投标文件	否
5.1	开标时间和地点	开标时间：同投标截止时间 开标地点：××自治区公共资源交易中心（××市青秀区怡宾路6号） 签到手续： 投标人的专职投标员应当按时参加开标会，并在招标人按开标程序进行点名时，向招标人提交法定代表人身份证明或法定代表人授权委托书，出示本人身份证原件，拟投入的总监理工程师身份证复印件
5.2	开标程序	开标顺序：随机 开标程序：（3）确认投标人到场情况。 公布在投标截止时间前递交投标文件的投标人名称，点名确认投标人是否派人到场；具有监理资质的企业、投标人专职投标员须通过自治区电子招标投标系统验证，如未通过验证，则退回其投标文件，并制作记录
5.3	不予开标	符合下列情况之一的投标，招标人拒绝受理或在开标时当场拒绝其投标，不得进入评标： ☑（3）投标人专职投标员未按本章第5.1项要求出席开标会或"投标人须知前附表"第1.4.1款规定的企业、专职投标员、拟投入的总监理工程师未能通过广西电子招标投标系统验证。 □（3）投标人法定代表人或其授权的委托代理人未按本章第5.1项要求出席开标会

续表

条款号	条款名称	编列内容
6.1.1	评标委员会的组建	评标委员会构成：7 人，其中招标人代表 2 人【要求详见本表后的备注】，专家5 人。 评标专家分工： □不分技术、经济类。 ☑分技术、经济类。其中，招标人代表参加技术类 2 人、经济类 0 人；技术类专家 3 人、经济类专家 2 人。 技术类专家专业：建筑设计 1 人、工程监理 2 人 评标专家确定方式：随机抽取
6.5.1	评标资料封存方式	☑在交易中心封存 □当地招投标监督管理部门封存
6.5.1（3）	封存的其他材料	无
6.6.1	中标候选人公示的媒介	☑在招标公告发布的同一媒介上公示 □在_____上公示
7.1	是否授权评标委员会确定中标人	□是 ☑否，推荐的中标候选人数：三名
7.3.1	履约保证金	☑是　履约保证金的方式：可以银行保函、现金、工程担保或保证保险等形式 【备注：严禁要求中标人只能以现金方式提交保证金的行为】 履约保证金的金额：人民币壹拾万元 在收到中标通知书后，中标单位须在合同签订前向招标人提交履约保证金，否则招标人可以取消其中标资格。 □否
8	重新招标	有下列情形之一的，招标人将重新招标： （1）投标截止时间止，投标人少于 3 个的； （2）经评标委员会评审，所有投标被否决或者部分投标被否决后，有效投标不足3 个，导致投标明显缺乏竞争的； （3）其他有关法律规定应当重新招标的情形。 　除以上情形外，除非已经产生中标候选人，在投标有效期内同意延长投标有效期的投标人少于 3 个的，招标人在分析招标失败的原因并采取相应措施后，应当依法重新招标
10　需要补充的其他内容		
10.1　词语定义		
10.1.1	类似项目	类似项目指：合同金额在 400 万元及以上的全过程工程咨询服务
10.1.2	考核期	考核期是指：2017 年 1 月 1 日至投标截止时间止

条款号	条款名称	编列内容
10.1.3	行业奖项	（1）设计行业奖项包括：住房和城乡建设部颁发的"全国优秀工程勘察设计金（银、铜）奖"；中国勘察设计协会颁发的"全国优秀工程勘察设计行业一、二、三等奖"；省（自治区、直辖市）住房和城乡建设主管部门或勘察设计协会颁发的"优秀工程勘察设计奖"。 （2）项目管理和监理行业奖项包括：中国建筑业协会评选住房和城乡建设部颁发的"中国建设工程鲁班奖"；国家工程质量奖审定委员会和中国施工企业管理协会评选的"国家优质工程奖"；中国市政工程协会评选的"市政金杯示范工程奖"；中国土木工程学会评选的"詹天佑土木工程大奖"；中国建筑装饰协会评选的"中国建筑工程装饰奖"；中国建筑业协会建筑安全分会评选的"AAA级安全文明标准化工地奖"或"建设工程项目施工安全生产标准化建设工地"；省（自治区、直辖市）住房和城乡建设主管部门评选的"优质工程奖"；省（自治区、直辖市）住房和城乡建设主管部门或工程建设质量安全管理协会评选的"安全文明工地奖"。 （3）造价咨询行业奖项包括：中国建设工程造价管理协会评选的"造价成果奖"；省（自治区、直辖市）住房和城乡建设主管部门或工程造价管理协会评选的"造价成果奖"。 （4）BIM奖项包括：中国图学学会"龙图杯"全国BIM大赛奖项；"科创杯"中国BIM技术交流会暨优秀BIM案例作品展示会大赛奖项；××自治区"八桂杯"BIM技术应用大赛奖项
	企业奖项	（1）监理企业奖包括：中国建设监理协会评选的"先进工程监理企业"；省（自治区、直辖市）级：省（自治区、直辖市）建设监理协会评选的"先进监理企业奖"。 （2）造价咨询企业奖包括：中国建设工程造价管理协会评选的"先进单位"；中国建设工程造价管理协会颁发的"企业信用等级证书"；省（自治区、直辖市）建设工程造价管理协会评选的"先进单位"。 （3）招标代理企业奖包括：中国土木工程学会建筑市场及招标投标研究分会评选的"先进单位"；中国招标投标协会颁发的"企业信用等级证书"；省（自治区、直辖市）建筑市场及招标投标研究分会评选的"先进单位"。 （4）设计企业奖包括：中国勘察设计协会评选的"科学技术奖""国家工程建设（勘察设计）质量管理小组活动优秀企业""全国建筑设计行业诚信单位"；省（自治区、直辖市）勘察设计协会评选的"科学技术奖"
10.2	投标文件电子版	
	是否要求投标人在递交投标文件时，同时递交投标文件电子版	☑不要求 □要求，投标文件电子版内容：_____ 　　　　投标文件电子版份数：_____ 　　　　投标文件电子版形式：_____ 　　　　投标文件电子版标识：_____ 投标文件电子版密封方式：单独放入一个密封袋中，加贴封条，并在封套封口处加盖投标人单位公章，在封套上标记"投标文件电子版"字样

续表

条款号	条 款 名 称	编 列 内 容
10.3	知识产权	
		构成本招标文件各个组成部分的文件，未经招标人书面同意，投标人不得擅自复印和用于非本招标项目所需的其他目的。招标人全部或者部分使用未中标人投标文件中的技术成果或技术方案时，需征得其书面同意，并不得擅自复印或提供给第三人
10.4	同义词语	
		构成招标文件组成部分的"协议书""通用条款"和"专用条款"等章节中出现的措辞"发包人"和"咨询人"，在招标投标阶段应当分别按"招标人"和"投标人"进行理解
10.5	监督	
		本项目的招标投标活动及其相关当事人应当接受有管辖权的建设工程招标投标行政监督部门依法实施的监督，如项目属于公共资源交易范围，应同时接受本级公共资源交易监督机构的监管
10.6	解释权	
		构成本招标文件的各个组成文件应互为解释，互为说明；如有不明确或不一致之处，构成合同文件组成内容的，以合同文件约定内容为准，且以专用条件约定的合同文件优先顺序解释；除招标文件中有特别规定外，仅适用于招标投标阶段的规定，按招标公告（投标邀请书）、投标人须知、评标办法、投标文件格式的先后顺序解释；同一组成文件中就同一事项的规定或约定不一致的，以编排顺序在后者为准；同一组成文件不同版本之间有不一致的，以形成时间在后者为准。按本款前述规定仍不能形成结论的，由招标人负责解释
10.7	招标人补充的其他内容	
10.7.1	招标代理服务费的计算与收取	□招标人支付。【备注：国有投资和使用国有资金的项目在建设项目费用组成中已包含招标代理服务费的，应选择由招标人支付】 ☑中标人支付。具体为：根据招标人与代理人签订的《建设工程招标代理合同》，本项目委托招标代理服务费按标准下浮 30％计取，由中标人在领取中标通知书时，一次性向招标代理机构支付
10.7.2		开展全过程工程咨询服务的企业不能与本项目的招标代理机构、工程总承包企业、总承包中的设计企业、施工企业以及建筑材料、构配件和设备供应企业之间有控股、参股、隶属或其他管理等利益关系，也不能为同一法定代表人

注：(1)"投标人须知前附表"中的条款名称、编列内容，招标人可根据项目实际需要进行适当的增减。

(2)招标人如需要对"投标人须知"正文条款进行细化调整的，应在"投标人须知前附表"中进行相应调整。

(3)招标人派出评委参加评标的，须符合以下条件之一：

1)必须是本单位具备与评标工程技术要求相当条件和能力水平的人员出任，须附招标人为其缴纳的近3个月的社会保险证明原件或者工作编制证明文件复印件加盖单位公章；

2)本单位无符合上述条件的人员时，可以委托持《广西壮族自治区建设工程招标投标评标专家资格证书》的人员出任；持证人员已退休的，应附退休证明文件复印件加盖单位公章，持证人员在职的，应附现任职单位为其缴纳的近3个月的社会保险证明原件或者工作编制证明文件复印件加盖单位公章。

(4)本招标文件中描述投标人的"公章"是指根据我国对公章的管理规定，用投标人法定主体行为名称制作的印章，除本招标文件有特殊规定外，投标人的财务章、部门章、分公司章、工会章、合同章、投标专用章、业务专用章等其他形式印章均不能代替公章。

14.4　部分成果文件

部分项目成果文件以二维码形式展现，读者可以扫描下方二维码阅读。

工程项目招标
公告

工程项目总承包
招标文件

工程招标投标
答疑

招标工程量清单

工程项目开标
评标表格

工程项目评标
报告

中标通知书

学习笔记

学习情境 15 实施阶段工程咨询成果文件

15.1 实施阶段咨询成果文件一览表

实施阶段咨询成果文件一览表见表 15-1。

实施阶段咨询成果文件一览表   表 15-1

序号	咨询成果文件名称	说明
1	监理规划	
2	监理实施细则	
3	节能规划	
4	节能实施细则	
5	监理工作指导文件	
6	监理交底	
7	设计交底及图纸会审纪要	
8	工程开工/复工审批表	
9	工程开工/复工令	
10	监理日志	
11	监理月报	
12	监理例会会议纪要	
13	旁站记录	
14	巡视记录	
15	支付证书	
16	监理通知单及回复单	
17	桩基、基础、主体质量评价报告	
18	现场安全文明施工组织设计审查	
19	其他施工方案审查	
20	质量验收记录	
21	安全验收记录	
22	造价分析报告	
23	造价过程审核文件	
24	工程联系函	
25	设计变更通知单	
26	签证单	
27	月进度报量	
28	工程量确认单	
29	材料询价报告单	

学习笔记

Part12

15.2 工程签证单

工程签证单见表15-2。

签证单

表15-2

合同编号：STXM201702　　　　　　　　　　　　　　　　第 1 页共 1 页
年　月　日

编号：001

单位工程名称	××××工程	签证类型	□设计变更 □建设单位提出变更 □新增项目 ☑其他（工期）

日 期		签 证 原 因	签 证 内 容
月	日		
10	22	根据《铁路安全管理条例》的规定和《石方开挖施工方案》专家论证的结论，本工程石方开挖不应使用控制爆破的施工方法，故石方开挖由控制爆破变更为机械破除，在方案变更期间我方无法施工。根据施工合同（编号：STXM201702）第7.5条关于工期延误的有关规定，以上事项已经造成我施工单位的停工，请建设单位给予工期顺延	延误工期为2020年09月19日至2020年10月31号，共计工期延误43天。在此期间的工程延误工期请建设单位给予顺延

建 设 单 位	监 理 单 位	施 工 单 位
审核意见：(公章) 项目负责人： 年　月　日	审核意见：(盖章) 专业监理人员： 年　月　日	(盖章) 项目经理： 年　月　日

注：(1) 本签证单一式五份，施工单位执三份，建设单位、监理单位及各执一份，结算时必须递交原件；

(2) 未经签名和复印件的签证单，结算时将视为无效依据。

15.3　工程施工会议纪要

以某工程第一次会议纪要为例，见表15-3。

第一次会议纪要　　　　　　　　　　　　　　　　　　　　　　表 15-3

编　号：__20××-001号　　　　　　　　　　　　　　合同号：___号

工程名称	××××工程		
会议日期	2019 年 11 月 17 日 09：30	主持人	××××
地　　点	施工项目部办公室	记录人	××××
参加会议人员名单			
参 加 单 位		参 加 人 员 名 单	
广西恒基建设工程咨询有限公司			
广西建工集团第××建筑工程有限责任公司			
签名：后附签到表			

会议内容

　　会议由建设单位副院长××××主持，会议主要有以下内容：(1) 建设单位、施工单位、监理单位分别介绍各自驻现场的组织机构、人员分工；(2) 建设单位根据委托监理合同宣布对总监理工程师的授权；(3) 建设单位介绍开工准备情况；(4) 承包单位介绍施工准备情况；(5) 建设单位和监理单位对施工准备情况及项目实施过程有关事项提出意见和要求；(6) 总监介绍监理规划 (监理交底) 的主要内容；(7) 研究各方在施工过程中参加工地例会的主要人员，召开工地会议周期、地点及主要议题；(8) 决议事项。

　　一、建设单位、施工单位、监理单位分别介绍各自驻现场的组织机构、人员分工

　　建设单位：×××为项目负责人，×××为工地代表，×××为甲方聘请工地顾问

　　监理单位：××× (总监)、××× (总监代表)、××× (土建专业工)、××× (水电监理员)、×、×××× (资料员) 等

　　施工单位：×××× (项目经理)、××× (项目副经理)、××× (现场负责人)、××× (技术负责人)、××× (副技术负责人)、×××× (总工程师) 等

　　二、建设单位根据委托监理合同宣布对总监理工程师的授权

　　根据委托监理合同任命本工程总监理工程师为×××同志。

　　三、建设单位介绍开工准备情况

　　2019 年 11 月 17 日召开第一次工地会议。本工程基坑支护部分从今年 3 月 9 日正式开工，到目前为止基坑支护工程基本接近尾声，主体施工队伍已经进场。此次主体中标的施工单位是××××公司，自 7 月份开标中标，10 月份陆续进场，前期准备工作基本完成，初步计划本月底正式开工。自进场以来，工作较主动积极，与基础施工队伍××××公司对接工作做得较好。目前只差最后的两个手续：安监和质监工作，××××公司尽快办理劳务分包备案及安全措施登记表工作落实后，安监及质监这两个工作基本可以落实，开工手续就可以办理。

　　通过近一个月的现场施工准备的进展情况来看，施工方工作比较主动，进场比较早，工作较有计划性。2019 年 10 月 22 日施工项目部进场至今，施工单位也存在一些不足之处：

　　(1) 施工组织设计方案、项目机构均未报审；

　　(2) 履约保函未到位；

　　(3) 需要配合业主办理的相关手续未能及时办理。

四、施工单位介绍施工准备情况

（1）项目部临时设施完成 60%，主体项目计划建造 200～300 人的工人住房，但因场地尚未交接完毕，还有两栋住房尚未完成。

（2）目前基坑进行桩位放点，计划今晚一台桩基机械进场。明天进行项目开工仪式，希望业主、监理能参加指导。

（3）现在土方工程已开挖，需要办理手续证件希望业主尽快办理提供，我方也尽快向业主提供相应的报建资料。

（4）开工后认真听从各相关单位的工作监督和指导，业主的期望就是我们的工作目标。

（5）施工过程中严格按有关规定要求执行施工，做好施工过程的"三检"工作，做好工序、材料等报验工作。

（6）目前资料员、安全员已经到位。

五、建设单位和监理单位对施工准备情况及项目实施过程有关事项提出意见和要求

（1）本项目作为市政府为民办实事的重点项目，得到了市委市政府的大力支持。这个项目的建成，对南宁市具有非凡的意义，我们要齐心协力把这个工程建成真正的民心工程。

（2）开工的准备工作要抓紧做好，人员、机械设备要到位，保证主体工程顺利开工。

（3）××××公司是广西唯一的特级建筑企业，希望××××公司拿出打硬仗的风格，认真计划、组织施工，力争高速、优质、安全、低耗建设好综合大楼，按合同工期（600 天）按期完工。

（4）前期及今后人员、材料、资料等各方面工作要有计划性，预见性，人员、材料、设备要及时就位，材料、机械设备进场要有专人负责、取样送检，专人做台账，从根源上保证质量。

（5）施工措施方案方面：希望××××公司组织技术过硬的技术人员、经验丰富的施工班组进行主体施工，保证主体质量。

（6）施工现场首先要求安全第一，对于现场存在的安全隐患要杜绝，不允许发生安全事故，必须做好监督，监理、业主严格把关。

（7）监理单位总工办每个月会定期对工地进行安全、质量检查，××××公司每个月至少对施工现场资料、安全、质量进行检查评价一次。

（8）监理企业既要维护业主的利益，又要维护监理企业本身的利益，充分发挥监理作用，确保工程安全、质量、进度。

（9）近几天医院有大型活动及市里及卫生局有关领导会对施工现场进行检查，现场存在的安全隐患施工方要尽快整改。

（10）在今后施工中，三方（建设单位、监理单位、施工单位）在遵守市政府三大原则：①不超概；②不延期；③保质量的前提下要约定，各负其责，有什么问题，大家多沟通，相互协商，形成统一意见，在安全文明施工的良好环境下，按质按量按期顺利完成建设任务。

六、总监介绍监理规划及监理交底的主要内容

相关要求详见《监理交底》。

七、各方在施工过程中参加工地例会的主要人员，召开工地会议周期、地点及主要议题。

（1）主要人员

建设单位：××××、××××、××××；

监理单位：××××、××××

施工单位：××××公司等。

（2）例会周期

工地例会每周召开一次，每星期二上午 9 时召开。

（3）地点

施工项目部办公室。

（4）主要议题

1）检查上次会议议定事项的落实情况，分析未完事项原因。

续表

2）检查分析工程项目进度计划完成情况，提出下阶段进度目标及落实措施。 3）检查分析工程项目质量状况，针对存在的质量问题提出改进措施。 4）检查工程量核定及工程款支付情况。 5）解决需要协调的有关事项。 6）其他有关事项。 八、议决事项 每周二上午 9 时，在施工项目部工地办公室召开工地例会。

建设单位（签章） 代表： 日期：	监理单位（签章） 代表： 日期：	施工单位（签章） 代表： 日期：

15.4　监 理 月 报

××××工程

第一期　总　第三期　　　　20××年 1 月 1 日～1 月 31 日

监理月报

编　制　人：＿＿＿＿＿＿＿＿＿＿＿

总 监 理 工 程 师：＿＿＿＿＿＿＿＿＿＿＿

项目监理组（章）：＿＿＿＿＿＿＿＿＿＿＿

日　　　　　期：二〇××年一月三十一日

一、本工程概况

建筑面积	58387.66m²	结构形式	剪力墙结构
投资总额	11000万元	层数/高度	地下2层，地上32层
建设单位	××××公司	设计单位	××××公司
施工单位	××××公司	勘察单位	××××公司
监理单位	××××公司	监督单位	××××公司

二、本月工程形象进度

（1）8号楼首层剪力墙、柱钢筋绑扎制作、混凝土浇筑完成。

（2）8号楼二层梁板钢筋绑扎制作完成。

（3）7号楼地下室－1F外侧墙、柱模板制安、支撑体系和钢筋绑扎制作完成。

（4）6号楼筏板褥垫层、防水层、保护层完成。

（5）6号楼筏板、底板钢筋制作绑扎和模板制安完成100％。

（6）6号楼筏板、地板混凝土浇筑完成。

三、监理工作情况

1. 本月工程质量情况分析

监理组除按规定对进场的钢筋、水泥等原材料质保资料，外观检查外，还按规定进行了见证取样送到试验室检验，确保本工程所用的材料符合要求，杜绝不合格的材料用于本工程上。

加强现场巡视与检查，将发现未按图纸和规范施工，未能按有关操作程序操作等质量、安全问题及时指出，并督促施工单位及时纠正与整改，确保质检措施落实到位，对工程质量的全过程做到全受控状态，确保各工序、各环节的施工质量达到设计与现行规范规定的要求。

本月材料的检验情况：钢材进场3批次，共971.96t（其中：$\phi6＝44.22t$，$\phi8＝50.25t$，$\phi10＝81.84t$，$\phi12＝131.376t$，$\phi14＝48.754t$，$\phi16＝144.064t$，$\phi18＝82.248t$，$\phi20＝102.616t$，$\phi22＝146.413t$，$\phi25＝96.681t$，$\phi28＝32.898$，$\phi32＝10.6t$），见证取样送检25组；经抽样试验合格。符合设计与规范要求。

水电材料进场5批次，共35120m（其中：金属镀锌电线管导管、连接件$Q235\phi32＝6300m$，难燃PVC电线管$16×1.4mm＝7200m$，难燃PVC电线管$20×1.8mm＝6820m$，难燃PVC电线管$25×1.8mm＝8100m$，难燃PVC电线管$32×2.2mm＝6700m$）见证取样送检5组；经抽样试验合格，符合设计与规范要求。

CPS反应粘结型高分子湿铺防水卷材（高分子胎双面粘）进场1批，见证取样送检1组；经抽样试验合格。符合设计与规范要求。

7号楼钢筋焊接（钢筋机械连接）见证取样送检14组；经抽样试验合格，符合设计与规范要求。

8号楼基础工程钢筋焊接（钢筋机械连接）见证取样送检9组；经抽样试验合格，符合设计与规范要求。

8号楼主体工程钢筋焊接（钢筋机械连接）见证取样送检14组；经抽样试验合格，符合设计与规范要求。

质量检查方面情况：

（1）材质与设计不符，设计要求为 SC 管。

（2）品牌与合同清单不符，清单要求为相当于或优于广东联塑科技集团（联塑牌）产品。

（3）防水卷材铺贴存在空鼓、气泡现象较严重。

（4）防水卷材铺贴粘结挤饱满度不足，第一道防水卷材施工后未按规范要求时间间隔即进入第二道防水卷材施工，出现第一道防水卷材大面积粘结不牢现象。

2. 安全文明施工

每天对工程进行安全巡视与检查，发现有以下情况：

（1）6 号、7 号、8 号楼塔吊未经有关行政主管部门备案即投入使用，且未按要求悬挂操作规程、准用证。现场的司索信号工应着反光劳保服。

（2）现场电焊作业中，电焊机电缆电源线未按要求架空设置，存在随意拖钢筋网面挪动的现象。

（3）模板支撑架体的扫地杆接头未按要求设置，剪刀撑未同立杆有效连接，局部立杆间距过大，局部封顶杆缺失。

（4）驶出大门口的车辆未冲洗干净，存在门口外侧路面带泥现象，要求做好车辆冲洗及门口放行检查工作。

（5）工地现场钢筋加工场机具无接地保护，不符合南宁市临时用电的规范要求。

（6）8 号楼配电箱电缆乱搭、乱拉，容易发生安全事故，存在安全隐患，且部分配电箱无线路走向标识。

（7）开关箱的安全保护门门锁保护不严。

（8）8 号-1F 配电线临时拉线不符合规范要求，且插座处于架空状态。

（9）电缆保护管钢管未固定，不符合规范要求。

3. 本月整改情况

针对检查发现的质量、安全问题已下发监理通知单要求施工单位限期整改。

四、工程计量与工程款支付情况

（1）本月支付施工单位工程进度款：6081993.90 元（累计支付 6081993.90 元）；

（2）本月支付施工单位工程进度款 4028067.32 元（累计支付 9288067.32 元）；

（3）本月支付施工单位进度款：1085805.25 元（累计支付 1085805.25 元）。

五、本月合同及其他事项的处理情况

（1）工程变更：无；

（2）工程延期：无；

（3）费用索赔：无；

（4）各方履约情况：

1）业主能按合同要求履行职责；

2）承包商按合同要求保质、保量规范施工；

3）监理能配合业主、承包商做好各方面工作。

六、本月监理工作小结

（1）本月进度、质量、工程款支付情况的综合评价：监理组在施工进度、质量、投资方面按合同履行了合同赋予的职责。

（2）本月监理工作情况

质量控制：监理组能按照现行的施工规范及设计文件要求严格控制施工质量，对进场材料按规范规定进行了取样见证工作，杜绝不合格材料用于工程上。

进度控制：监理组按照施工合同相关规定与要求，认真协调施工现场施工进度问题。

合同管理：按施工合同规定的要求、监理合同的责任与义务认真履行相关职责。

组织协调：通过不定期地举行协调会或现场解决等方式，认真及时协调好现场存在需协调的问题及参建各方的人际关系，以及项目实施中人、财、物、技术、管理等方面的关系，在业主项目部与工程部的协助下，工程中出现的问题能够及时得到妥善解决，为工程顺利进行创造了良好的条件。

（3）对工程的意见和建议

1）施工组织执行情况：加强了施工组织，安全主管、质检员到位，劳动力已明显增加；加强各个关键节点的质量保障，隐蔽验收的各单位各专业人员需现场签字确认。

2）进度计划执行情况：6号楼进度滞后，7号、8号楼进度相对于先前进度有所延缓。

3）6号、7号和8号塔式起重机的备案（于本周内递交备案资料）。

4）完善节点施工计划和资料；施工现场工程质量保证体系、安全保证体系。

5）按"总进度计划→月进度计划→周进度计划"把施工进度计划统一起来。

6）加强事前控制，严格执行三检、材料检验、检查验收制度，发现问题。

七、下月监理重点工作内容

（1）督促项目部抓紧落实各分项工程的技术交底工作。

（2）督促施工单位完成内业资料的整理和汇总工作，并申报监理、建设单位。

（3）加大对工程材料及质量监控力度，做好对进场材料的报验检查工作，双控材料做好见证取样。

（4）督促施工单位加强现场管理力度，增强质量意识，保证工程质量。

（5）加强事前、事中、事后控制，做好各个工序间的验收工作。

（6）督促施工单位限时整改本期项目出现的质量安全隐患。

八、本月监理工作影像资料

1. 安全管理影像

（1）模板支撑架体的扫地杆接头未按要求设置，剪刀撑未已立杆有效连接，局部立杆间距过大，局部封顶杆缺失（图15-1）。

（2）驶出大门口的车辆未冲洗干净，存在门口外侧路面带泥现象，要求做好车辆冲洗及门口放行检查工作（图15-2）。

（3）东面材料堆放场材料堆放凌乱，要求材料堆放区划分材料类别，设置标识牌，并按要求配足消防器材（图15-3）。

（4）钢筋加工场安全棚设置不完善，存在施工机具露天作业（图15-4）。

（5）钢筋加工棚开光箱机具引出电线电缆线芯数量不足，无接地线（图15-5）。

（6）7号楼负二层及8号楼负一层模板支撑架体存在封顶杆未进行两向搭设，局部立杆顶部采用扣件支撑、扫地杆连接接头未错开设置（图15-6）。

（7）8号楼南面负二层卸料架体与满堂架连接，未拆除（图15-7）。

图 15-1　模板工程缺陷

图 15-2　车辆未冲洗问题

图 15-3　材料堆放问题

图 15-4　钢筋加工场问题

图 15-5　电线电缆问题

图 15-6　模板支撑架问题

图 15-7　卸料架体问题

（8）西面基坑顶堆放的材料不符合安全距离、局部废弃混凝土块未清理（图 15-8）。

（9）7 号楼负二层南面的开关箱存在使用不符合要求的插头，且进出电缆线未按规定位置布置（图 15-9）。

图 15-8　基坑顶堆料问题

图 15-9　开关箱插头、电缆线问题

（10）8号楼钢筋加工场处的钢筋原材未完善标识、未分类堆放（图 15-10）。

图 15-10　钢筋标识及堆放问题

2. 质量控制影像

（1）材质与设计不符，设计要求为 SC 管（图 15-11）。

图 15-11　管材材质问题

（2）材料品牌与合同清单不符，清单要求为相当于或优于广东联塑科技集团（联塑牌）产品（图 15-12）。

（3）防水卷材铺贴存在空鼓、气泡现象较严重（图 15-13）。

90	030411001050	电气配管SC50 配置形式及部位：砖、混凝土结构明配 名称：钢管，δ=2.5mm 品牌：相当于或优于广东联塑科技集团（联塑牌）产品	m	68
91	030411001051	电气配管SC40 配置形式及部位：砖、混凝土结构明配 名称：钢管，δ=2.5mm 品牌：相当于或优于广东联塑科技集团（联塑牌）产品	m	154
92	030411001052	电气配管SC20 配置形式及部位：砖、混凝土结构暗配 名称：钢管，δ=2.5mm 品牌：相当于或优于广东联塑科技集团（联塑牌）产品	m	10316.12

图 15-12　材料问题

图 15-13　防火卷材铺贴问题

（4）防水卷材铺贴粘结挤饱满度不足，第一道防水卷材施工后未按规范要求时间间隔即进入第二道防水卷材施工，出现第一道防水卷材大面积粘结不牢现象。

（5）后浇带附夹层铺设位置不符合规范要求，应置于最上层铺贴。

九、本工程建设活动实录

（1）2019 年 12 月 5 日，由总监主持召开工地例会；

（2）2019 年 12 月 12 日，由总监主持召开工地例会；

（3）2019年12月15日，南宁市经开区建设发展局到项目现场进行安全检查；

（4）2019年12月19日，由总监主持召开工地例会。

十、本月人员和设备进场情况

（1）管理人员：23人；施工人员：140人。

（2）机械设备：

长螺旋钻孔机	1台
小反铲挖掘机	1台
地泵	1台
地基处理班组人员	8人
反铲挖掘机	5台
自卸汽车	5台
推土机	5台
钢筋弯钩机	2台
钢筋调直机	2台
电焊机	5台
乙炔氧气	2套
电锯	5台
砂浆机	3台
塔式起重机	3台
反铲挖掘机 PC360	1台
空压机	1台
喷射机	1台
锚杆钻机	1台
电焊机 ZX7-400E	1台
钢筋切断机 GQ50	1台
液压钢筋弯箍机 W—20B2	1台
液压钢筋调直机	1台

十一、本月工地天气情况报告

12月（31）天	晴天：16天	阴天：8天	雨天：7天
备注：			
编写：		审定：	

（本材料一式三份）　　　　　　　　　　　　　　　××年××月××日　印发

主报：＊（1）；抄报：＊（1）、项目监理机构（1）

15.5　部分成果文件

部分项目成果文件以二维码形式展现，读者可以扫描下方二维码阅读。

监理规划

图纸会审记录

工程款支付证书

工作联系单

工程变更单

监理通知单及
回复单

学习笔记

学习情境 16　竣工阶段工程咨询成果文件

16.1　竣工阶段咨询成果文件一览表

竣工阶段咨询成果文件一览表见表 16-1。

竣工阶段咨询成果文件一览表　　　　表 16-1

序号	咨询成果文件名称	说明
1	专业验收意见	
2	预验收资料	
3	竣工验收资料	
4	监理评估报告	
5	供水、供电、燃气使用文件	
6	建设工程竣工验收消防备案	
7	人民防空工程竣工验收备案	
8	环保验收资料	
9	规划条件核实申请表	
10	档案验收	
11	工程质量保修书	
12	不动产登记	
13	竣工结算报告	
14	竣工结算审核报告	
15	竣工决算报告	
16	竣工图审核	
17	实体移交清单	
18	档案移交清单	
19	培训移交	
20	监理工作总结	
21	BIM 技术应用分析报告	

学习笔记

Part13

16.2 竣工验收报告

竣工验收报告包括封面、表单、备注。

桂质安监档表 25

建设工程竣工验收报告

工 程 名 称：<u>××××产业园综合楼</u>

建 设 单 位：<u>××××开发有限公司</u>

竣工验收日期：<u>2019</u> 年<u>× ×</u>月<u>××</u>日
（由建设单位填写）

广西建设工程质量安全监督总站编制

建设工程竣工验收报告

工程名称	××××产业园综合楼		
预估结算价（万元）	7260	工程地址	南宁市桂春路××号
建筑面积（m²）（或工程规模）	39800	结构类型	框架-剪力墙结构
		层　数	地下 1 层，地上 10 层
勘察单位名称	××××勘察研究院		
设计单位名称	××××设计研究院		
施工单位名称	××××建筑工程有限公司		
监理单位名称	××××监理有限公司		
开工日期	2018 年　××月××日	竣工验收日期	2019 年　××月××日

工程验收内容、组织形式、程序：

1. 20××年××月××日工程完工，施工单位组织有关人员进行了自检。自检合格后，施工单位于 20××年××月××日向建设单位提交《施工单位工程竣工报告》以及施工自检相关资料（自检方案、检查记录、施工质安部门整改通知及项目部整改回复），申请竣工预验收。

2. 建设单位在收到施工单位提交的工程竣工预验收申请报告后，告知监理单位。监理单位接到建设单位告知后，20××年××月××日，总监理工程师组织各专业监理工程师、施工单位项目负责人和其他有关专业技术人员进行竣工预验收。竣工预验收合格，发现的质量问题 20××年××月××日整改完成，当日监理单位向建设单位提交预验收相关资料（预验收方案、监理整改通知及施工整改回复），施工单位向建设单位提交经总监理工程师签署意见的工程竣工验收申请报告及施工竣工相关资料，申请工程竣工验收。

3. 建设单位收到工程竣工验收申请后，组织勘察、设计、施工、监理等单位相关人员组成验收组，并制定验收方案。20××年××月××日勘察单位出具了《勘察单位勘察文件及实施情况检查报告》，设计单位出具了《设计单位设计文件及实施情况检查报告》，监理单位出具了《监理单位工程竣工质量评价报告》。建设单位认为本工程具备竣工验收条件，20××年××月××日，建设单位向××市工程质量监督管理站提交《竣工验收告知书》各方约定于 20××年××月××日上午 9：00 进行竣工验收，监督机构派员到现场监督。

4. 竣工验收情况

（1）本次竣工验收的范围为××××产业园综合楼的全部设计内容，包括地基与基础工程、主体结构工程、建筑装饰装修工程、屋面工程、建筑节能工程、建筑给水排水及采暖工程、通风空调工程、建筑电气工程、智能建筑工程、电梯工程。

（2）工程验收组织形式

建设单位组织勘察、设计、施工、监理等单位和其他方面的专家组成竣工验收组，并根据专业形成建筑与结构验收小组，给水排水及供暖验收小组、电气小组、智能建筑及电梯验收小组、消防及通风验收小组等 5 个小组。

（3）验收小组组成及名单

建筑与结构验收小组：张××等

给水排水及供暖验收小组：蒙××等

电气验收小组：罗××等

智能建筑及电梯验收小组：陈××等

消防及通风验收小组：刘××等

（4）竣工验收实施程序

1）建设单位项目负责人董××为组长，竣工验收组成员均参加了竣工验收会，会议由董××主持。

2）建设、勘察、设计、施工、监理单位项目负责人分部汇报工程合同履约情况和在建各个环节执行法律、法规和工程建设强制性标准的情况。

3）审阅建设、勘察、设计、施工、监理单位的工程竣工档案资料，情况如下：

本工程于 20××年××月××日通过了防雷检测、20××年××月××日通过了室内环境检测、20××年××月××日通过了节能实体检测、20××年××月××日通过了人防验收、20××年××月××日规划行政主管部门出具规划条件验收认可文件；质量证明文件真实有效齐全，符合设计及规范要求，各分部验收资料签字盖章齐全，验收依据完整有效。

4）验收组实地查验工程质量，情况如下：

20××年××月××日提前进行了建筑节能的实体检测、外墙保温的厚度、外窗的节能检验、结果符合设计及规范要求；竣工验收时对屋面和部分室内有防水要求的地面进行蓄水试验，对给水管道进行通水试验，对照明及动力用电进行通电试运转，对电梯进行试运行，对各个接地系统进行电阻检测，检测实验结果均符合要求；经实地检查，确认工程结构和功能符合设计的要求，观感质量评定为"好"。

5）验收组按照验收方案完成全部项目的检查和验收工作，通过汇总各成员的验收情况，验收组成员最终达成一致意见：工程质量合格，各方签署《建设工程质量竣工验收意见书》，但在竣工验收过程中发现一般需要整改的质量问题，填写《竣工验收存在问题整改通知书》，验收组组长签字，建设单位加盖公章，由验收小组责成有关单位整改。

6）20××年×月×日，整改完成，建设单位项目负责人和项目总监理工程师组织复查，整改合格，建设单位出具《竣工验收存在问题整改验收意见书》，加盖监理单位、建设单位公章后于20××年××月××日送一份到××市工程质量监督站。

建设单位执行基本建设程序情况：

（是否按规定办理监督登记和施工许可手续；是否取得规划部门对工程符合规划设计要求认可文件）

基本建设程序齐全：开工前办理了质量监督和施工许可手续，竣工验收前已通过规划验收并取得规划部门对工程符合规划设计要求的认可文件。

对勘察单位的评价：

地质勘查报告符合工程建设强制性标准要求，按规定参加地基验槽、地基与基础分部工程验收和工程资料竣工验收；能及时到现场参加有关质量问题的处理；出具《勘察单位勘察文件及实施情况检查报告》。

对设计单位的评价：

设计文件符合工程建设强制性标准的要求，并按规定参加地基验槽、地基与基础分部、主体结构分部、建筑节能分部工程验收和工程质量竣工验收；能及时签发设计修改变更、技术洽商通知；能及时到现场参加有关质量问题处理；出具《设计单位设计文件及实施情况检查报告》。

对施工单位的评价：

项目部管理人员配备及到位情况符合要求；分包单位资质符合要求，并对分包单位进行了管理；施工组织设计或施工方案有审批并执行；按照经审批的设计图纸及相关的规范标准进行施工，能及时整改施工中存在的质量问题；收集整理了工程质量保证资料。

完成设计文件和合同约定的各项内容，施工质量符合各专业验收规范、设计文件及施工合同的规定。

对监理单位的评价：

项目监理机构的人员配备及到位情况符合要求；监理规划、监理实施细则按规定编制、审批；对材料、构配件、设备投入使用或安装前进行了审查；核查分包单位资质；实施见证取样制度；对重点部位、关键工序实施旁站监理；签发质量问题通知单并复查质量问题；组织分项、分部工程验收，参与单位工程验收；收集整理监理资料；出具了《监理单位工程竣工质量评价报告》。

能按照工程建设文件、有关的法律法规规章和标准规范、建设工程委托监理合同和有关的建设工程进行监理。

工程竣工验收意见：

（工程质量是否合格、是否存在问题、是否同意接收）

竣工验收时遗留的质量问题已完成整改，并于 20××年××月××日验收合格。工程质量合格，同意接收。

建设单位（公章）

项目负责人：

单位负责人：

年　　月　　日

注：本报告应附竣工永久性标牌彩色全景照片和特定照片各一张，贴在附件上。

16.3 建设工程竣工验收消防备案表

建设工程竣工验收消防备案表见表16-2。

建设工程竣工验收消防备案表　　　　　　　　　　表 16-2

备案号：45000XXXYSBA00001

工程名称	永新花园 A 栋	联 系 电 话	×××
工程地址	××市河西路 66 号	使 用 性 质	住宅
施工许可证号		竣工验收合格日期	20××年××月××日
检测报告编号			

单位类别	单位名称	资质等级	联系人	联系电话
建设单位	××××××××		×××	×××
设计单位	××市建筑设计院	甲级	×××	×××
施工总承包单位	××市第二建筑工程公司	一级	×××	×××
分包单位（如有）	××××××××××	一级	×××	×××
监理单位	××建设监理公司	乙级	×××	×××
检测单位	××市消防检测中心		×××	×××

建筑物名称	结 构	耐火等级	高度（m）	层数	建筑面积（m²）	火灾危险性类别
A 栋	钢筋混凝土	一级	18	6	3500	民用

工 程 基 本 情 况

储罐	设置位置	无			
	设置型式	□内浮顶罐 □水槽式罐 □浮顶罐 □球形罐 □拱顶罐 □卧式罐 □其他			
	储物类别	□可燃液体 □易燃液体 □可燃气体 □助燃气体 □不燃气体 □其他			
	储存物质名 称	储罐材质	储存工作压力	储存温度	储存形式
		□钢 □混凝土 □硅 □洞穴	□高压 □中压 □低压	□低温 □常温	□地上 □半地下 □地下
堆场	储量		储存物质名称		

☑ 土建工程	☑防火间距 ☑防火分区 □防烟分区 □消防电梯 □防烟楼梯 □封闭楼梯 □消防车通道 □消防控制室
□室内装修工程	□顶棚 □墙面 □地面 □隔断 □固定家具 □装饰织物 □其他装饰材料
消防设施类别	场所　　　　　　　　　类型
□室内消火栓	水源：□市政管网 □消防水池 □天然水源

续表

工程基本情况	□自动喷水灭火系统		□干式　□湿式　□预作用　□雨淋　□水幕　□水雾
	□火灾自动报警系统		□区域报警　□集中报警　□控制中心报警
	□气体灭火系统		管　　网：□管网　　　　□无管网 灭 火 剂：□洁净气体　□哈龙　□其他
工程基本情况	□泡沫灭火系统		系统形式：□固定　　□半固定　　□移动 泡沫类型：□高倍　　□中倍　　　□低倍 泡 沫 液：□抗溶性　□氟蛋白　□清水　□其他
	□防烟排烟系统		□机械排烟　□正压送风　□自然排烟
	☑灭火器		☑干粉　□气体　□水系　□泡沫　□其他
	□干粉灭火系统		
	□其他		
竣工验收意见	建设单位	本工程所提交的材料真实、准确、齐全，基本按照消防设计文件实施，符合国家工程建设消防技术标准，本工程消防验收合格。 （建设单位公章）　　　项目负责人签名：　　20××年××月××日
	设计单位	本工程消防设计符合国家工程建设消防技术标准，基本按照消防设计文件施工，本工程消防验收合格。 （设计单位公章）　　　项目负责人签名：　　20××年××月××日
	施工总承包单位	严格按国家法律、法规、国家工程建设消防标准和施工图设计文件进行施工，本工程消防验收合格。 （施工总承包单位公章）　　项目经理签名：　　20××年××月××日
	专业承包单位（如有）	严格按国家法律、法规、国家工程建设消防标准和施工图设计文件进行施工，本工程消防验收合格。 （专业承包单位公章）　　项目负责人签名：　　20××年××月××日
	工程监理单位	本工程安装使用的消防产品和有防火性能要求的建筑构件、建筑材料、消防施工安装等均按照消防设计文件的要求进行施工。 （监理单位公章）　　　项目总监理工程师签名：　　20××年××月××日
	消防设施检测单位	经对建筑类别、总平面布局和平面布置，防火防烟分隔，安全疏散，消防水源，水灭火系统，火灾自动报警系统，防烟排烟系统，建筑灭火器（防爆设施）等单项进行外观质量检查、现场测量核查、消防设施功能测试和消防产品现场判定，我单位认为该工程基本符合国家有关消防技术标准的要求。 （检测单位公章）　　　项目负责人签名：　　20××年××月××日

说　　明

1. 此表由建设单位填写并加盖印章，没有单位印章的，应由其负责人签名。填表前请仔细阅读《中华人民共和国消防法》和《建设工程质量管理条例》，确知享有的权利和应尽的义务。

2. 建设单位应如实填写各项内容，对提交材料的真实性、完整性负责，不得虚构、伪造或编造事实，否则将承担相应的法律后果。

3. 填写应使用钢笔和能够长期保持字迹的墨水或打印，字迹清楚，文面整洁，不得涂改。

4. 表格设定的栏目，应逐项填写；不需填写的，应划去。建设单位的法定代表人或主要负责人、联系人姓名和联系电话必须填写。

5. 表格中的"□"，表示可供选择，在选中内容前的"□"内画√。

6. 提交的材料请使用国际标准 A4 型纸打印、复印或按照 A4 型纸的规格装订，"证明文件"均为复印件，经申请人签名确认并注明日期。

7. 通过网上申报备案的，应按要求提交全部电子申报材料，并自申报之日起五个工作日内到受理窗口领取备案文书。

8. "其他需要说明的情况"根据实际情况填写。

9. 备案编号规则：以备案号"45000XXXYSBA00001"为例，"45000XXX"指区域代码，"YSBA"指业务类型为验收备案，"00001"指由业务管理平台自动生成流水号。备案编号与检测报告编号一一对应，同一验收备案项目不可重复录入。

16.4　工程结算审核报告

工程结算审核报告一般包括审核报告、工程结算审核定案表。

某桥梁工程结算审核报告

××××公司：

　　我公司接受贵单位的委托，对由贵单位呈送，××××公司编制的《××××桥梁工程结算书》及相关资料进行了审核。委托单位和编制单位对送审资料的合法性、真实性、完整性负责。我公司遵循合法性、公正性、客观性的原则以及规定的程序，完成了审核任务，现将审核情况报告如下：

　　一、项目概况

　　本工程建设地点位于南宁市，为桥梁工程，桥长 75m，桥宽 59.25m。工程采用合同总价包干方式。本次结算审核范围包括：建安费、人工及材料价差（含相应的管理费、利润、措施费、其他项目清单费、规费、税金调整）、工程变更费用、建设单位管理费、竣工图编制费及建设期利息。

　　二、审核依据

　　（一）中国建设工程造价管理协会中价协〔2002〕第 016 号《工程造价咨询业务操作指导规程》；

　　（二）工程合同、竣工图以及双方现场确认签证单；

　　（三）《建设工程工程量清单计价规范》GB 50500—2013 及广西壮族自治区细则，2007 年《广西壮族自治区市政工程消耗量定额》、2008 年《广西壮族自治区安装工程消耗量定额》及配套费用定额，计价相关规定；

　　（四）《关于调整建设工程定额人工工资单价的通知》桂建标〔2013〕3 号文。

　　三、审核方法及程序

　　（一）审核方法

　　本项目采用送达审核与现场审核相结合的方式。

　　（二）审核程序

　　1. 审阅送审资料是否完整。

　　2. 对建设项目的内容按相关专业定额、标准、规定逐项进行审核，包括工程量计算、定额套用、材料及设备、费用计取的审核。

　　3. 与项目建设单位、编制单位核对初审结果，进行必要的调整，撰写审核报告。

　　4. 审核机构内部技术负责人对审核报告及相关工作底稿进行技术复核，提出复核意见。

　　5. 审核人员依据技术负责人复核意见，对相关审核内容进行进一步核实并进行必要的调整。

　　6. 审核机构负责人对报告进行终审，并签发审核报告。

四、审核过程中发现的主要问题及处理方式

1. 材料价差风险费，送审按 10 个月取平均价与合同约定不符。合同约定为从开工令之日起至项目主体工程完成之日期间，主体工程完成日期见本工程《施工总结》《自检报告》，审核修改为按 2013 年 4 月份至 2013 年 8 月份共 5 个月的平均价，与基准价对比，±5%风险范围外可调整差价。此项核减约为 19 万元。

2. 人工费政策性调差，送审全按一类工，而原预算纸质资料未提供有工程量清单综合单价分析表、主要材料及价格表中也未见工日数量。审核依据原预算纸质资料，尽量还原出综合单价分析表，计算出原预算中，市政综合工日（一类）人工费：市政综合工日（二类）人工费约为 1∶284.58，并据此进行调差。此项核减约为 5 万元。

3. 依据《〈建设工程工程量清单计价规范〉GB 50500—2013 广西壮族自治区细则》，材料调差只计差额及税金。送审多计了材料调差产生的管理费等费用。审核后，人工费调差相对应需要调整的各项费用、税金，材料调差相对应需要调整的税金此项核减约为 4.6 万元。

4. 贷款建设期利息，送审年利率按 3～5（含）年贷款利率 6.4%计算，上浮 20%后为 7.68%，与合同约定不符。审核修改为按中国人民银行公布的同期（6 个月～1 年）贷款基准年利率 6%，上浮 20%后为 7.2%计。此项核减约为 4.4 万元。

五、审核结果

该项目送审价 24287935.01 元，我公司审定价 23938752.43 元，核减造价 349182.58 元，核减率 1.44%。

该审定价已经过委托单位、编制单位核对并确认。

附：1.《工程结算审核定案表》

　　2.《工程结算书》（本教材中略）

　　3. 原《工程预算书》（本教材中略）

×××	×公司

20××年××月××日

工程结算审核定案表

序号	工作内容	送审造价（元）	审定造价（元）	净增（＋）、减（一）金额（元）
1	某桥梁工程	24287935.01	23938752.43	−349182.58
合计		24287935.01	23938752.43	−349182.58

项目发起单位（盖章）： 负责人（签字或盖章）： 　年　　月　　日	投资建设单位（盖章）： 负责人（签字或盖章）： 　年　　月　　日	审核单位（盖章）： 项目负责人（签字或盖章）： 　年　　月　　日

16.5　部分成果文件

部分项目成果文件以二维码形式展现，读者可以扫描下方二维码阅读。

建设工程质量
竣工验收意见书

人防工程竣工
验收报告

人防工程竣工
验收备案表

单位（子单位）
工程质量竣工
验收记录汇总表

规划条件核实
（建筑工程类）
申请表

房屋建筑工程
质量保修书

BIM技术应用
分析报告

学习笔记

学习情境 17 运营阶段工程咨询成果文件

17.1 运营阶段咨询成果文件一览表

运营阶段咨询成果文件一览表见表17-1。

运营阶段咨询成果文件一览表   表 17-1

序号	咨询成果文件名称	说明
1	项目运营维护方案	
2	项目后评价报告	

学习笔记

17.2 项目运营维护方案大纲

××××项目

运营维护方案

××××有限公司

20××年××月

大　　纲

17.3　项目后评价报告

××××污水处理厂及配套管网工程后评价报告

A

××××有限公司

20××年××月

目　　录

编制单位资质证书	
参与项目后评价人员名单	
参与项目专家组人员名单	

一、项目概况

（一）项目情况简述

对项目建设地点、项目业主、项目性质、特点（或功能定位）、项目开工和竣工、投入运营（行）时间进行概要描述。

该项目于 20××年××月××日经发改部门《××关于××污水处理厂及配套管网工程建议书的批复》批准立项；20××年××月××日经发改部门《××关于××污水处理厂及配套管网工程可行性研究报告的批复》批准可行性研究报告；20××年××月××日经发改部门《××关于××污水处理厂及配套管网工程初步设计的批复》批准初步设计；20××年××月××日通过施工图审查。

本项目于 20××年××月××日开工，20××年××月××日完工，20××年××月××日投入试运行，20××年××月××日竣工验收。

（二）项目决策目标和目的

随着人口和经济的快速发展，园区工业废水和生活废水将急剧增长，××经济开发区城市污水的彻底治理，不仅是对经济建设的可持续发展的一个重要保证，同时也是对人类宝贵的水资源予以保护的一项具体措施。因此，为了防止水污染，保护好下游乡镇水源水质，提高居民的生活质量，实现城市的可持续发展，20××年生活污水处理厂及管网配套工程的建设已迫在眉睫。

（三）项目主要建设内容

略。

（四）项目实施进度

项目于 20××年××月××日开工，20××年××月××日完工，20××年××月××日投入试运行，20××年××月××日竣工验收。20××年××月××日正式投入试运行，污水处理能力满足设计要求。

（五）项目总投资

20××年××月××日经发改部门《××关于××污水处理厂及配套管网工程可行性研究报告的批复》批准可行性研究报告，并明确该项目总投资 14224.63 万元，设计规模日处理污水 2.0 万 m^3/d，工程内容包括各项生产构（建）筑物及配套设施、设备及安装、污水管网工程等。

该项目实际工程总投资 14300.85 万元，完成了可研批复的工程内容的建设。

（六）项目资金来源及到位情况

本项目资金筹措方式上级补助资金 1000 万元，剩余资业主自筹。

目前，上级补助资金 1000 万元已到位，业主提供自有资金 1850 万元，其余资金采用银行贷款，目前有贷款资金已全部到位。

（七）项目运行及效益现状

该项目已于 20××年××月××日全面投入运行，通过近 2 年的运行调试，现已实现了系统的满负荷达标运行，日污水处理能力可达到 2.0 万 m^3/d。运行能力已达到设计标准。工程较好地发挥了其设计能力，达到了投资建设的目的。

根据当地污水处理费收费标准，本项目污水处理费按处理生活污水 0.95 元/m^3 计收，处理工业污水 1.5 元/m^3 计收。根据目前实际运行情况，这一价格水平和实际运行成本有一定经济效益，污水处理公司将进一步通过企业优化运行控制，积极探索节能降耗的有效途径，使该项目能创造更好的经济效益。

项目建成后有效改善了当地生活环境。该项目建成投入运行后，完善项目所在区域的基础设施，有效地保护了水环境质量，保障镇区居民饮用水安全，促进项目所在县城乃至××的社会经济持续健康发展。

二、项目实施过程的总结与评价

（一）项目前期决策总结与评价

20××年××月，××××（项目业主）委托××××（咨询单位）对项目进行可行性研究，20××年××月，××（咨询单位）出具了项目可行性研究报告，20××年××月，××××（项目业主）委托××××（评审单位）对可行性研究报告进行评审，并出具了评审意见。

20××年××月××日经发改部门《××关于××污水处理厂及配套管网工程可行性研究报告的批复》批准可行性研究报告；20××年××月××日发改部门《××关于××污水处理厂及配套管网工程初步设计的批复》批准初步设计。

在决策过程中，××（评审单位）及专家组评审意见结论为：为适应××城市发展的需要，特别是旅游业发展的需要，解决日趋严重的污水处理问题，实施该县城市污水处理及配套管网工程建设是十分必要的。本次建设污水厂（按近期）规模 2.0 万 m^3/d，符合前期决策时的建设规模，能满足污水量的处理需求，污水厂工程设计方案基本合理。该工程实际总投资 14300.85 万元，项目具有一定的经济效益和显著的社会效益，工程建设可行。

20××年××月××日经发改部门《××关于××污水处理厂及配套管网工程可行性研究报告的批复》批准可行性研究报告的主要意见为：经研究，现批复如下：

1. 项目业主：××××。

2. 建设规模及主要内容：污水处理厂规模为 2.0 万 m^3/d，厂址位于××××，厂区建设的主要生产构筑物有：细格栅沉砂池、水解酸化池、氧化沟生化池、配水井二沉池、深床滤池、消毒池出水池。

3. 总投资及资金来源：总投资 14224.64 万元，资金来源为上级补助资金 1000 万元已到位，其余资金业主自筹。

（二）项目实施准备工作与评价

20××年××月××日，××国土部门以××号文同意安排项目建设用地 22583m^2。

20××年××月××日，项目业主与××××（设计公司）就项目设计签订了设计合同。

20××年××月××日，××发改部门××号文《关于核准×××项目招标事项的复函》核准了该工程重要材料和设备的招标。20××年××月××日，项目业主委托招标代理对污水管网工程设备及重要材料进行了公开招标。

该项目符合基本建设程序，具体见"项目概况中的项目审批立项情况"。该项目执行了项目法人责任制、招投标制、监理制和合同制。

（三）项目建设实施总结与评价

本工程本项目于 20××年××月××日开工，20××年××月××日完工，20××

年××月××日投入试运行，20××年××月××日竣工验收。在此期间项目业主按建设程序，对设计合同、采购合同、施工合同、监理合同等进行了管理。

在工程进度控制中，认真审查了施工单位提交的施工进度计划。详细制定了供应的材料、设备的需用量及供应时间表，编制了有关材料、设备部分的采供计划，并坚持对施工进度的跟踪检查，建立反映工程进度的日志如实记载每日形象部位及完成的实物工程量。审核施工单位提交的工程进度报告，按规定及时办理有关进度、计量方面的签证，不搞"回忆录"。按合同要求，及时进行工程计量验收。调整相应的施工计划、材料设备、资金供应计划等，在新的条件下组织新的协调和平衡。

在投资控制中，认真审核施工图，征求各方意见提出合理化建议，尽可能地从节约投资出发。根据市场材料价格走向趋势，结合施工合同的有关条款、合同价款和施工图对工程项目造价目标进行风险分析，制定防范性对策。审查施工单位提交的施工组织设计和施工方案，避免不必要、不合理的费用开支。严格控制工程变更、设计修改。对不符合施工承包合同规定的工程量，拒绝计量和签认其工程款支付申请，按合同规定及时答复施工单位提出的问题及配合要求，不要造成违约和对方索赔的条件。

在该工程的质量控制过程中，委托的监理人员从原材料进场的质量控制到工程的施工工艺、措施、实体质量进行了有序、严格的控制；依据施工图和有关规范，标准，强制条文进行了检查、取样复检和验收；并以主动控制为工作重点，对重要部位、关键工序、易出现质量问题的部位事先要求施工单位做好预控措施，严格把关，对出现的质量问题，立即提出整改意见，并督促整改和坚持验收，从根本上杜绝了质量隐患和事故的发生；对设计上存在的问题，积极与建设单位协商，配合设计进行处理，使问题得到及时合理的解决；按程序组织了分部工程验收、单位工程竣工初验和竣工验收；工程质量符合设计和相关法律、法规及强制性标准的规定。

（四）项目运营情况与评价

本项目自20××年××月××日投入试运行，经过近 2 年运营，现已实现了系统的满负荷达标运行，日污水处理能力可达到 2.0 万 m³/d。工程较好地发挥了其设计能力，达到了投资建设的目的。目前项目设备运行状况良好。20××年××月××日至××月××日，××环保局对出水水质进行分析化验，结果表明，各项指标均符合，出水水质达到了《城镇污水处理厂污染物排放标准》GB 18918—2002 中一级排放 A 标准。

项目成本基本数据见表 17-2：

项目成本基本数据表 表 17-2

序号	名称	单位	基本数据
1	设计污水处理量	万 m³/d	2
2	年生产用水费	万元	1.93
3	年电费	万元	245.28
4	年药剂费	万元	146
5	年污泥外运费和处置费	万元	65.1
6	年栅渣沉砂处理费	万元	2.5
7	职工定员	人	27

续表

序号	名称	单位	基本数据
8	年工资及福利费	万元	135
9	年管网维护费	万元	41.2
10	年化验费	万元	6
11	工程静态投资	万元	13341.1
12	递延资产年摊销额	万元	1.7
13	固定资产年折旧费	万元	735.4
14	平均单位水量经营成本	元/m³	1.53

三、项目效果和效益评价

（一）项目技术水平评价

项目业主作为运营方和投资方之一，对污水处理工艺进行方案必选，选择了处理效率高且经济的处理工艺，并且对主要关键部位、技术含量高的设备和一般部位、技术含量低的设备按具体需求选型，取得了良好的节能效果，体现了经济性、实用性，在确保设备稳定运行的同时，因地制宜采用自动化技术，提高机械化程度，达到提高处理水质，降低能耗、药耗，做到了技术可靠、经济合理，从而降低生产成本，提高了经济效益，改善了劳动条件，大大节约了运行成本。

（二）项目财务经济效益评价（表 17-3）

财务评价指标汇总表 表 17-3

指　标　名　称	单位	数值
财务基准收益率	％	8
项目投资财务内部收益率（所得税后）	％	8.02
项目投资财务净现值（所得税后）	万元	23.21
投资回收期（含建设期/所得税后）	期	12.3
总投资收益率	％	−4.5
资本金财务内部收益率	％	14.5
资本金净利润率	％	−19.5
最大资产负债率	％	181.4
盈亏平衡点	％	410.2
项目总投资	万元	14200.65
流动资金	万元	630.71
达产期销售或营业收入	万元	859.65
达产期营业税金及附加	万元	0
达产期总成本	万元	2306.58
达产期经营成本	万元	1111.96
达产期利润总额	万元	−1446.93
达产期所得税	万元	0

当基准收益率为 8% 时，每年须增加非效益性补贴收入约 1340 万元，使得本项目税前财务内部收益率为 8.02%，略高于基准收益率 8%，财务净现值 23.21 万元，本项目的财务内部收益率趋合理，本项目具有财务可行性。

综上所述，污水处理项目属于准经营性项目，需要政府给予一定的财政补贴，在每年增加非效益性补贴收入约 1340 万元时，本项目的财务评价有一定的经济效果。

污水处理工程是城市基础设施的一个主要内容，除了能取得一定的直接经济效益外，其间接效益（如社会、环境效益等）也非常重要和显著，对××市经济发展将会起到积极作用。

（三）项目经营管理评价

工程建成后，由项目业主负责工程的运行管理。项目业主实行独立经营、单独核算、有偿处理污水、计量收费，使工程逐步走上良性运转的轨道。项目业主现有职工 27 人，其中领导班子正、副经理各 1 人；办公室 1 人；财务 2 人；技术专业人员 4 人，生产经营人员 20 人。

公司建立健全了《运行操作管理工作制度》《维修管理工作制度》《水质监测工作制度》《用水管理工作制度》《安全管理工作制度》和《值班人员管理工作制度》等有关规章制度，工程的运行操作严格按各项规章制度执行，确保工程正常运行，充分发挥工程的效益。

四、项目环境和社会效益评价

（一）项目环境效益评价

本项目是治理环境污染保护环境的项目，是城市基础设施，它的建成与运营对改善本地区的水环境，创造良好的自然环境，维护生态平衡起到了重要作用，具有明显的环境公益性。

本工程施工期对局部地区的声环境、环境空气、生态环境、地表水产生了一些不利影响，但这些影响是局部的和暂时的，通过采取了适当的工程措施和管理措施，已将施工期的环境影响降到最低限度。

综上所述，工程的实施极大地提高××市城市污水处理能力，为××市的经济发展提供了强有力的保障，具有显著的经济效益、环境效益和社会效益。工程建设所造成的环境损失主要发生在施工期，在采取各项环保措施后，项目对环境的影响较小。

因此，从环境影响的角度评价，本工程建设是必要和可行的。

（二）项目的社会效益评价

随着人口和经济的快速发展，××市开发区工业废水和生活废水将急剧增长，污水收集和处理系统若不能及时建设，地表河流和地下水源将受到更严重破坏，将对生态环境构成严重威胁。因此，建设污水处理厂是保障××市人民饮用水安全的最有效措施。

本项目的建成，对改善本地区的投资环境，促进本地区的经济发展，预防各种传染疾病、公害疾病，提高人民的生活质量和健康水平，维护生态平衡起到了重要作用，具有明显的社会公益性，保证了××市社会、经济、环境协调发展，持续发展。

五、项目目标和可持续性评价

（一）项目目标评价

本项目的工程目标技术为：

1. 在××市城市发展的总体目标指导下，确保工程规模、污水处理出水水质适应城市污水处理量、水质的要求，并留有更新发展的余地。

2. 污水处理工艺技术先进、节约能源、经济合理、运行安全，可靠，调度灵活。

3. 参数符合国家相关规范。

4. 便于日常管理维护。

5. 管网布置合理。

6. 出水水质达到了《城镇污水处理厂污染物排放标准》GB 18918—2002 中一级排放 A 标准。

效益目标：污水处理厂可服务面积约 13km^2，服务人口 8 万人，解决了排放的污水处理问题，企业运行成本得到降低，年可节约电力、药耗、修理费用等 35 万元；13 年可收回全部投资。

影响目标：污水处理工程的建成，对××市的经济建设，改善区域投资环境，提高经济运行质量具有十分重要的意义。

（二）项目持续性评价

项目的建设是根据××市总体规划和污水管网现状，结合污水排放情况和城市发展布局，对城市污水处理进行综合平衡，通盘考虑，近远期相结合进行的，对后期的发展留有较大余地。在预测确定工程规模、可持续发展等基础上，进行多方案比较，提出推荐工程方案。同时研究了工程的主要技术问题和工程效益、可持续发展能力。

六、项目主要经验教训、结论、建议

（一）项目成功度评价

××市是生态环境保护的重点城市，是一座文化旅游城市，污水处理工程的建成，更好的维护了××流域上游的生态环境，有利于旅游事业的蓬勃发展，为前来观光旅游的中外游客和城市居民创造舒适的生活、生存条件，保证了××市社会、经济、环境协调发展，持续发展。

污水处理厂可服务面积约 13km^2，服务人口 8 万人，企业运行成本得到降低，年可节约电力、药耗、修理费用等 35 万元；13 年可收回全部投资。

污水处理厂出水水质达到了《城镇污水处理厂污染物排放标准》GB 18918—2002 中一级排放 A 标准。

项目是一项造福工程，此项工程将通过改善城区的水质卫生条件，保障当地人民的身体健康，促进社会经济全面均衡地发展。污水处理工程采用了先进的污水处理技术、工艺和设备，并且操作简便、经济耐用，运行成本较低，处理效率较高。

该污水处理厂具有很高的性价比和先进性，吨水处理成本较低，与当地的经济相适应。

（二）存在的问题及建议

污水厂缺乏复合型运行管理人才，岗前培训及上岗制度不够完善，应建立健全岗位及技能培训制度，定期对员工进行培训，提升员工各专业方面的技能，从而达到一人多用，降低企业人工成本的目的。

附　　录

附录 1　《关于推进全过程工程咨询服务发展的指导意见》（发改投资规〔2019〕515号）

《关于推进全过程
工程咨询服务发
展的指导意见》

附录 2　《国务院办公厅关于促进建筑业持续健康发展的意见》（国办发〔2017〕19号）

《国务院办公厅
关于促进建筑业
持续健康发展的
意见》

附录 3　《广西壮族自治区工程建设全过程咨询服务导则（试行）》（桂建管〔2019〕71号）

《广西壮族自治区
工程建设全过程
咨询服务导则
（试行）》

参 考 文 献

[1] 广西壮族自治区住房和城乡建设厅 . 广西壮族自治区工程建设全过程咨询服务导则(试行). 2020.

[2] 全国咨询工程师(投资)职业资格考试参考教材编写委员会 . 项目决策分析与评价[M]. 北京：中国统计出版社，2020.

[3] 陈金海，陈曼文，杨远哲，林庆 . 建设项目全过程工程咨询指南[M]. 北京：中国建筑工业出版社，2018.

[4] 董发根 . 建设工程项目全过程管理操作指南[M]. 北京：中国建筑工业出版社，2018.

[5] 黄锐锋 . 建设工程全过程管理实用手册[M]. 北京：中国建筑工业出版社，2019.

[6] 吴玉珊，韩江涛，龙奋杰，王瑞镛，孙冲冲，潘敏，盛祝云，朱成爱 . 建设工程全过程工程咨询理论与实务[M]. 北京：中国建筑工业出版社，2018.

[7] 杨卫东，敖永杰，翁晓红，韩光耀 . 全过程工程咨询实践指南[M]. 北京：中国建筑工业出版社，2018.

[8] 胡勇，郭建森，刘志伟 . 全过程工程咨询理论与实施指南[M]. 北京：中国电力出版社，2019.

[9] 皮德江 . 全过程工程咨询内容解读和项目实践[M]. 北京：中国建筑工业出版社，2019.

[10] 广西壮族自治区住房和城乡建设厅 . 建设工程工程量清单计价规范广西壮族自治区实施细则[M]. 北京：电子工业出版社，2013.

[11] 中华人民共和国建设部，国家工商行政管理局 . 建设工程施工合同(GF－2017－0201)[M]. 北京，中国建筑工业出版社，2017.

[12] 丁士昭 . 工程项目管理[M]. 北京：中国建筑工业出版社，2006.